国外政府绩效研究

国家行政学院国际部　编

国家行政学院出版社

图书在版编目（CIP）数据

国外政府绩效研究/国家行政学院国际部编 . —北京：国家行政学院出版社，2014.11

ISBN 978-7-5150-1340-4

Ⅰ.①国…　Ⅱ.①国…　Ⅲ.国家行政机关-行政管理-研究-国外 Ⅳ.①D523.1

中国版本图书馆（CIP）数据核字（2014）第 276231 号

书　　名	国外政府绩效研究	
著　　者	国家行政学院国际部　编	
责任编辑	陈科	
出版发行	国家行政学院出版社	
	（北京市海淀区长春桥路 6 号　　100089）	
	（010）68920640　68929037	
	http：//cbs. nsa. gov. cn	
经　　销	新华书店	
印　　刷	北京京华虎彩印刷有限公司	
版　　次	2014 年 11 月北京第 1 版	
印　　次	2014 年 11 月北京第 1 次印刷	
开　　本	170 毫米×240 毫米　16 开	
印　　张	15.5	
字　　数	255 千字	
书　　号	978-7-5150-1340-4	
定　　价	48.00 元	

本书如有印装质量问题，可随时调换。联系电话：（010）68929022

内容提要

《国外政府绩效研究》编录了美国、荷兰、韩国、印度、摩洛哥等国的专家学者在公共行政特别是政府绩效方面的最新论文,共分为四个部分,分别是:"政府与行政改革:多重观点"、"关键改革一:建立服务型政府"、"关键改革二:透明和开放政府"、"关键改革三:提高政府绩效"。

这些文章既有从理论角度的国际对比和分析,又有从实践角度的审视和反思,展示了各国在推进行政改革、提高政府绩效方面的探索和研究,也反映了国际学术界的关注与思考,希望能为读者朋友提供有益借鉴。

目　录

第四部分　关键改革三：提高政府绩效

第一部分　政府与行政改革：多重观点

政府、经济与行政改革：拉丁美洲、中东欧和美国比较

作者：Allan Rosenbaum
佛罗里达国际大学

上个世纪，全世界政府和经济体系经历了翻天覆地的变化。一些变化非常引人注目，尤其是在拉丁美洲、中东欧以及一些非洲地区。在其他地区（例如美国、一些西欧国家和非洲部分地区），这些变化相对来说比较缓和，即便如此，这些变化也具有重要意义。在本章中，我们将考察（至少简要考察）过去 25 年里在上述世界各地区发生的这些变化，以便更好地理解已经取得的成果，以及在推动这些变化的改革进程中吸取的经验教训。在一些情况下，这些变化已经对数以千万计的人民的生活带来了深刻影响。

为了更好地理解变革的结果以及公共领域变革的过程，我们有必要更加准确地指出发生重大改革的主要领域。一般而言，过去 25 年间大多数改革工作都可以归入以下四类：政治体制改革、经济改革、行政体制改革或财政改革。前两类改革，即政治体制改革和经济改革，很明显会在社会中带来最为深刻、最显而易见的变化。行政体制改革和财政改革虽然对于非专业人士来说不甚明显，但是在巩固更加明显、覆盖范围更广的社会改革方面起着极其重要的作用。

为了进行分析，我们将考察拉丁美洲、中东欧以及美国的情况。世界上的上述地区已经发生了深刻变革，但是变革在这些地区各不相同。拉丁美洲已经经历了重大的政治体制改革以及一些经济、行政体制和财政改革。中欧和东欧地区在政治体制关系以及主要经济制度方面也出现了重大变化。许多此类改革要求进行重大的行政体制改革，并且在一些情况下（尽管可能只是非常少数情况下），也要求进行财政改革。美国已经目睹了更加温和的变革，但是这种变革可能比那些立竿见影的改革意义更加深刻。

拉丁美洲

过去 25 年间，整个拉丁美洲发生了很大变化。20 世纪 70 年代以及 80 年代初，该地区绝大部分国家都实行高度的专制独裁统治。在一些情况下，政府直接由军队掌控，在另外一些情况下，统治阶级精英代表着军队领导人和一少部分政治和商业寡头之间的关系。然而，这些独裁政治的经济理念各不相同，并且他们在执行意志的过程中对暴力的依赖程度也各不相同。在智利，残酷无情的军事独裁政府推行高度保守、放任主义的经济正统思想。相反，在同样由残忍的军政府统治的阿根廷和军事统治者相对更加仁慈的巴西，政府采纳了更加受平民欢迎的发展策略管理本国经济，包括采纳一系列保护主义经济政策。

从 20 世纪 80 年代起，并在接下来的 20 年间，拉丁美洲的政治体制经历了重大转变，在一些情况下，经济体制也发生重大变革，并且此时执政的政府或者垮台，或者逐渐地被排除在政权之外。在许多情况下，这些转型和改革相冲突或者受到改革的推动，而改革的目的是分散此前高度中央集权政府的权力和权威。在一些情况下，这些发展完全由本国兴起，并且建立在唤醒了此前一直存在的民主传统的基础上。另一种情况下，这些发展受到了国际社会通过多边组织、机构提供的鼓励和支持或者单一国家政府援助机构活动的支持。为了更好地理解已经取得的成果和方法，需要进一步深入挖掘过去 30 年间在拉丁美洲发生的改革的具体性质。

一、政治体制：在该地区不同国家，政治体制改革以不同形式呈现。然而，仍然有一些领域，改革活动最为活跃。在各种情况下，虽然改革性质各不相同，但是这些改革举措都受到一个潜在目标的推动，即促进拉丁美洲权利和权威的分散，而该地区在历史上一直实行高度集权统治。政治体制改革的三个主要方面是加强立法机构、鼓励通过地方政府的发展实现分权以及加强民间组织发展。

1. 加强立法机构：从墨西哥到中美洲乃至整个南美洲地区，几乎所有国家都采取了加强政府立法机构的重大举措，其中许多举措得到了各类捐助方和多边机构的资助。这些改革包括增加每个立法机构中为单个立法者和立法机构中主要政党服务的立法助理的人数和培训；改革立法程序和手续；以及旨在促进拉丁美洲立法机构与欧洲和北美洲更加高度发达的立法机构之间进行交流的举措。

这些改革的影响在拉丁美洲许多国家都十分明显。在玻利维亚、厄瓜多尔、洪都拉斯和巴拉圭，立法机构通过可以动员的政治压力以及通过使用流程机制已经迫使总统下台。在该地区漫长的历史当中这种情况几乎不可能出现。在南半球的其他国家，例如巴西、智利、哥斯达黎加以及巴拿马，立法机构已经成为国家政策制定过程中的一支重要的独立力量。这些改革的结果是使这些国家的政治权力和权威发生明显转移（Rosenbaum 和 Reed）。

2. 加强地方政府/加强分权：和拉丁美洲的立法机构成为重要的政治参与者同样重要的是过去 20 年间地方政府的发展。25 年前，拉丁美洲只有三个国家对地方官员实行选举。在所有其他国家，地方官员由国家政府任命——在许多情况下，由总统任命；而在其他情况下，由某个部委任命。现在，这种形势已经彻底改变，除一个例外之外，南半球的所有国家地方政府官员都已实行选举。除了选举地方政府官员以外，还有许多其他改革，特别是在服务分权方面以及加强地方政府预算过程方面的改革使该地区的基层官员的权力日益突显，影响力不断增加。许多拉丁美洲国家的分权过程同样还包括加强基层政府的权力，在一些情况下，也阻碍了基层政府的发展。

在大多数情况下，这些政府分权改革是由当地需求所导致的（当然也得到了国际捐助机构的大力支持）。在该地区许多国家，这些改革的结果十分明显。在这方面最为明显的变化可以说是玻利维亚。该国通过并且实施的《公众参与法》（该法律在加强基层政府方面发挥了重大作用）推动民主政治革命（Rosenbaum）。因此，玻利维亚的土著居民得以通过利用基层政府和民间团体的各种工具调动自身的政治力量，选举了国家一位总统，这是有史以来第一位并非人口稀少的欧洲后裔精英阶层的总统。与此类似，次国家政府的出现（这种情况下在地区一级）已经在促成巴西和墨西哥生机勃勃的民主体系方面发挥了重大作用（Grindle，2009；Nickson，1995）。

3. 建设民间团体：与加强立法机构运动以及地方政府的发展和加强同时出现的一些主要的举措，得到了国际捐助机构强有力的鼓励，加强了拉美地区的民间团体力量。这促进了南半球许多非政府机构的出现。许多此类非政府机构已经发展了大量的政治专长和能力，并且在帮助和支持基层政治领导层走上舞台的过程中发挥了重要作用。这些政治领导人已经动员起来并且成功向既有的政治精英发起了挑战。在这方面特别明显的是智利，该国的民间组织在推翻高度独裁、有时甚至非常残忍的奥古斯托·皮诺切特政府过程中发挥了重大作用。

二、政治改革：虽然改革没有像中欧和东欧地区那样惊心动魄——中东欧地区整个经济体系在很短时间内天翻地覆，但是拉丁美洲在过去 30 年间也经历了数量众多的经济改革。这种经济改革以许多不同方式出现，通常情况下，包括大幅压缩公共领域，在一些国家还出现了重大的私有化举措。在哥伦比亚和秘鲁，许多公共服务已经私有化。在智利，养老金体系已经实行私有化，并且采取了重大举措消除国民经济大领域的监管。一些国家，特别是巴西和墨西哥已经引入了旨在大幅加强或引入全国社会保障体系的政策。拉丁美洲的其他国家，例如玻利维亚和秘鲁已经在基层经济发展方面首次经历了重大调整。

三、行政改革和财政改革：在这两个活动领域，拉丁美洲几乎没有出现重大改革。虽然许多国家已经尝试采取这样或那样的行政体制改革，但是总体而言这些改革对于拉美地区大多数政府造成的影响可以忽略不计，这些政府仍然是行政效率相对低下，并且在政府职位任命过程中频繁利用政党委任系统。在一定程度上，行政改革的缺失是由于地方利益集团或支持该地区许多改革倡议的国际捐助机构只把相对极少的精力投向这个活动领域。

在财政改革方面，这一地区有一些值得注意的工作。厄瓜多尔已经采取了一些举措，但是可能变化最明显的是哥伦比亚，该国政府致力于把大约 40% 的财政收入用于基层政府。然而，在过去 10 年间，该国已经对政府收入再次实行集中化管理。在拉丁美洲大多数国家，政府收入继续由国家一级严格掌控，而且数量相对有限。一般情况下，在拉丁美洲，政府收入只占到 GDP 的 15%，相比之下，欧盟国家则可占到 GDP 的 45%。拉美地区仍然是世界上收入不平等现象最为突出的地区（Birdsall 等，1998）。

总之，大多数情况下，单个因素无法解释改革取得成功的原因

（或在一些情况下不够成功的原因）或者是什么因素引起改革。当然，在许多情况下，民间团体或非政府组织的出现在鼓励改革进程方面发挥着至关重要的作用。与此相类似，以前存在的政府名声败坏也是一个重要因素。例如，阿根廷此前的军政府能力明显不足，催生了改革的希望。阿根廷在同英国之间的马岛海战中很快被击败，此后，这一趋势便愈演愈烈。然而，总体而言，在该地区几乎所有国家，基层加强民主的要求都对有关高度集权和独裁统治的幻想破灭起到了放大和推动作用。

中欧和东欧

当然，过去20年间，世界上任何地区的变革都不如中欧和东欧地区来势凶猛。该地区经历了了规模庞大的政府和经济改革，并且进行了重要的行政改革。随着苏联解体，过去20年间几乎该地区所有国家都启动了具有重要意义、范围广泛的改革。在这方面许多改革当中，最为显著的是从一党主导、社会主义计划经济向自由主义的资本主义经济体制转变，并且带有充满竞争的多党制选举。政治体制和经济改革席卷了整个地区，在很多情况下，伴有重大的行政改革。在不同程度上，行政改革是经济和政治变革的产物，也对后者起到了促进作用。

毫无疑问，该地区发生的最为剧烈和明显的一系列改革的重点是国家经济制度，几乎所有国家都经历了剧烈、重大的经济改革。在一些情况下，改革来势迅猛，整个经济在一夜之间发生转变，并且在某种程度上，社会体系也随之变革。虽然更加迅速、更加剧烈的经济变革，即被称为"休克疗法"，在俄罗斯得到了最彻底的应用，但是其中的一些要素在几乎整个中东欧地区都存在。然而，在许多情况下，该地区的改革虽然具有重大意义，但还是循序渐进展开的。在许多情况下，结果是积极正面的。该地区出现了大规模的经济发展，并且许多居民的生活水平得到了显著提高。然而，毫无疑问，随着收入不平等现象日益凸显，许多人则被经济发展抛在后面。

随着中东欧地区执政政府或是被瓦解，或是被排除在政权之外，这些国家引入了许多政治体制改革，往往旨在分散一直以来高度集权政府的权力和权威，此前这些政府由政党机器牢牢掌控。在一些情况下，这些发展来自于本国国内，其结果是唤醒了此前一直存在的传统和做法。在其他情况下，这些发展则受到国际社会通过多边组织和机构以及单个国家政府援助机构的活动给予的鼓励和支持（Rosenbaum 和 Svensson）。但是，在几乎所有情况下，相关改革的目的都是分散政治、经济和行政权力，正如 Klaus Goetz 所说，"共产主义社会国家权力组织的基础是直接拒绝分权的思想"（Goetz，2001）。

在高度中央集权的许多国家，高度中央集权的传统和已经越来越趋于独裁的政府相结合，导致政治体制（以及经济）陷入停滞，并且出现了极其严重的中央集权。正如 Goetz 所述，在这种情况下：由各级政府机器构成的统一国家行政机构，带有强大的等级控制和从属关系；政党民主和国家行政机构相互交织，而前者对于后者发号施令；大体上忽视法治，因此政党的决定凌驾于法律规范之上；人事制度依赖于政治化的干部和一党控制的提名；不愿意承认公共服务的独立属性；把经济规划和社会控制作为核心行政职能加以强调（Goetz，2001）。

政治体制改革在该地区的各个国家以不同形式出现。然而，三个领域的活动程度最为剧烈。政治体制改革的三个主要方面：包括加强立法机构，通过基层政府的发展鼓励分权，以及加强民间团体（Rosenbaum）。在各种情况下虽然性质各不相同，但是改革举措得到了潜在目标的推动，即促进原有国家权力和职权的分散（此前这些国家的统治在历史上一直属于共产党所掌控的高度中央集权）。

该地区几乎每个国家都采取了重大举措，实行了各式各样的行政改革。其中包括对政府部门和机构实行重组，从而引入新的公务员体系，并借此努力保留政府行政人员。与此同时，努力发展新一代的专业行政管理人员促使了几乎所有国家建立新的培训机构，并且把公共管理教育引入大学课堂（Newland）。

然而，虽然几乎所有中欧和东欧国家已经经历重大改革，但是该地区各国在所采用的改革方面仍然千差万别。一边是以波兰为首的国家，大幅进行经济改革和政治体制改革。不仅开放本国经济，而且对许多政治机构进行重组，其中特别强调分权。随后努力加强公务员改革，并且引入许多其他行政改革措施。波兰也在私人和公立高等教育机构建立了许多公共管理教育和培训项目。波兰还建立了成千上万的非政府机构。

虽然波兰的改革在这一地区更具代表性，但是，还有以白俄罗斯为首的国家只对本国政治机构和经济体系进行了最为有限的改革。该地区国家改革更加缓慢的典型是乌克兰，该国在民主化进程和引入资本主义经济制度方面已经迈出了步伐，但是相当犹豫不决。例如，虽然和20年前相比乌克兰议会的权力更大，但是行政机构仍然主导政府事务并且是公共政策主要的制定者。与此相类似，地区和基层政府已经开始出现，但是继续由乌克兰国家政府主导（Kolisnichenko 和 Rosenbaum）。同时，虽然民间团体也不同程度兴起，但是和该地区许多国家相比仍然十分有限。

美利坚合众国

美利坚合众国（美国）已经出现了大量的行政改革以及一些经济和财政改革，但是美国几乎没有对政治体制进行改革。不过，过去30年间，政府的运作方式遇到了越来越多的批评意见。的确，毫无疑问，美国政治体制方面最为引人注目的改革是为了政党利益重新划分美国众议院议员的选区（使选区结构有利于某个政党）。因为共和党人最近掌控大多数的州政府（州政府由国家宪法来管辖，划为美国众议院议员的不同选区），国会选区的重组也越来越多，从而有利于保守的共和党的利益，而在美国国会当中两党之争则越来越激烈。

在经济改革方面，过去三、四十年间，美国强调取消对美国经济基本要素的监管（政府监管）。航空业、电信，特别是银行和金融领域都实施了重大的去监管化举措，与此同时，也已经引入了重大举措，以便减少政府的管辖范围和影响，特别是，国家政府对于美国人日常生活的作用。这往往和对国家政府的严厉批评，并且在一定程度上，对州政府和基层政府的批评有关。与此相矛盾的是美国采取了重大举措大幅削减税收，以便限制政府收入，因此也被迫大幅缩小政府项目的规模。

对经济改革起到补充作用的是过去三四十年间在美国出现的重大的行政和财政改革。在一定程度上，这些改革的推动力量也成为政府去监管化的推手。这些举措当中的许多都是已经在美国开展的"新公共管理运动"的一部分，这其中包括放松公务员章程，以便大幅简化公务员聘用和解聘过程。与此同时，在各个州和基层政府以及美国政府的关键部门中政治任命的人员数量有所增加。例如，行政管理和预算局可以说是国家政府中最为重要的机构，已经出现了政治任命官员增加的现象。20 世纪 70 年代只有一少部分，而目前有100 名之多。与此同时，同一时期机构的专业公共管理人数仍然保持600 名不变。与此相类似，美国的许多地区执行了许多分权和公共服务的私有化方面的举措。

不足为奇的是，在美国的许多财政改革涉及大幅减少政府征税的能力和/或大幅降低相关税率。例如，联邦政府税率目前处于过去50 年间的最低点。在基层一级，许多州已经对基层政府可以征收的税收额实行限制或者封顶。在许多情况下，这些举措的目标是通过压缩向政府提供的税收收入，压缩政府的规模和管辖范围。一个不曾预期的结果是政府债务大幅增加，许多人将其视为是美国目前一个主要的财政问题。实际上，个人税率相对温和上涨需要很长时间才能缓解备受争议的美国债务危机。此外，许多学识渊博的分析人士一直声称，政府债务相关举措的真实目的是减少联邦政府针对美国社会最为弱势群体的项目。

经验和教训（再次学到的经验和教训）

如上文所述，过去 30 年间出现的许多改革举措十分引人注目。这些改革已经成为许多国家和学科学者进行的许多不同类型分析的目标。一些人会着重考察具体过程，而一些人研究具体国家，但很少有人会进行全面的概括，因此，虽然关于发生的许多改革进程已经有了许多著作，但是仍然有许多问题尚未得到解答，包括我们从这些活动中真正能学到哪些经验和教训。因此，在本章到后半部分，我们将努力提出十几个在我们对过去 30 年间的转型（在许多情况下，还在不断继续的改革）进行分析的过程中发现的不同见解，或者可以学到的经验教训。

1. 对于将独裁或专制政府转变为更加多元或更加民主的政府，并没有固定的模式或者一直同意的最佳战略可言。虽然学者们一直认为我们对于世界上许多地区改革的进程如何发挥作用了解不足，但是我们的确相信已经找到促成重大的政权改革或转变的一些因素。25 年前，人们一直认为重大的政治体制和经济转型将由改革者和落后的守旧政权之间通过商定协议来推动（Bunce）。因此，在许多情况下，那些希望促进政权改革的人士可能认为，最好不要鼓励为了政治或经济变革而进行的大规模公共政治动员（Gunther 等；Encarnación；O'Donnell）。

的确，大家都相信的观念是使独裁政权成功地转变为更加民主政权的关键是通过精英政治协商，其中会产生协议或者"契约"，从而建立更加民主的政权（Gunther 等；Encarnación；O'Donnell）。拉丁美洲一些国家（智利）的经验以及中欧和东欧一些国家（包括波兰、罗马尼亚、斯洛文尼亚、波罗的海国家）的经验已经证明，实现政治体制改革的其他方式同样有效，并且在一些情况下，甚至更加合适、效果更好（Bunce）。在中欧和东欧的一些情况下，政治和经济改革的引入很大程度上是由大规模公众动员所导致，从而对于现有政权产生强大的反对，对政权施压，使其和反对派相互协商。在一些情况下，动员现有政权的反对派很明显会使政权领导层更加愿意通过契约实现转变。在其他情况下，大规模公众动员导致现有政权的瓦解。

2. 在许多情况下，各种类型的改革举措（政治体制改革、经济体制改革、行政改革和财政改革）的推动力量都是意识形态和政治偏好，而很大程度上并不是实证和知识。这一点在出现了重大的政治体制改革或者改革范围和意图都不甚宏大的各个国家的经历当中都有体现。例如，Calin Hintea 和 Marius Constantin Profiroiu 在对罗马尼亚改革进程的评论中已经指出，新政府首先要放弃作为分析的产物和专家谨慎判断的那些政治体制和行政改革。相比之下，基于政治意识形态和/或个体政治需求的那些改革举措得到了持久、有效的执行（Hintea 和 Profiroiu）。智利经济改革的广泛性和持续性进一步证明信仰在改革的制度化方面发挥着核心作用，而该国的经济改革毫无疑问在所有拉美国家改革中是受意识形态推动最明显的一个。

与此相类似，正如 Gene Brewer 和 Ed. Kellough 在对美国行政改革运动的广泛研究中所说，在克林顿时代，许多州政府和市政府在国家和次国家一级或基层开展了"全国绩效评估"等重大举措，但很少或者没有经验证据表明，通过这些举措所实施的战略是有效的（Brewer 和 Kellough）。然而，在一些情况下，这些改革包括对长期存在的公务员体系进行重大调整、实施重大的私有化和去监管化举措等，并且这些改革几乎完全由意识形态偏好和改革领导者的信仰所推动。

3. 尽管在政治和经济体制改革方面存在相似点，但是一个地区各个国家的情况各不相同。在拉丁美洲，人们往往认为，独裁政权是军事统治的产物，并且意识形态问题不会带来严重后果。在中东欧国家，有一种趋势，特别是冷战期间在西方观察员的眼中，中欧和东欧视为苏联统治之下的一个庞大的整体。这两种实际情况截然不同。例如，在政府官员的准备方面，正如 Chester Newland 所述，前苏联国家当中存在明显的多样性（Newland，1996）。

实际上，这两个地区的许多国家都存在着巨大差异。今天人们认识到，罗马尼亚和南斯拉夫等国不仅在政治方面，而且在经济组织方面都存在着巨大差异，当然巴西、智利和乌拉圭之间也存在着不同。相反，认识到这种情况使得我们能够更好地理解这两个地区转变发生以来所出现的各种情况。政治和经济改革的结果在这两个地区的不同国家各不相同。一定程度上，这是因为当地的文化和历史存在巨大差异，并且文化和历史对于当前会产生强大和持久的影响。

4. 一般在改革，特别是经济和财政改革当中，"休克疗法"的概念，即非常迅速和剧烈的变革往往是许多参与 20 和 30 年前改革的人士所积极倡导的，而这种概念却明显没能很好发挥作用。俄罗斯的情况就是最明显的实例。美国经济学家等人坚定倡导并且能够说服当地政府接纳"休克疗法"，即对经济制度进行重大和突然的变革。正如我们目前所知，结果是使得俄罗斯经济陷入崩溃，并且导致寡头资本家的出现，他们利用自己和旧政权之间的联系在牺牲更广泛的社会利益的同时，大幅囤积个人财富。这一方法的一个变体在一些拉丁美洲国家都曾尝试，最为明显的是 2001 年阿根廷的做法，对国家经济、公民个人以及政治稳定都造成了严重的负面影响。

明显不同的是巴西、智利、波兰和东德等国家的经历，这些国家当中，制度改革特别是经济领域的体制改革出现更为缓慢，循序渐进。在许多情况下，特别是在波兰，国有企业多年以来继续存在，而也同时出现了新建的私营领域。很明显，在东德的情况下，体制改革不断得到西德的经济和财政支持。在拉丁美洲的几个国家，最明显的是哥伦比亚，而此后是巴西，保守的经济政策逐渐向福利国家转变，取得了巨大成功。

5. 政治经济体制的变革往往快于构成这些体制的单个机构的改革。中欧和东欧几乎所有国家都调整了各自的政治体制，并且在一些情况下，经济制度也发生了翻天覆地的变化。在拉丁美洲，政治体制改革同样剧烈空前。然而，在许多情况下，对构成国家政治体制和经济制度基础的单个机构的改革给人们带来了巨大的挫败感，并且在一些情况下完全失败。阿根廷、捷克共和国、巴拉圭、波兰和斯洛伐克等国家成功建立了富有活力，并且在一些情况下生机勃勃的民主制度，并且相当迅速。在另一方面，这些国家都难以对大量具体的政府机构或行政机构进行改革。在这方面特别明显的是，在大多数情况下各国都未能成功引入公务员改革（O'Dwyer）。在一些情况下，立法机构非常难以获得真正的自治权，并且在能力建设方面行动迟缓，不能够在政策制定方面实际形成影响力。与此相类似，除了在一些地区，民间团体已经繁荣发展以外，在其他地区，民间团体尚未能得到真正发展，还无法完全脱离政府主导。加强基层政府虽然最初是拉丁美洲一个主要改革成功的领域，但是在过去的 15 年间，这方面未能出现重大进展（Rosenbaum）。

6. 一个体系内单个机构的改革往往需要很长时间，并且往往以不同方式出现，这取决于当地的历史和文化。如上文所述，中欧和东欧以及拉丁美洲的许多国家已经努力改革各种各样的行政流程，特别是公务员制度，但是却未能实际上取得成功。美国努力建立可行的公务员制度方面的例子非常具有说服力，使我们看到巩固体制变革需要大量时间。美国第一部公务员法于 19 世纪 80 年代通过。然而，直到 20 世纪 30 年代，即 50 年后，国家政府才有一半的雇员得到公务员保护制度的覆盖，并且直到 20 世纪 60 年代，才得以覆盖所有人员。此后又花了 20 年，大多数的州政府和基层政府才完全建立自己的公务员制度。因此，我们可以看到世界上最富裕的国家尚且需要 100 年时间使最为基本的健全政府改革形成制度。

7. 如果有机会了解新政策选择，那么也可以促进体制变革，并且因此接触到一些新的解决方案，这对于那些努力引导改革的人士有益。在这方面最具启发意义的是许多中东欧国家此前的共产党努力使自己转变为社会民主党的时候，在政治上取得了空前成功（Meyer-sahling，2009）。在许多情况下，这种变革是因为他们与西欧社会民主党取得联系，并且寻求后者支持、技术援助，以及鼓励他们在此前占统治地位的共产党基础上发展后继党（Patterson 和 Sloam）。

吸取西方经验无论如何不能仅限于政党改革。的确，同样重要的是努力对后共产党政权体系和政策引入行政改革。正如 Meyer-Sahling 所述，"行政改革者普遍到西欧采购政策。许多国家（中欧和东欧国家）在转型时期积极寻求来自海外的政策启迪，并且这些启迪影响了宪法设计和行政改革"。（Meyer-Sahling，2009）在拉丁美洲，国际捐助机构以及各类多边捐助机构在促进立法机构改革过程中所采用的一个主要战略是使他们和美国以及西欧的对应机构取得联系（Reed）。

8. 转型后执政党的内在性质和特点对于建立的公共管理实践类型的确起到重要作用。虽然过去的行政管理经验和传统当然对于新型民主国家的行政改革方向起到影响，但是在民主转型之后执政党的偏好可以发挥非常重要的作用。在几个拉美国家，尤其是巴拉圭，红党的成功导致国家一级的改革十分有限，因为该政党是长期存在的独裁寡头的一部分。

政党影响的一个经典案例是波兰努力建立公务员制度的过程。每当国家的共产主义后继党掌权后，强调进入波兰公务员体系须具有的资格明显不同于反共产党的反对党执政时的要求。当共产主义后继党上台后，对于进入公务员体系的一个要求是须具有 7 年的政府工作经验（这一要求是许多参加反共产党抵抗运动的个人明显不具有的经验）。相反，当主要的反共产党政党执政时，进入公务员队伍的经验要求就改为第二语言知识，特别是西方语言（这是许多追随者可以轻易达到的标准，而恰恰是共产党政权中至少一些人无法满足的标准）（Kolisnichenko，Bell 和 Rosenbaum）。

9. 转型前后通过的立法质量也会具有重大影响。例如，在许多向民主政府转变的国家，建立公务员体系的立法在起草时故意或碰巧相对宽松并且/或者质量不高，而这会极大地抑制这一体系的发展。因此，基层精英在很多情况下会利用这种形势促进政治庇护中的传统机构利益，并且会积累加强政党和个人政治组织所需的资源。

在大多数情况下，相关立法的弱点并不只是能力有限或者缺乏准确性和专一性。正如 Theodore J. Lowi 在备受关注的美国政治研究当中所说，在许多情况下，立法的撰写往往含混不清，表达不准确，这并不源于监督或者能力不足，而是需要保持这种模棱两可，从而在对具体细节最有争议的各政党之间达成一致，或者是为了便于操纵存在问题的法令（Lowi）。更加确定的是，在欧洲也出现了类似 Arolda Elbasani 所述的情况。

统治者，不愿意宣布放弃对国家的控制权力，往往倾向于部分让步，其中包括遵守现代行政管理大的原则，但是也允许通过不完善的法律或在执法过程中操纵法律对国家进行实际控制（Elbasani）。

10. 重大的政治体制和行政改革始终是内部和外部因素的共同产物。一方面现有的做法以及长期存在的传统实际上对于经历经济和政治转型的每个国家都有着相当大的影响；另一方面，在许多情况下，外部因素，例如来自国际多边金融组织的压力对于政治发展也有其影响。特别是在 20 世纪 80 年代和 90 年代初拉丁美洲出现的重大的民主转型过程中更是如此。同时，在较小范围内，在中东欧地区发生的转变也是如此。此外，欧洲联盟还有着重大影响，欧盟通过重大的援助项目以及加入欧洲联盟的吸引力，在促进政治体制和经济改革方面发挥着空前重要和富有影响力的作用。

在塑造或重塑中东欧地区重要制度方面，多重因素的影响特别明显，尤其是许多国家都努力进行公务员改革，并且对公共领域人事体系进行全面重组。正如 Myer-sahling 所述，"过去的遗留问题、转型的模式以及第一次自由选举之后各种人才的出现在政权变革后的短时间内造就了人事政策和公务员改革发展"（Myer-sahling，2004）。

11. 激励机制可以是强大的积极力量，但是存在上限。其中最明显的表现是中东欧许多转型国家希望加入欧洲联盟。所有社会领域当中的许多重大改革，包括政治、经济和行政改革都由这种希望所推动。因此，作为加入欧盟过程的一部分要求，加入的这些中东欧国家都已经采纳了一系列改革。在欧盟"既成协定"（欧盟内部已经成型的大量立法）当中，这些改革内容共约 80 000 页。这些改革包括修改地方农业政策、对国家银行体系提出新的要求等。然而，正如未能加入欧盟的几个国家的情况，一旦加入欧盟，一些改革方面就倾向于出现倒退。当然，在斯洛伐克和波兰等地的公务员改革方面就出现了这种情况。

然而，正如开篇所述，中东欧已经发生的转变非常突出。这当然也改变了该地区政治和经济体系的性质。在一些情况下，甚至可以说，他们已经开始缓慢地调整了所涉及各国的文化。非常明显的是，加入欧盟的希望对于已经加入的国家和希望加入的国家来说都是一股空前强大的力量，在很多情况下，这种压力会巩固这些变革。

12. 所有的转型都伴随着代价，并且在大多数情况下，还伴有一些负面的影响。在整个中欧和东欧，我们可以看到不平等现象不断加剧，下层阶级不断壮大。在农村地区更是如此，在这里新经济的影响不亚于对中东欧国家较大城市的影响。但是，在城市地区，也出现了同样类型的下层阶级，这些一直以来都是西欧和美国城市的特征。与此相类似，正如世界上许多其他地区一样，特别是在美国和英国等国，过去 20 年间，出现了与中东欧地区相类似的不平等现象明显加剧的情况。一个这是全球经济趋势的产物，同时这也是中欧和东欧地区许多社会保障体系瓦解的结果。

结论

本章的主要问题在标题的后半部分有所体现。"我们学到哪些经验和教训？"对于这一问题的简短回答有很多，但是仍然有很多需要学习。说到政治体制、经济制度和行政关系方面的变革，中东欧地区已经实现了许多进步。的确，世界上很少有哪些地区在如此短的时间内在政治、经济或者行政体系方面经历了这样空前的变革，或者即便是出现变革也没有像中欧和东欧国家这样彻底。然而，说到我们在这一过程当中学到哪些经验和教训，答案似乎并不那么明确。然而，同二三十年前相比，当然我们已能加深并且更好地理解改革过程的复杂性。

有趣的是，对于这些改革举措来说，结果好坏、变化的重要性与发生的难易程度之间似乎存在着某种关系。在我们已经重点关注的三个改革中，最重大改革出现在政治和经济制度方面。很明显，这是在中欧和东欧地区吸引了最多参与并且得到民众最多关注的领域。然而，行政关系领域极少出现变化或变革。

大多数已经发生的政治体制改革重点关注的是分权以及分散政府和经济权利和权威。为此，许多国家的许多政治制度已经经历了一个成长、发展和加强的时期。总体而言，这似乎已经对所涉及的国家和社会产生了积极的影响。这一地区的经济改革活动也往往同样重点关注权力和权威的分散，这样的改革也同样空前，覆盖范围广泛，并且许多观察员也认为这是所有改革中最为成功的部份。

说到我们在政府和体制改革过程当中学到了哪些经验，以及我们如何能够促进这些活动或至少使得变化过程最为有效地开展，此时，这幅画面焦点越来越集中，但是仍然不够清晰。我们当然发现，这一过程非常复杂，与此同时在很多情况下，似乎变革已经非常空前。旧的传统和行为方式当然不会迅速消失。在一定程度上，这是因为虽然体系可能以非常空前和明显的方式加以转变，但是体系中的许多单个的机构即使在动荡时期也会抵制变革，并且当他们进行转变时，往往以最为谨慎从容的方式完成。在许多方面，在对过去几十年中欧国家政府改革进行的任何考察中，很难不让我们感叹一条不言自明的真理，即变化越多，越是没有变化。

参考文献

Agh, Attila. 2009. "Politics and Policy in East-Central Europe in the Early 21st Century: Synergies and Conflicts between Policy Regimes and Political Systems." in *NISPAcee Journal of Public Administration and Policy* Vol. II, Nr. 1, 25—39.

Birdsall, Nancy, Carol Graham, Richard H. Sabot, R. H. Sabot, and the Inter-American Development Bank (eds). 1998. *Beyond Trade-Offs: Market Reforms and Equitable Growth in Latin America*. Brookings Institution Press.

Brewer, Gene A. and J. Edward Kellough. 2011. "Administrative Values and Administrative Reform: An Assessment in the Wake of the New Public Management." Paper prepared for *The International Conference for Administrative Development*: *Towards Excellence in Public Sector Performance*, *Celebration of the 50th Anniversary of the Institute of Public Administration* (Riyadh, Saudi Arabia, November 1—4).

Bunce, Valerie. 2003. "Rethinking Recent Democratization: Lessons from the Postcommunist Experience." in *World Politics* Vol. 55, No. 2, 167—192.

Elbasani, Arolda. 2009. "EU Administrative Conditionality and Domestic Downloading: The Limits of Europeanization in Challenging Contexts." working paper for *KFG The Transformative Power of Europe*, Berlin.

Encarnación, Omar. 2011. "Labor and Pacted Democracy: Post Franco Spain in Comparative Perspective." *Comparative Politics* 3.

Goetz, Klaus H. 2001. "Making Sense of Post-Communist Central Administration: Modernization, Europeanization or Latinization?" in *Journal of European Public Review* 8: 6, 1032—1051.

Goetz, Klaus H. and Hellmut Wollmann. 2001. "Governmentalizing Central Executives in Post-Communist Europe: A Four Country Comparison." in *Journal of European Public Policy* 8: 6, 864—887.

Grindle Merilee S. 2009. *Decentralization, Democratization and the Promise of Governance*. Princeton University Press.

Gunther, Richard, Hans-Jurgen Puhle and P. Nikiforos Diamandouros. 1995. "Introduction." *The Politics of Democratic Consolidation: Southern Europe in Comparative Perspective* edited by Richard Gunther, P. Nikiforos Diamandouros and Hans-Jurgen Puhle. Baltimore: John Hopkins University Press.

Hintea, Calin and MariusConstantin Profiroiu. 2012. "Public Administration Reform in Romania." presentation at the *Joint International Conference in Guangzhou* Guangzhou, China: Guangdong Institute of Public Administration, October 13—14.

Hough, Dan. 2005. "Learning From the West: Policy Transfer and Programmatic Change in the Communist Successor Parties in Eastern and Central Europe." in "*Journal of Communist Studiesand Transition Politics* 21: 1, 1—15.

Kolisnichenko, Natalya and Allan Rosenbaum. 2005. "Central-Local Politico - Administrative and Governance Relationships in Two Ukrainian Cities: Kyiv and Odessa." *Institutional Requirements and Problem Solving in Public Administrations of the Enlarged European Union and Its Neighbors* edited by Gyorgy Jenei, Alexei Barabashev and Frits van den Berg. Bratislava: NISPAcee.

Kurtz, Marcus J. 2004. "The Dilemmas of Democracy in the Open Economy:

Lessons from Latin America. " in *World Politics* Vol. 56, No. 2, 262—302.

Linz, J. and A. Stepan. 1996. "Problems of Democratic Transition and Consolidation: Southern Europe, South America and Post-Communist Europe. " Baltimore: The John Hopkins UniversityPress.

Lippert, B. , G. Umbach and W. Wessels. 2001. "Europeanization of CEE Executives: EU Membership Negotiations as a Shaping Power. " *Journal of European Public Policy* 8: 6 980—1012.

Lowi, Theodore J. 1969. *The End of Liberalism: Ideology, Policy and the Crisis of Public Authority*. New York: W. W. Norton.

Meyer-sahling, Jan-Hinrik. 2004. "Civil Service Reform in Post-Communist Europe: The Bumpy Road to Depoliticisation. " in *West European Politics* 27: 1, 71—103.

Meyer-sahling, Jan-Hinrik. 2009. "Sustainability of Civil Service Reforms in Central and Eastern Europe Five Years after EU Accession. " in *Support for Improvement in Governance and Management*.

Meyer-sahling, Jan-Hinrik. 2009. "Varieties of Legacies: A Critical View of Legacy Explanations of Public Administration Reform in East Central Europe. " in *International Review of Administrative Sciences* 75, 509.

Meyer-sahling, Jan-Hinrik and Kutsal Yesilkagit. 2011. "Differential Legacy Effects: Three Propositions on the Impact of Administrative Traditions on Public Administration Reform in Europe East and West. " in *Journal of European Public Policy* 18: 2, 311—322.

Newland, Chester A. 1996. "Transformational Challenges in Central and Eastern Europe and Schools of Public Administration. " in *Public Administration Review* Vol. 56, No. 4, 382—389.

Nickson, Andrew. 1995. *Local Government in Latin America*. Boulder, Col. : Lynne Rienner Publishers.

O'Donnell, Guillermo. 1973. *Modernization and Bureaucratic Authoritarianism: Studies in South American Politics*. Berkeley: Institute of International Studies Press.

O'Dwyer, Conor. 2002. "Civilizing the State Bureaucracy: The Unfulfilled Promise of Public Administration Reform in Poland, Slovakia and the Czech Republic 1990—2000. " for the *Berkeley Program in Soviet and Post-Soviet Studies, Institute of Slavic, East European and Eurasian Studies* University of California, Berkeley.

Paterson, William E. and James Sloam. 2005. "Learning from the West:

Policy Transfer and Political Parties. " in *Journal of Communist Studiesand Transition Politics* 21: 1, 33—47.

Rosenbaum, Allan. 2009. "Decentralization, Local Government and Democratic Institution

Building. " in *Journal of Regional Studies and Development* vol. 18, no. 1, 59—81.

Rosenbaum, Allan and Gerald Reed. 1993. "The Development of Legislative Bodies as Institutions of Democracy in Central America. " in *Working Papers on Comparative Legislative Studies*, edited by Lawrence Longley. Research Committee of Legislative Specialists, International Political Science Association.

Vass, L. "Civil Service Development and Politico-Administrative Relations in Hungary. " 2001. in *Politico-Administrative Relations: Who Rules*? edited by T. Verheijen. Bratislava: NISPAcee, 147—174.

Verheijen, T. (ed.). 2001. *Politico-Administrative Relations: Who Rules*? Bratislava: NISPAcee.

新韦伯主义国家：中东欧的灵丹妙药？

*作者：*Tiina Randma-Liiv

爱沙尼亚塔林科技大学

"新韦伯主义国家"的基础

"新韦伯主义"一词在政治学、社会学和组织理论文献中以及在公共和商业管理方面有着各种各样的应用。在大多数情况下，这些应用的基础是韦伯主义模型的各种变体以及德国社会学家和经济学家马克斯·韦伯的分析方法。"新韦伯主义"一词往往指的是韦伯主义原则在现代国家或组织中的应用。"新韦伯主义国家"（NWS）的说法是由欧洲著名公共管理学者克里斯托夫·鲍利特和海尔特·鲍克尔特于2004年在两人具有开拓性意义的《公共管理改革：比较分析》（Pollitt和Bouckaert，2004）一书当中提出的。新韦伯主义国家指的是在现代化进程中仍然保持了独特公共服务质量的传统的（韦伯主义）行政制度。

新韦伯主义国家最初只是基于公共管理改革经验性数据的一个描述性思想。新韦伯主义国家是尝试找到欧洲发展过程中的共同特征，并且承认这一地区存在各种差异。如果进一步解释，新韦伯主义国家可以解释为在高度自由民主、富裕的西欧政权中对全球化和政治联盟解体的一种政治响应。因此，寻求新韦伯主义国家一类的解决方案可以说是努力保护"欧洲社会模式"免受全球市场和新自由主义意识形态的侵蚀（Pollitt，2009）。同样，新韦伯主义国家似乎也是欧洲委员会追求的目标。欧洲委员会最初是仿照法国行政制度建立起来的，在20世纪90年代开始调整，旨在加强其自身的外向性和协商性、专业性、高效性，同时不放弃韦伯主义的关键原则。

新韦伯主义国家挑战了英美的新公共管理（NPM）模型（Hood，1991；Lynn，1998；Pollitt和Bouckaert，2004；Drechsler，

2005；Van de Walle 和 Hammerschmid，2011），后者基于对于国家的新自由主义认识，旨在把商业和市场原则以及管理技巧从私营领域引入公共领域。新公共管理是 20 世纪 80 年代发起的一项运动，希望建立一种鼓励创业、以市场为导向，大社会搭配上层小政府的管理模式，主要特点是自由市场经济和竞争，包括大规模私有化及合同外包、合同委托、以客户为导向以及与绩效相关的管理工具。美国类似的改革是"重塑政府项目"（Osborne 和 Gaebler，1992）。

新韦伯主义国家是在人们担心新公共管理和其他管理改革不足之处的背景下发展起来的，因此，这是一种"后新公共管理"思想。与此同时，新韦伯主义国家在韦伯主义基础之上吸收了新公共管理的积极特点（而不是将韦伯主义元素加入新公共管理模型当中）。下表总结了结合新要素（新公共管理的影响）的新韦伯主义国家和传统公共管理的特征（韦伯主义基础）。

表 1　新韦伯主义国家模型［基于 Drechsler（2009）与 Pollitt 和 Bouckaert（2004）］。

新模型	韦伯主义
从内部以官僚规则为导向转变为外部以满足公民需求和期望为导向。实现这一目标的主要方法并不是采用市场机制（尽管市场机制偶尔派的上用场），而是建立一种质量和服务的专业文化。	［但是：］仍然承认国家作为全球化、技术变革、人口转变以及环境威胁等新问题解决方案的主要推动者所发挥的作用。
通过一系列与公民之间的协商工具，以及直接代表公民的观点（……）对代议民主制起到补充作用（而非取代后者）	［但是：］仍然承认（中央、地区和当地）代议民主制在国家机器中作为合理要素所发挥的作用。
在管理政府内部资源的过程中，对相关法律进行更新，以便鼓励以结果实现为导向，而不是仅仅毫无差错地执行流程。这部分体现在从事前转变为事后控制，但是并不完全抛弃事前控制。	［但是：］仍然承认行政法（经过适当更新）在保留公民—国家关系有关基本原则方面所发挥的作用，包括法律面前人人平等、法律安全、针对国家行为的专门法律审查。
公共服务实现专业化，从而使官僚主义者不仅成为与其活动领域相关法律方面的专家，而且还是以满足公民/用户需求为目标的专业管理者。	［但是：］保留公共服务的理念，并且赋予特殊地位、文化性以及条件和条款。

新韦伯主义国家的宗旨不仅仅是批评新公共管理，而且还要给出连贯、最新的替代选择，这似乎是西欧国家政府为新公共管理模型找到的答案。政治权力和现代化是最初"新韦伯主义国家"思想

的两个主要维度。一方面，和英美国家相比，西欧国家政府对于国家在未来所发挥的作用持更加乐观的态度。因此，他们的目标不是使政府最小化，而是让政府在社会中依然保留强大的指导和监管作用。国家不再被看成是经济和社会的负担，而是一种"不愿见但又无法避免的事物"。相反，政府在经济强大和社会团结过程中充当保证人和合作伙伴。政府会发起或促进一系列民主机制，包括代表性民主和直接民主。西欧国家政府继续把国家视为社会中一支不可替代的整合力量，并且有着法人身份和运营价值体系，这些无法简化成私营领域所说的效率、竞争力和客户满意度。

另一方面，国家在稳步实现现代化、专业化，并提高效率。这些变化往往包括基于结果的预算改革、更加灵活的人事政策（然而，这并不等于放弃公务员特有的职业生涯）、大规模分权以及从中央部委和机构下放权力、进一步强调战略规划、有选择和渐进式私有化，以及进一步承诺提高公共服务提供的质量。然而，不能说完全照搬私营领域的做法是政府提高效率、绩效和专业化的唯一出路。在一些情况下、在某些类型的组织或针对特殊的政策，可以采纳私营领域方法，但是这些方法并不具有与生俱来的优先权或优越性（Pollitt 和 Bouckaert，2004）。因此，新韦伯主义国家已经带来了一些变化，然而，这些变化的效果往往遭到现有结构和传统的抑制，并且新韦伯主义国家更多的是以适度的现代化形式出现，而不是建立"企业型政府"或盲目地照搬私营领域做法。

新韦伯主义国家模型为政策制定者和研究人员提供了非常耐人寻味的话题。例如，2009 年 Lynn 已经从理论观点出发进一步发展了新韦伯主义国家模型，建议把新韦伯主义国家看成是自变量或因变量。虽然新韦伯主义国家意味着把新事物和传统事物进行积极合成，但是新韦伯主义行政机构也已经遭到了 Lynn 的批判（出处同上），Lynn 表示不正式、不合理的权力形式和决策会破坏国家组织，从而削弱其合法性。这也是为什么连一些欠发达国家也可能支持强大的现代化国家的观点，而这种观点是新韦伯主义国家模型的基础。

全球金融危机已经彻底改变了公共管理运作的环境，使国家的注意力重新回归经济领域。这场危机也使公共机构成为经济增长和创新的促进因素（而不是障碍）。这表明，韦伯主义和持续经济增长之间有着一种联系（Evans 和 Rauch，1999）。例如，2009 年 Drechsler 已经进一步发展了新韦伯主义国家模型，使其和创新、经济增长以及信息技术联系在一起。有效的公共管理被视为经济增长和创新的必要条件，而创新社会会吸收和要求办事能力强、具有长期眼光和奉献精神的公共服务来实现有效的公共管理——这也是新韦伯主义国家模型中包含的特征。此外，最新的研究还表明，信息通信技术（ICT）特别是电子政务一直和公共管理关系密切，因为两者同时出现，而且这些信息通信技术实际上对于新韦伯主义国家有益（如果没有更多作用的话），反过来，也会受新韦伯主义国家的推动。不管未来会出现何种领先技术（纳米技术、生物技术、聚合技术或其他全新技术），它们的确立都要求有特别胜任的国家行为者以及由公共服务落实的科技政策，这种公共服务的特征是具有长远眼光和容忍错误出现，而这些特征恰恰是新公共管理所不能培育的（Drechsler 和 Kattel，2009）。换句话说，同 20 世纪 90 年代以及 21 世纪相比，我们目前正要进入的一段时期注定要对于国家持更友好态度，并且在理论上和规范上，新韦伯主义国家似乎是复杂的创新社会应当如何管理这一问题有趣的答案之一。

在中东欧发展公共管理：来自西方的影响

新公共管理和新韦伯主义国家原则在西方国家的公共管理中的应用已经得到了很多分析，但是中东欧国家（CEE）的特殊情况却鲜有人提及。本文的目的是分析两种公共管理思想在中东欧国家的适用性，其中特别关注中东欧地区的"西部"，即欧洲联盟（EU）的新成员国。尽管众所周知新成员国之间存在的显著差异（例如Agh，2003；Nemec，2008），但是我们还要指出它们之间也有着共同的发展、机遇和风险。

20 世纪 90 年代西方流行的新公共管理思潮影响了中东欧国家对类似观点的采纳（Randma-Liiv，2007；Nemec，2008；Sobis 和 De Vries，2009）。新公共管理及其潜在的新自由主义意识形态和中东欧国家不谋而合，这些国家从 20 世纪 90 年代初开始改革本国庞大的国家机器，放弃单一部门的经济，并且进行大规模私有化和分权。在这一转变的后期，路径依赖开始发挥重要作用，因为基础性的国家建设决定已经在 20 世纪 90 年代做出。

同那些具有长期公共服务传统和已经确立行政管理文化的国家相比，20 世纪 90 年代初，中东欧国家并不存在威胁行政改革的强大的官僚主义制约因素。这使中东欧国家在制度发展方面走到了紧要关头，可以重新站在起点上。这符合 Thelen（1999）的观点，即制度是在关键时刻（例如解决政治冲突、响应危机和外部冲击）建立起来的。重要的是要认识到，转型的最初几年恰恰是新自由主义公共管理思想在西方对国家的认识方面占主导地位的时期。新自由主义观点和新公共管理思想在一些国际组织（例如，世界银行和国际货币基金组织）以及最初提出一些观点的国家，特别是美国和英国当中影响力巨大（Verheijen，2003：490）。从 NISPAcee 会议上的中东欧国家以外的发言人身上也可以看到（和西欧国家相比）英美国家的影响同样也非常明显〔NISPAcee（东欧与中欧公共管理学院网络）是中东欧地区讨论公共管理改革的一个主要论坛〕。

一方面，一些作者已经在政策转型和吸取教训（Rose，1993；Randma-Liiv，2007；Sobis 和 De Vries，2009）方面的文章中指出，中东欧国家曾经非常愿意通过从高度发达的国家吸取经验，从而模仿西方的模式。另一方面，许多中东欧国家在 20 世纪 90 年代初开始国家建设时对西方知之甚少，并且西方和这些国家几乎毫无联系（Randma-Liiv，2007）。然而，在中东欧国家，特别是在 20 世纪 90 年代的国家建设时期，人力资源和财政资源的缺乏加之急需解决方案，使利用外国的经验知识极其重要（Randma-Liiv，2007；Sobis 和 De Vries，2009）。在一些政策转移过程中，往往以引入专家知识和资金等形式出现的外国援助发挥了重要作用（Temmes 等，2005；Randma-Liiv，2007；Sobis 和 De Vries，2009）。因为亟须转型，中东欧国家政府面临巨大压力，在采纳大众欢迎的政策和方法过程中，往往没有足够的时间深入分析和采纳这些观点。由于缺乏胜任的地方政策制定者，特别是在 20 世纪 90 年代至关重要的国家建设时期，中东欧国家政府很难对外国经验进行判断，或对各种模式加以比较（Randma-Liiv，2007）。在这种"无知转型"（Dolowitz 和 Marsh，2000）的情况下，引入经验的国家对于被引入的政策及其在原来国家实际发挥的功效并没有充分了解。的确，几乎毫无经验的政治家和管理者很容易陷入"时兴道路"的陷阱，而过高地估计新观点的积极作用，低估了这些"万能模式"的负面作用。其结果是，在中东欧国家的几个例子中，20世纪90年代以公共管理模式为目标的国际改革运动的关注受到极大重视，甚至超过了对当地需求进行谨慎的实证分析的必要。

然而，可以说，中东欧国家和西方有着共同问题，但解决方案却有所差异。政策转移不能被简单视为技术操作，其中还要考虑政治价值观和意识形态（Dolowitz 和 Marsh，1996；Rose，1993）。从西方国家不假思索地照搬流行的公共管理工具可能会造成严重问题，因为首先西方国家在民主治理方面更具经验，其次他们的资源以及制度框架与中东欧国家也完全不同。Rose（1993）表示，政策转移的成功与否取决于制度的可替代性，以及接受国是否具有同等的资源。因此，长期以来具有制度建设传统的世界上最富裕的国家能否为中东欧国家提供可以轻而易举加以应用的经验尚待商榷。此外，外国模式可能会被随意照搬，其中各种各样的传统被拼凑起来，而这些传统并不一定能够相互融合。不幸的是，这种情况在中东欧国家公共管理工具的转变过程中就曾出现过（例如，Randma-Liiv，2007）。以下的分析旨在分析西方思想（包括新公共管理和新韦伯主义国家）对中东欧国家特有社会政治环境的适用性。

新公共管理和新韦伯主义国家在中东欧的适用性

公共管理并非是一种不产生价值的活动。正如 Samier（2005：82）所说，经济、效率和有效性这三大新公共管理原则的引入已经取代了传统行政管理的三大原则，即行为、道德规范和文化。本文将更加深入地考察受到广泛认可的新公共管理相关价值观（例如小政府、灵活性、去监管化、市场化和分权），并且将这些与包括新韦伯主义国家在内的更加"传统"的管理模型的特征（强大国家、稳定、监管和统一）相比较，其中特别强调它们在中东欧国家的适用性和适宜性。

一、小政府还是大政府？

中东欧国家最严重的问题之一是公民中对于国家并没有普遍的

认同，更不必提具有国家的概念(Drechsler，1995)。虽然这对于"国家"的反对者来说似乎是件好事，但是这会带来严重问题，包括公民缺乏对国家的自然忠诚、政府内部的合作，或对于法律和行政决定缺乏真正的尊重 (Drechsler，1995：112)。这样一种反国家的态度导致了中东欧国家在小政府基础上产生了各种观点。

大多数中东欧国家面临的一个主要挑战是都希望直接立竿见影建立现代公共管理体系，却没有建立坚实的基础，即经典的具有等级层次的公共管理和各种问责制度。在没有建立基本公共管理框架的情况下，对尚不存在的管理做法进行"改革"必然面临巨大压力。几名作者已经对新公共管理原则和工具在中东欧国家的适宜性提出质疑。例如，有人表示如果把新公共管理强加给转型国家和发展中国家特别不妥，因为这只在运行良好的行政管理传统环境内才会有意义 (Drechsler 2005：101)；或者"新公共管理不能建立大政府，而大政府恰恰可以处理新独立国家面临的许多内部和外部挑战，包括公共服务受到国内种族冲突的困扰、过于多元的政党体制、脆弱的经济、卫生和环境监管体系"(Dunn 和 Miller，2007：350)。

虽然在 20 世纪 90 年代初的公共管理分析中基本上很少提及国家，并且万能的市场也使人感到神秘，但是新韦伯主义国家使得国家的重要意义得以回归 (Pollitt 和 Bouckaert，2004：99)，特别是在西方。东欧也越来越多地出现这种情况，这一地区的许多难题（即使不是大多数难题）都和国家是什么样子或应当是什么样子等问题有关。

中东欧国家转型前的政府当然非常庞大，并且和西方国家相比发挥着更多影响社会的职能。然而，这并不意味着中东欧国家政府具有制定和执行政策的强大能力，或有效执行日常行政职能的强大能力 (Grindle，1997：3)。此外，由于这些政府干预过多，人们也理所当然地把他们和通过中央机构实施的监管与指导带来的负面影响联系在一起。

当代中东欧国家在确保可持续发展方面面临严重困难，特别是在全球金融危机的背景下。首先，发展是以强大、高效的政府为先决条件，但尚不存在这样的政府。其次，由于此前的一些负面经验，建立强大、有效政府的观点并不受人欢迎。然而，我们要承认 Peter (2001：176)的观点，即"只有所谓的韦伯主义行政管理制度被固化，才能考虑如何从现有体制向更加"现代的"公共管理体制过渡"。因此，对于中东欧国家来说，反国家的最小化可能带来严重的问题，新公共管理工具的流行也可能对长期发展和可持续性构成威胁；与此同时，仍然承认国家作为转型中各种"老"问题以及全球化、技术变革、人口变化、环境威胁等新问题的主要推动力量所发挥的作用（新韦伯主义国家原则解决这些问题）可以为中东欧国家狂热的政治和经济背景提供急需的支持。

二、灵活还是稳定？

虽然传统的公共领域组织在许多国家往往被视为是常设实体，公职岗位被看作铁饭碗，但是在最近几十年内有一种趋势在削弱这种稳定性，并且对公共组织、结构和原则的永久性提出质疑，这种质疑往往是由新公共管理改革所发起。虽然在西方世界永久性和稳定性有时被看成是一种缺点，但是在中东欧国家，它们可能实际上会提供解决方案。阻碍中东欧国家公共管理可持续发展的最普遍的一些障碍包括不稳定的政治环境、在无明确框架的背景下不断发生的变革，以及尚未完成的改革尝试。问题往往并不是忽略环境中的变化或是思想和方法的停滞，而是要建立一些有利于适当的政策制定和政策执行的制度。

虽然西方国家政府有时可能努力避免被实践和过去的解决方案所困扰，但是中东欧国家政府必须建立全新的环境，采用全新的做法。公共管理方面大多数最基本决定都是在过去不到 20 年内作出的（并且考虑到中东欧国家频繁发生的改革，有些决定甚至更新），所以被过去的解决方案困扰的情况很少出现。因此，灵活性在高度发达的国家和中东欧国家所解决的问题是不同的，相反，灵活性会对两者的公共管理中起到促进作用的方面完全不同。在利用新系统的灵活性之前，中东欧国家政府也许应当加强管理稳定局势的能力和经验。

较大的灵活度可能会给中东欧国家新的行政制度带来不必要的风险。频繁的变化、高度灵活性以及自行酌情处理可能会使管理者为一己私利而采取行动，或在新的行政结构内建立起各自的"王国"和势力范围，因为这样的结构存在许多责任的"灰色地带"。因此，在某种改革建议成熟和结果之前推出新的变革可能会导致原有改革很容易出现倒退。因此，在政治、行政和经济高度不稳定的背景下，任何稳定性都有可能具有某种优点。长期存在的组织结构和不变的原则与目标有助于所提出变革的可持续性。对于建设行政能力和创造组织记忆来说，稳定也是必要的。

因为灵活性在高度发达的国家得到培养的环境在中东欧国家政府的背景下不适用，所以实行灵活性措施也会带来不同的结果。中东欧国家的公共领域总体上面临许多持续的变革，这些会削弱公务员的奉献精神和积极性。因此，中东欧国家政府的问题在某种程度上并不是体系的僵化，而是这一体系本身变化过于频繁。因此，这些政府的挑战是在灵活性和稳定性之间找到最适合的平衡点，并且在存在问题的情况下，寻求更加稳定的办法，即新韦伯主义国家框架中的"韦伯主义"要素。

三、去监管化还是监管化？

在中东欧国家，20 世纪 90 年代，大多数的生活领域都必须从头建立。这个过程要求制定大量的法律、规则、条例和原则。当转型导致社会中具有很大不确定性时，就需要规则和条例来制衡局势。在稳定和高度发达的国家，强加新的规则可能会适得其反，因为在这些国家，已经存在普遍接受的公共价值观和原则，但是在法制尚未建立的国家，这种情况是难以避免的。因此，在中东欧国家，政府执行去监管化可能造成负面影响，因为在这些国家尚未建立普遍认同和遵守的一系列原则和价值观。在这种情况下，条例和程序会为行为提供一些确定性和可预测性。

Peter（2001：176）还指出，现在发达国家需要的监管比新公共管理所规定的还要多，因为需要更多规则为制度建立创造条件，包括消除裙带关系。例如，人事管理方面的高度自由决定可能导致高风险，因为立法框架尚未充分发展，中高级管理人员经验缺乏，行政文化尚未确定以及控制机制尚未完善。Verheijen（1998b：415）已经有力地指出，中东欧国家就业条件的自由化可能会造成政治化的进一步加剧，激化而不是消除不稳定性，并且导致腐败增加。

实际上，过去关于形式化的经历使去监管化的尝试对于中东欧国家的公民来说极具吸引力。然而，分权、去监管化的公共管理以及"让管理者自行管理"是否能在中东欧国家发展起来尚存在很多问题。在一系列价值观建立之前消除对公共服务的管理可能尚不可行，因为只有这些价值观才能确保政府在一种具有问责制和消除腐败的背景下运行，并且消除控制的形式化（Peters，2001：167）。"尽管去监管化和灵活性的思想很具吸引力，但是尝试建立有效的行政管理和民主的政府可能需要更多地强调正式流程、规则以及有力的道德标准"（Peters，2001：176）。新韦伯主义国家思想还包括仍然承认行政法的作用，除了保护和公民—国家关系相关的基本原则（例如法律面前人人平等、法律安全、对国家行为的法律监督）（Pollitt and Bouckaert，2004：99）以外，在中东欧国家混乱的政治和行政管理环境下行政法还会增加可预测性、可靠性和合法性。

四、要不要市场化?

"对于不断变化的公共领域引入市场方法的主要智力根源是相信市场在社会中分配资源的有效性"（Peters，2001：25）。企业家精神、竞争、私有化以及效率是这一框架内使用的核心词，并在新公共管理背景下常常被提起。

私有化既是 20 世纪 90 年代中东欧国家大多数公共领域改革的结果，也是这些改革主要的国内推动力量（Agh，2003：537）。时至今日，私营领域（和自由市场）某种程度上的过度理想化在中东欧国家仍然很受欢迎。大规模的私有化和随之绝对惯性导致的大规模裁员，使铁路等战略性企业和医疗救护等关键服务在未经适当公开讨论或市场测试下就被出售。

然而，重要的是要特别认识到，在新市场经济的背景下，需要存在着"游戏规则"，例如基本的宪法框架，或私有财产权规则，或独立的法律体系，只有这样市场才能运行良好。除非合同权力得到中央当局的落实，市场参与者才认为这些合约可以履行。通过宪法和法律建立基本的制度框架，并且，不同的市场参与者在这种框架下进行交换这是转型国家的首要任务之一（König，1992）。只有强大的、胜任的政府（而不是去监管化的网络）才能够采纳这一框架，甚至更重要的是，才能确保这一框架在实践当中得以落实。

中东欧国家政府已经因为制度环境的原因导致能力低下、无法充当"明智买家"而备受批评，这些制度环境过于松散、难以控制和指导复杂的合同关系（Lember，2004；Nemec，2001）。除了缺乏适当的法律框架外，市场竞争力低下和存在潜在的内部成本也是合同外包方法在中东欧国家经常失败的主要原因（Nemec，2001；Lember，2004）。中东欧国家具有竞争潜力的市场在很多情况下发展并不完善，但是存在着垄断或寡头结构和行为。在这些情况下，和发达市场相比，这些市场可以节省单位成本的说法则更有待商榷（Nemec，2001）。如果对现有体系的内部成本尚不知晓（如 Nemec，2001 所述），那么就无法将私营领域服务的绩效和此前政府系统的记录相比，也无法对私营提供商和成功与否作出判断。

最后，中东欧国家私营领域有哪些公共领域应当学习，但又极其令人不解的实践做法呢？管理经验不足往往是中东欧国家公共和私营领域部门的问题。经验不足的管理人员还有可能自尊心较差，导致他们害怕犯错，从而不惜一切代价实现目标，并且对开放式的学习过程进行自我辩解。在这些情况下，新公共管理工具例如绩效合同或私营领域管理人员流入公共组织可能存在严重问题。正如 Schick（1998：124）所说，"一个国家已有管理实践的缺点越多，那么进行（新公共管理）改革就越不合适"。的确，去监管化、分权和灵活性需要管理人员具有胜任的才能和道德标准，而这些往往是中东欧国家所缺少的。

强调企业家精神、竞争和通过非国家行为者进行治理的新公共管理机制还可能严重破坏国家的合法性，并且失去公众对公共组织的信任，这种信任在中东欧国家十分关键。截至目前，中东欧国家尚无法完全把商业和政治分开，这导致这些国家大多数存在着严重腐败问题（Agh，2003：539）。因此，通过定期的责任订单创造法律的确定性可能更好，特别是在提供关键的公共服务方面，而不要依赖于私营领域的"奇迹"或模拟竞争。然而，新韦伯主义国家通过韦伯主义要素［例如继续承认国家和行政法的作用（Pollitt 和 Bouckaert，2004：99）］会为中东欧国家的市场营销者提供一个更加均衡的框架。与此同时，新韦伯主义国家的"新"要素鼓励进一步强调结果的实现以及事前和事后的控制，这些要求中东欧国家政府给予更多关注。

五、分权还是统一？

作为以市场为导向的新公共管理思想和改革路线的结果，传统意义上庞大、完整的政府管理部门往往面临横向和纵向的专业化。这会导致由于分权而大规模建立机构和其他自治组织（了解中东欧国家的报告，请见 Randma-Liiv 等人 2011 年的文章），并且造成公共管理的支离破碎。与此同时，统一的根本原因和公共服务的特殊性也受到质疑。

分权可能会很好地提高一个组织的有效性，而与此同时更加适当地解决基层的需要，但是当需要有协调机制从而做出快速、艰难决定时，这种体系可能会出现功能失调，而在发展中国家经常需要作出这样的决定。推动分散化行政改革模式的运动在中东欧国家可能风险会非常高，因为实现这样的分权系统要求能够对所建立的分权机构的绩效进行有效的监督和评估（Peters，2001：35）。

Verheijen（1998a：208）让我们注意中东欧国家公共领域在 20 世纪 90 年代极其缺乏问责制和协调机制。这种情况在过去 10 年间并未得到改善（Randma-Liiv 等，2011）。尽管中东欧国家已经非常成功地废除了此前的公共管理体系和结构，但是他们尚且无法实现新体系的相互融合（Verheijen，1998a）。在建立新的有效机制，从而促进组织内部和组织之间的协调（包括纵向和横向的协调）方面所做的工作很少。在很多情况下，和西方国家不同，中东欧国家公务员系统缺乏使公共管理的不同部门整合在一起的一些要素。正式和非正式的专业化框架尚不完善，例如，团队精神框架，或任何其他形式的横向和纵向认同与忠诚。如果中央政府控制着联系松散的国内劳动力市场，那么每个政府部门就有可能发展各自的特有文化和工作习惯，这些在长期来看会造成相互冲突，而不是在公共服务中实现统一。

中东欧行政管理部门中的公共服务统一的阻碍因素是总体上的政治和行政不稳定。任何已经经历"囚徒困境"类关系的人都知道建立信任要求一定程度的稳定。在相同的合作伙伴之间重复出现几次互动后建立起信任，相反合作伙伴的不断变化就为合作行为带来了常令人讨厌的情况。同样的道理适用于任何公共政策领域的网络，这些网络的有效运行依赖于不断重复的互动和稳定（Peters，1998）

所有政府（特别是快速发展国家）当前面临的一个关键挑战是设计和执行许多结构性政策和行政改革，而这些政策和改革要求不断交换信息，并且始终以战略眼光看待各种政策和管理工具的相互适合性。因此，支持公共行政统一和发展共同公共服务文化的新韦伯主义国家的"韦伯主义要素"对于中东欧国家来说具有重要意义，例如保持（首先是建立）公共服务具有的特殊地位、文化和条件（Pollitt 和 Bouckaert，2004），以及承认强大的国家。发展统一的公共服务，并且具有独特的地位可以为国家地区的稳定提供支持，并使公务员部门的政治化逐渐淡化。这还可以发展公共服务的连续性，建立清晰可辨的管理文化和统一的行为标准。因此，行政机构的韦伯主义中立性可以被视为是适当采纳现代管理原则的必要前提（Temmes 等，2005）。

结论

尽管新韦伯主义国家最初的目的是一个经验分析模型，但是新韦伯主义国家还具有规范性的意义，特别是对于中东欧国家地区而言（非常巧合，这些国家并不是 Pollitt 和 Bouckaert 最初分析的重点）。从本文和之前的几篇文章看来，新公共管理并不能为中东欧国家的问题提供解决方案。效率和有效性的价值不必多言，但是它们应当排在促进公平和责任之后，处于次要地位。新韦伯主义国家思维还包括继续承认行政法的作用。除了保持公民—国家关系相关的基本原则，例如法律面前人人平等，法律安全、对国家行为的法律监督以外，在中东欧国家混乱的政治和行政管理环境中，法律应当成为可预测性、可靠性和合法性的根基。对于中东欧国家来说特别有效的是促进公共管理统一和共同公共服务文化的新韦伯主义国家（韦伯主义）要素，例如发展具有独特地位、文化和条件的公共服务，并且承认需要强大的国家。

这样的论点对于中东欧国家政府的政策具有重要意义，这些政府很容易在不具有坚实的"韦伯主义"基础的情况下被类似新公共管理改革的思维所吸引。这使新韦伯主义国家成为这些国家改革战略的一个重要基础。我们应当要问，与新韦伯主义国家相比，经典的韦伯主义模式是否更适合中东欧国家。与传统的韦伯主义官僚政治相比，新韦伯主义国家更具适用性还有两个主要原因。首先，在当前世界形势下闭关锁国是不现实的。在大多数国家，重大的新公共管理改革会受到严格的分析和批评，甚至被漠视，从而使"我们大多数人可以事后对新公共管理的进行分析"（Lynn，1998：231），但是新公共管理原则已经改变了我们对于公共管理的看法。高度发达国家的公共管理现代化尝试会始终影响着中东欧国家地区的发展。其次，中东欧国家存在一个路径依赖问题。许多基础的国家建设工作都基于类似于新公共管理的方法，那么与传统的韦伯主义公共管理系统相比，新韦伯主义国家更具有现实意义。中东欧国家发展的关键首先是确保新韦伯主义国家的"韦伯主义"要素存在，并且直到那时才开始通过引入单个现代管理工具，逐渐建立"新"要素。

参考文献

Agh，A. 2003. "Public Administration in Central Eastern Europe." in *Handbook of Public Administration Edited by* B. G. Peters and J. Pierre. London：Sage，536—48.

Dolowitz，D. and Marsh，D. 1996. "Who learns what from whom：a review of the policy transfer literature." *Political Studies* 44，343—57.

Drechsler，W. 2009. "Towards a Neo-Weberian European Union? Lisbon Agenda and public administration." in *Halduskultuur-Administrative Culture* 10，6—21.

Drechsler，W. 2005. "The rise and demise of the New Public Management." in *Post-Autistic Economics Review* 33，14，September.

Drechsler，W. 1995. "Estonia in transition." in *World Affairs* 157，3，111—8.

Drechsler，W. and Kattel，R. 2009. "Towards the Neo-Weberian State? Perhaps，but certainly adieu，NPM!" in *The NISPAcee Journal of Public Administration and Policy* 1，2，95—9.

Dunn，W. and D. Y. Miller. 2007. "A critique of the New Public Management and the Neo-Weberian State：advancing a critical theory of administrative reform." in *Public Organisation Review* 7，345—58.

Evans，P. and Rauch，J. E. 1999. "Bureaucracy and growth：a cross-national analysis of the effectiveness of 'Weberian' state structures on economic growth." in *American Sociological Review* 64，748—65.

Grindle，M. S. 1997. "The Good Government imperative：human resources，organizations，and institutions." in *Getting Good Government：Capacity Building in the Public Sectors of Developing Countries* Edited by M. S. Dringle. Harvard

Institute for International Development.

Hood, C. 1991. "A public management for all seasons." in *Public Administration* 69, 1, 3—19.

König, K. 1992. "The transformation of a "Real Socialist" administrative system into a conventional Western European system." in *International Review of Administrative Sciences* 58, 147—61.

Lember, V. 2004. "Limiting aspects of contracting out in transitional countries: the case of Estonian prisons." in *Public Administration and Development* 24, 5, 425—35.

Lynn, L. 2009. "What is a Neo-Weberian State? Reflections of a concept and its implications." in *The NISPAcee Journal of Public Administration and Policy* 1, 2, 17—30.

Lynn, L. 1998. "The New Public Management: how to transform a theme into a legacy." in *Public Administration Review* 58, 3, 231—7.

Nemec, J. 2008. "Public management reforms in CEE: lessons learned." in *Public Management Reforms in Central and Eastern Europe* Edited by G. Bouckaert, J. Nemec, V. Nakrošis, G. Hajnal and K. Tšnnisson. Bratislava: NISPAcee Press, 343—72.

Nemec, J. 2001. "Competitive contracting: problems and potential in the public sector reform process in CEE." in *Government, Market and the Civic Sector: the Search for a Productive Partnership* Edited by G. Wright. Bratislava: NISPAcee, 63—89.

Osborne, D. and T. Gaebler. 1992. *Reinventing Government* Reading, MA: Addison-Wesley.

Peters, B. G. 2001. *The Future of Governing* (2nd ed.). Kansas: University Press of Kansas.

Peters, B. G. 1998. "Managing Horizontal Government: the Politics of Coordination." in *Public Administration* 76 Summer: 295—311.

Pollitt, C. 2009. "An overview of the papers an propositions of the First Trans-European Dialogue (TED1)." in *The NISPAcee Journal of Public Administration and Policy* 1, 2, 9—16.

Pollitt, C. and G. Bouckaert. 2004. *Public Management Reform. A Comparative Analysis* (2nd ed.). Oxford: Oxford University Press.

Randma-Liiv. 2007. "From policy transfer to policy learning in Central and Eastern Europe." in *Post-Communist Public Administration: Restoring Professionalism and Accountability* Edited by D. Coombes and L. Vass. Bratislava:

NISPAcee，27—36.

Randma-Liiv，T. ，Nakrošis，V. and G. Hajnal. 2011. " Public sector organization in Central and Eastern Europe： from agencification to de-agencification. " in *Transylvanian Review of Administrative Sciences* November，160—75.

Rose R. 1993. *Lesson-Drawing in Public Policy： A Guide to Learning across Time and Space* New Jersey： Chatham House.

Samier，E. 2005. "Toward a Weberian public administration： the infinite web of history，values，and authority in administrative mentalities. " in *Halduskultuur — Administrative Culture* 6，60—94.

Schick，A. 1998. "Why most developing countries should not try New Zealand's reforms. " in *World Bank Research Observer* (*International*) 13，23—31.

Sobis，I. and De Vries，M. 2009. *The Story behind Western Advice to Central Europe During Its Transition Period*. Bratislava： NISPAcee Press.

Temmes，M. ，B. G. Peters and G. Sootla. 2005. "The governance discourse in three countries： a comparison of administrative reform activities in Finland，Estonia and Russia. " in *Institutional Requirements and Problem Solving in the Public Administrations of the Enlarged European Union and its Neighbours* Edited by G. Jenei，A. Barabashev and F. van der Berg. Bratislava： NISPAcee.

Thelen，K. 1999. "Historical institutionalism in comparative politics. " in *Annual Review of Political Science* 2，369—404.

Van de Walle，S. and G. Hammerschmid. 2011. "The impact of the New Public Management： challenges for coordination and cohesion in European public sectors. " in *Halduskultuur — Administrative Culture* 12，2，190—209.

Verheijen A. J. G. 2003. "Public administration in post-communist states. " in *Handbook of Public Administration* Edited by G. Peters and J. Pierre. London： Sage，489—499.

Verheijen，T. 1998a. "Public management in Central and Eastern Europe： the nature of the problem. " in *Innovations in Public Management： Perspectives from East and West Europe* Edited by T. Verheijen and D. Coombes. Cheltenham： Edward Elgar，209—19.

Verheijen，T. 1998b. "NPM reforms and other Western reform strategies： the wrong medicine for Central and Eastern Europe?" in *Innovations in Public Management： Perspectives from East and West Europe* Edited by T. Verheijen and D. Coombes. Cheltenham： Edward Elgar，407—17.

重组对改革疲劳的作用：公共领域雇员

作者：Michiel S. de Vries
荷兰拉德伯格大学

引言

在过去几十年间，公共领域一些方面的改革相互重叠。有充分证据显示，有两个国家就出现了这种情况，即美国和英国。这两个国家的公共行政管理事务记录完备。Corby 和 Simon 最近概述了英国的一系列改革，从撒切尔政府（甚至更早）之后的所有改革，包括一系列重大改革，旨在提高公共领域的效率。这些改革得到了继任者英国前首相约翰·梅杰（John Major）的支持，使20世纪90年代初的"私人主动融资模式"出现，引入了半私人机构和私营领域的基准管理，以及"挤出效应"和"生产者俘获"理论。在随后的社会民主政府，改革数量并未减少，但是改革的方向发展了变化，即首先是沿着吉登斯（1998）所谓的第三条路前进，最后又转向精简政府的改革（参见 Corby 和 Simon，2011）。根据记录，改革在美国也同样得以持续，从赫伯特·胡佛开始到乔治·W. 布什的几乎所有总统都支持在行政部门开展不同种类的公共领域改革，因为他们认为政府机构的运作还不够完善（参见 Kettl 和 Fesler，2009）。

这些当然并不意味着，只有这两个国家政府发生了很多重组。在全世界各地，公共领域改革都十分显著和频繁（参见：Pollitt 和 Bouckaert，2011，以及 Nolan，2001，经合组织国家；Weyland，2007，拉丁美洲；Beschel 等人，2013，中东国家；Ayeni 等，2003 以及 Bangura 和 Larbi，2006，发展中国家；Nemec 和 De Vries，2012，中欧和东欧国家改革）。所以重组已经被称为组织生活中的一个基本要素，这一点不足为奇（Emmerich，1971，8）。

大多数这些改革有着非常宏伟目标。总体而言，目标是使政府更好的运作、节省资金、加大权力，并且解决棘手的问题（参见

Sistare，2004）。具体而言，改革的宗旨是改善服务交付；加强并建立更加完善的社会；加强透明和领导；减少腐败；加强公共领域客户的参与；彻底改造政府；实现良好治理目标；实现去监管化、分权和权力下放；减少方案之间的重叠和重复并促进合作；在向公众提供并代表公共提供公共产品和服务的交付方面促进透明；提高雇员的满意度和绩效等等。并且，简而言之，这些改革的宗旨是"全面质量管理"，实现"中空国家"、新公共管理、良好治理或新韦伯主义国家。

然而，这些重组被定义为"对公共领域组织的结构和过程进行深思熟虑的调整，从而使其运转更加良好"（Pollitt 和 Bouckaert，2011），这些重组不一定总能成功，目标并不一定总能实现。20 世纪 80 年代，March 和 Olsen，（1983），Meijer，（1980），Maynard-Moody，Stull，以及 Mitchell（1986）指出重组的结果令人失望，并且前两人把重组的历史看成是一段华丽辞藻堆砌的历史，而后者把重组看成是一个戏剧性、象征性的事件。这些尚未改变。20 世纪 90 年代，托马斯（1993）认为重组效果的经验性证据十分复杂。Cuban（1997）把重组视为是"以乌托邦理想王国为目标的修修补补"，而在最近 2010 年，Savoie 提出了一个问题，即这一系列改革和重组是否加强了公共领域的能力建设和决策能力并提供了效率。而他的答案很明显是否定的（Pierre 等，2010）。

尽管没有理由让这种改革的批评走向极端，并且一些改革的确已经按预期取得效果，但是当我们在制度或宏观层面上按照上文所述考查公共领域改革的效果时，眼前呈现的画面总体上而言多少有些令人失望。例如，世界银行的经验数据表明，在许多发展中国家，即便实施重组的目的是改善良好治理，但目前这些国家在全球治理指标方面的排名仍然保持稳定，并且总体而言排名的变化或是由于发生了内战或社会不安定似乎呈下降趋势，或由于稳定状况有所改善而呈上升趋势（Kaufman，2006）。因此，我们可怀疑这一进步是否完全是由公共领域改革所引起。许多人还表示，这只是决定因素之一（参见 Collier，2007）。

有人可能要问，这种效率低下、内容庞杂的改革对公共领域工作的人员意味着什么呢？这正是本文要提出的问题。截至目前，大多数学者只是针对这些改革的制度和宏观影响来进行分析，即组织或公共领域整体的效率变化。本文将重点关注公共领域改革的微观影响，即对公职人员士气的影响。首先让我们看一项预期效果的概述，很少有学术文献记录这些，随后本文给出作者国家的一些数据，以便讨论连续不断、一个接一个，甚至相互重叠的公共领域改革是否不利于控制人员士气的提升。

从理论上讲行政管理改革带来的微观影响

在微观层面上，对于重组（例如变化）过程涉及的雇员，肯定意味着不确定性。正是因为这种不确定性，许多作者才指出了对于变化所抱有的恐惧、担忧以及抵制，特别是当雇员对这些变化所涉及的原则和标准理解不够充分时。从医学文献的角度来看，情况便更加明显，工作单位的大规模重组造成的不确定性对于心理健康、血压以及总胆固醇水平都有着很重要的影响（Pollard，2001）。Pollard 的结论是：工作单位重组会造成抑郁症、收缩压力的大幅增加，并且不确定性是造成这些影响的因素。

这种不确定性出现，首先是改革通过集权或分权，或是因为通过对部门进行私有化和去私有化改革而建立新的从属关系，或是通过建立独立机构、国营公司或把一个新的机构纳入到行政部门而造成等级关系的调整（比如 Thomas，1993）。在改革重组过程中，职位被重新洗牌，同事甚至下属可能成为自己的上级，而上级可能会被降职，被排除在外甚至被免职，这就造成了不确定的新关系。

导致不确定性的第二原因是重组可以被视为是违背了心理契约（Argyris，1960；Schein，1965；Rousseau，1995，Wellin，2007；Sobis 和 De Vries，2011）。Argyris（1960）首先使用这一术语并且将其定义为一组雇员和主管之间的默契。他的描述是"这是一种可以假定为雇员和主管之间不断变化的一种关系，可以将其称为'心理工作契约'。雇员可以保持高生产率，而很少抱怨等等，如果主管能保证并且尊重雇员非正式文化中的规范（即对雇员放手，确保他们得到足额的工资和稳定的工作）"（Argyris，1960）。

随后，Schein 把心理契约定义为任何时候一个组织每名成员和各个经理以及与该组织中其他雇员之间存在的不成文的期望……每名雇员对于诸如薪水或工资标准、工作时间、相关福利和待遇等事物抱有期望。该组织同样也具有更加隐含、微妙的期望，即雇员将强化该组织的影响，表现忠诚，维护组织的秘密，并且发挥个人巨大潜能（Schein，1965）。最近，Denise Rousseau（1994、1995）把心理契约重新定义为每个人大脑中原本存在的东西，是组织所塑造出关于个人与组织之间交换协议条款的个人信念（Rousseau，1995：9）。Wellin 把心理契约视为"雇员认为雇主期望自己所表现出的行为，以及他们认为雇主应当表现出的反应"（2007：27）。在组织调整过程中，很可能会出现一种违背契约的感觉，对士气、自尊、组织认同感、信任、工作安全感、以及生产率造成负面影响，并且增加心理失调的可能（Stark 等，2000）。

重组的第二个直接后果是个人职位和雇员利益可能处于危险，导致出现身体、精神或心理紧张。造成这种情况的原因可能是削减成本、调整工资或福利、被迫休假甚至是移走咖啡机、艺术品、限制工作空间等非常细微的行动（参见 www.Executive Blueprints.com），以及在该组织精减人员过程中威胁雇员可能被解聘。甚至在重组之后，这种影响也显而易见，尤其是在所谓的幸存者综合征中（参见 Niederland，1968，首次采用该词，指的是犹太人大屠杀的幸存者）。然而，人们可能认为仍然留在组织内的雇员们可能心存感激，甚至比以往的生产率更高，但是研究指出，他们为自己的工作感到担忧，对公司的不信任度提高，并且对于管理层的做法感到十分不解，对自己在公司未来发展中所处的角色感到困惑（Appelbaum，1999）。

重组给雇员带来的不确定性、威胁和身体状况的结果是重组的间接影响，也可能会出现。一些作者已经指出重组有可能会影响到工作士气，例如以自豪感、公共服务积极性、对组织的感情和工作满意度等形式表现出来的士气。出现这种情况是因为重组迫使雇员把自己的精力从日常工作转移到组织发展上来，而且还要考虑重组会对自己的工作性质和工作条件是否造成影响。特别是当雇员认为改革对自己很不公平时，他们更有可能离职，不太愿意合作，表现出士气低下，工作压力加大，以及明显和不明显违抗命令行为，他们甚至还有可能提起诉讼，并且开始出现反社会的行为（Lind 和 Van den Bos，2002）。

重组第二个可能的间接影响是雇员倾向于阻止进一步的重组和改革。我们认为他们会表现出稳健保守，或者按照马克斯·韦伯所指出的合理性说法，他们会越来越多地遵循传统理性。他们更希望事情就保持现在的情况不变，即便是进一步的改革对组织更加有利。

重组的第三个间接影响是公共管理者之间的个人关系可能被打乱。此前的研究已经表明有可能这些冲突与雇佣背景的特点相关（Waite Miller，Malis 和 Roloff）。对我们的研究来说重要的一个情况是充满变化和活力的工作环境造成人际冲突（Marcellisen，1988）。此外，如果权力方面存在较大调整，那么就更难找到解决方案，冲突持续时间会更长（Kriesberg，1993）。当支配岗位存在争议和歧义时（Smyth，1994）或当权力出现转移，或出现根本性变化时（Putnam 和 Wodolleck，2003）这种情况尤为突出，特别是如果雇员认为工作环境混乱一片，那就更糟了（Crocker，Hampson 和 Aall，2004）。重组可能具有负面效应，导致组织内因重组而受益或是受损的雇员之间出现分歧。正如上文所述，重组可能造成（临时的）不确定性和新趋势的模糊性，因此会造成公职人员的行为错误。这反过来也可以使另一些人抵制新情况以及新建立起来的等级关系，因此造成公职人员之间出现人际冲突。

副作用或重组的经验指标

本节给出一些经验指标，说明重组的副作用并不只是理论而言，在现实中也可以观察到。该部分的基础是此前其他作者的研究。

各省和自治市之间的差别

在前一节，我们的结论是冲突是否出现取决于背景环境的性质，即环境是否存在忙碌和充满变化，其中权力关系却模糊不清，还是组织环境相对稳定。荷兰人研究的两种类型组织是自治市（基层政府）和省（地区政府）。这两个组织机构的功能类似，在政策制定方面都负有责任并具有自治权，并且相对来而言都能自发地决定是否为具体领域的具体问题制定政策。通常情况下，这两级组织相互重叠，并且两个组织在政策领域会相互干预。这两者之间的正式差别主要是规模不同，即一个是基层政府，一个是地区政府。

然而，在实际情况下，自治市的环境变化更多，而各省的环境相对更加稳定。这需要解释一下。过去 20 年，一系列的行政改革已经被强加在自治市之上，但是很少强加给各省。这包括分权过程，其中 20 世纪 80 年代末，大多数（执行）工作直接交给自治市。20 世纪 90 年代初和最近这些年，自治市同样也在预算削减方面深受其害。自治市同样也被迫进行一系列重组，涉及从所谓的秘书处模式，到公共服务模式，再到所谓的倾斜组织等各种结构性转变。此外，自治市还面临公民投票方面的实验；还有进行选举市长方面的试验；合并造成自治市的数量减少 33％，从 1990 年的 672 个减少到目前的 416 个；并且从 2002 年开始行政更新工作，其中单一层次的系统转变为两层架构，使市政委员会和市议会之间进一步疏远，并且还出现了分权的过程，财政赤字方面也面临威胁。

相比之下，各省尚未经历巨大的变革，总共 12 个省份一直保持稳定。各省的法定职责范围与自治市相比小得多，并且在最近这些年（除了在青少年健康方面），几乎没有什么变化。二元结构被引入各省，但是和自治市相比，这种引入对于各省的影响小得多。各省并不需要应对许多行政试验。

由于出现这些不同，我们可以预见，相比而言，不确定性和被威胁的感觉在自治市更加普遍。此外，我们所说的重组的经济影响在基层政府的公职人员中应当非常明显，而在省一级政府的公职人员中不会很明显。因此，正如作者此前的研究和指出，实际的情况就是如此。该研究是以调查研究为基础。

数据

结果一定程度上取决于作者在国际研究项目的框架下，对地方管理人员和政治家进行了名为"民主和地方治理"的反复调查，并且一定程度上因为过去两年间荷兰内政部面向所有公职人员所开展的名为"人事和流动性监测"的大型调查（MWM2，2010）。这两个调查的细节请见框 1 和框 2。

框 1：

民主和地方治理项目

    这一国际合作项目是 20 世纪 80 年代末在东欧一系列大事件之后启动的。在涉及的所有国家中，随机选取了人口在 25 000～250 000 人之间的 30 个社区。在每个社区中，我们采访了 15 名政治领导人和 15 名主要官员，从而建立了一个数据库，涵盖 15 000 名以上的受访者。该项目在 20 多国家反复开展，并且收集了大约 13 000 名地方政治家和官员的答卷（Jacob, Ostrowski &Teune，1993）。在荷兰，第一轮是由 Derksen 组织（见 Eldersveld, Strömberg&Derksen，1995），最后四轮是由本文作者组织。

    采访、问卷都实行统一标准，从而使我们能够进行有效的比较。这使得我们对北半球许多国家基层精英的观点和背景进行了大规模的调查（见 Jacob 等，1993 等）。

    荷兰的数据包括五个同样的调查，分别在 1989、1995、2000、2005 和 2011 年开展。受访者是荷兰 30 个社区内的主要基层政治家和行政人员。问卷是经过与首席公共行政官以及市长进行协商后邮寄到受访者手中。本研究的其他部分重点关注这些调查的结果，以及在过去 20 年的调查当中所看到的趋势。首先，对人口在 25 000 到 250 000 人之间的自治市随机提取了样本。

    研究材料独一无二，因为这一研究适用于不同类型的分析。第一，可以进行比较研究，因为在许多东欧和西欧国家可比数据共有三天。第二，可以进行多层次分析，即能够通过利用个体层面的数据、组织特性和地区、国家甚至是国家群体特征来解释现象的研究。第三，材料独一无二，因为的研究中的受访者包括政治家和官员。关于这两组受访者之间的差异性和相似性的理论在公共管理当中处于核心地位（参见 De Vries，2008）。

    在荷兰，我们于 2003、2007 和 2011 年在省一级也开展了类似的调查，受访者是省级政治家和官员。

    在自治市的调查分别于 1989、1996、2000 和 2005 以及 2011 年开展，受访人数分别达到 305、423、283、339 和 208 人。政治受访者包括资深政治家、政党领袖、市参议员和市长。行政部门的受访者包括郡书记、董事会成员和部门主管。1996 年取样的回收率为 60%，2000 年为 45%，2005 年为 35%，2011 年为 30%。2003、2007 和 2011 年各省份问卷调查的回收数量分别为 254、285 和 116 份。

    所有这些受访者收到的都是统一的调查问卷，包括的问题涉及到他们对于政策难题（包括公共廉政）的严重性、政策有效性程度以及他们对于地方自治的看法，他们在政治领域的个人影响以及在自治市和省政府内部和外部的联系。我们提出了一连串问题，涉及他们的信仰和价值观，同样还有一系列问题涉及公共参与、政党作用，还有涉及他们个人背景的问题，包括他们的年龄、受教育情况、职位和工作。

框 1:

人事和流动性监测

　　材料包括一个调查，调查数据由荷兰内政及王国关系部 2010 年在所谓的人事和流动性监测项目中收集（MWM2, 2010）。该调查涉及政府各个部门，雇员的取样包括 80 000 人，其中 26 876 人完成了问卷。因此回收率为 34%，各个部门的回收率在 27%~38% 之间不等。表 1 给出了荷兰公共领域的特点以及相应回收率的取样。

　　控制组包括来自私营领域的 2 586 名受访者，他们的回收率为 42%，并填写了调查问卷（包括农业、渔业、工业、贸易、卫生和福利部门）。该控制组包含在分析当中。公共领域和私营领域的样本收到的调查问卷中包括一系列问题。在这些问题中，受访者回答的问题包括个人背景、工作内容、在组织中的流动性和就业能力、工作满意度、工作条件、关于公共服务积极性的观点、对经理进行的与绩效有关的采访以及周边同事的廉政情况。本研究中使用了该调查问卷中的许多问题。表 3 给出了 6 个假定中变量的指标。指标是调查当中提出的问题。

表 1　样本统计量（荷兰）

	人口	样本	回复人数	回收率（%）
总计	855 454	800 00	268 76	34
政府	288 865	285 00	105 96	37
中央政府	116 280	100 00	384 1	38
地方政府	148 933	900 0	335 4	37
省份	110 98	400 0	138 3	35
司法领域	339 3	150 0	562	37
水务委员会	916 1	400 0	145 6	36
教育和科学	438 911	385 00	124 14	32
小学	162 131	900 0	295 3	33
中学	885 74	800 0	299 0	37
初中	474 46	500 0	155 3	31
高等技术教育	353 45	500 0	161 2	32
大学	451 81	500 0	146 9	29
研究所	215 2	150 0	409	27
大学医学中心	580 82	500 0	148 2	29
安全领域	127 678	130 00	386 6	30
国防	678 79	700 0	198 0	28
警察	597 99	600 0	188 6	31

　　来源：MWM2, 2010, p. 22

结果

一、不确定性和士气

人事和流动性监测用于发现总体上不确定性和士气下降之间是否按预期出现了相关关系。通过相关分析，我们发现这种关系的确存在。受访者被问到他们是否确定自己能保住现在的工作。持怀疑态度的官员（与那些认为肯定能保住工作的同事相比）表示，他们的工作满意度、对组织的满意度都有所下降，并且他们对于政治家和政治的看法也相对不够乐观，并且他们显示出公共服务的积极性不足，对同事的工作业绩持更多批评态度，与组织之间感觉不够亲密，并且对工作的自豪感不足。所有这些关系在统计上都非常显著，达到 95%（Borst，Lako 和 De Vries，2013）。这些结果表明，在关于私营领域改革相关文献中发现的改革的负面影响同样也在公共领域出现。

二、充满变化的组织和人际冲突

关于"民主和地方治理项目"的分析被用来考查由于改革和重组导致的不确定性是否对雇员之间的人际关系造成影响，即是否增加了人际冲突的可能（de Vries，2010）。我们发现，荷兰各省和自治市中的冲突频繁出现。45% 的受访者提到所在组织内存在一些重组。我们要求受访者在开放式问题中描述主要冲突。在此基础上，就可以区分人际冲突和真实冲突。在自治市一级的内容分析结果表明，在基层一级提及的 40.2% 的主要冲突属于人际冲突。2000 年达到峰值，当时甚至超过半数的主要冲突在自治市一级都被视为是人际冲突。然而，在省一级，只有 18.3% 的主要冲突被视为人际冲突，而这一数字从 2003 年的 25% 下降到 2007 年的 17.8%，进而下降到 2011 年的 10.3%。省一级的绝大多数冲突涉及政策问题引发的冲突，以及各省和其他组织之间的冲突。这一差异十分明显（F = 104.9，T = 11.4 p < 0.000，df = 563）。

此外，我们还询问了这些冲突的严重性。平均而言，2/3 的重组被看成是严重干扰政策制定。尽管政府预计会面临此类冲突，因为政策制定毕竟涉及权力和利益，但是这样的高比例非常惊人，也被视为是自治市内部失败的人际关系的产物。尽管自治市经历了一些类型的社会冲突，但是调查并没有显示出某一类的社会冲突占主导地位。在最近 2011 年进行的调查中，排在前两位的社会冲突是由教育差异和个人观点差异所造成的冲突。（分别有 15％ 和 25％ 的受访者提及）。然而，和市政府内的人际冲突相比，这些百分比可以忽略不计。42％ 基层管理人员和政治家市提到市政府内出现了人际冲突。

从本研究中可以得出结论，的确相对稳定的省政府和相对充满变化的基层政府之间在冲突性质方面存在巨大差异。研究结果表明，在不断出现变化和不明确性的相对动态的组织（正如荷兰的自治市的情况），人际冲突出现的可能的确远高于相对稳定的组织（例如荷兰的各省）。

三、动态组织和保守主义

第二个调查是关于民主和地方政府数据的调查，旨在确定基层和省政府公职人员的观点是否不同，以及哪一级（国家、省和地方一级）应当对 15 个突出的政策领域负主要责任（Venner 和 De Vries，2012）。

按照韦伯的说法，本研究覆盖到四个理性，即目的理性或工具理性，其中行动者理性地"追求和计算"目标；价值理性，其基础是道德、美学、宗教或道德动机；基于情绪和情感的情感理性；以及由根深蒂固的习惯所决定的传统理性。

将这些理性应用到公职人员的偏好，从而将在不同政策领域采取行动的主要职责委派给基层或地区政府，我们可以得出如下推理，即从目的理性的实体纬度出发，我们可以认为如果一个公职人员认为有效的政策可以在政府一级制定，那么他/她可能倾向于把主要责任放在自己这一级。这可以看成是所涉及到的政策领域中最好的解决方案。

从目的理性的策略维度来看，我们可以预见公职人员更倾向于把政策领域的主要责任放在他自己工作的一级，特别是当他本人直接参与的这一政策领域的时候。从价值理性的角度来看，可以推论根据价值概念化的经典含义，预计总体上支持分权的态度会决定了一个人对把主要责任放在省一级或自治市所持的态度，尤其是在涉及某个具体政策领域时。价值理性假说推论支持分权的观点的人们总体上还是希望把政策领域的主要责任放在基层一级，而总体上持反对态度的人们往往会反对在具体情况下实现分权。

从情感理性的角度来看，可以推论那些认为自己和自治市关系密切的公职人员往往更倾向于把政策的主要责任放在自治市一级。从传统理性的角度来看，可以推论公职人员中期望把事务放在原有的层次。因此，当政策领域的主要责任实际上处于自治市的掌握范围内时，人们更倾向于保持现状不变，而当省一级是某一政策领域主要行为者时，则更倾向于让省一级成为主要行为者。

关于基层政府和省政府工作人员观点的分析表明，基层政府实际自治水平是哪一级政府应当成为政策领域负主要责任的一个强有力的原因。如果一个政策领域已经是基层政府的主要责任，那么这一级政府的工作人员认为应当保持不变。基层一级的公职人员和政治家认为，在涉及地方一级时，不应当改变责任的现有分工。

双变量分析指出，所有理性对有关分权的观点都有着重要影响。然而，在考虑到所有独立变量并且控制每个独立因子影响的情况下开展的多变量回归分析表明只有两个理性占主导地位：策略理性（其中非常关键的是分权对公职人员的职位以及对他/她所在的组织有哪些影响）和传统理性。省政府官员表现出更多策略理性，基层公职人员似乎更倾向于原有的安排。根据这些发现，实质理性、价值理性和情感理性在解释对分权和集权的偏爱方面似乎不那么重要。这意味着，在不断流动的组织中，利益攸关方、雇员、公职人员似乎会牺牲目的理性、价值理性和情感理性来换取传统理性。他们似乎更担心政府间关系的新变化会影响到所在组织的结构。在更加稳定的组织中，例如各省，传统理性无法很好地预测政策领域主要责任应该放在哪一级的相关意见。这些意见通过战略观点预测会更加有效。

结论

本研究当然表明类似于改革疲劳的状况的确存在。特别是在经历了众多改革和重组的公共组织内，雇员往往对可能出现其他转变感到厌倦。文献表明，我们认识到改革往往不能实现预期目标。制定的目标往往不能兑现。本文表明，这些改革的副作用并不是积极的。由于反复进行改革，公共雇员往往会丧失士气、自豪感以及公共服务积极性，往往对于自己的工作、同事和组织持更加批评的态度。此外，他们往往会牺牲目的理性、情感理性以及策略理性而支持传统理性，并且越来越趋于保守。最后，随着组织的变化增加，人际冲突的数量似乎有所增加。得出这些影响的确存在的结论，是因为此前对于荷兰不断变化的自治市相对更加稳定的各省进行了研究。

所有这些结果并不能表明我们应当停止改革。有时这是难以避免的。许多人已经呼吁处理改革的方式十分关键，可以预防许多上述问题（参见 Kotter，1996；March & Olsen，1983）。然而，这些作者给出意见的基础是假定改革是一个单一事件，而且并不能解决连续改革、反复改革等问题，这些改革有时甚至彼此间相互冲突，正如过去 20 年在荷兰自治市也遇到的情况。特别是不断反复的实践似乎会带来消极的副作用。因此，我们可以质疑 Olsen 和 Mazmanian 和 Sabatier（1989）关于任何非增量改革都无法奏效的格言当中的结果。增量改革意味着改革具有连续性，即保持连续的痛感和不确定性。本文表明让这些改革在短时间内完成和结束似乎更好，尽管我们不得不承认，突然出现的剧烈变革可能会失败，即便是进行了细致的规划也不例外（Maranto，2002）。

所有这些说明公共领域改革应当是被看成一次赌博，其中各个公共领域的组织均面临风险。如果改革成功，那么附加值就会出现，但是正如本文述，如果改革失败，那么必将会有损失，损失可能大于改革所带来的预期收益。关于赌博的统计学推理建议"不要去赌"。即使您不断努力，即使每次输光你都会使赌注加倍，但是最终你仍然会输光。这被称为是"赌徒厄运"。要想避免损失，就必须要求尽量少赌博。这并不是一种保守的观点。相反，本文认为，改革数量过多造成的一个副作用是改革的受众越来越趋于保守，而这些恰恰是我们最不希望看到。

参考文献

Appelbaum，S. H.，S. Lavigne-Schmidt，M. Peytchev and B. Shapiro. 1999." Downsizing：measuring the costs of failure." in *Journal of Management Development*，Vol. 18 no. 5：436—463.

Argyris，C. 1960. *Understanding Organisational Behaviour*. Homewood，Illinois：The Dorsey Press Inc.

Ayeni，V.（ed.）. 2002. *Public Sector Reform in Developing Countries：A Handbook of Commonwealth Experience*，London：Commonwealth Secretariat.

Bangura，Y and G. A. Larbi. 2006. *Public Sector Reform in Developing Countries：Capacity Challenges to Improve Services*，New York：UNRISD.

Beschel，R. P.，T. Yousef and K. Al-Yahya. 2013. *Public Sector Reform in the Middle East andNorth Africa：The Lessons of Experience*，World Bank.

Borst，R. C. J. Lako and M. S. de Vries. 2013. *Pride in the Dutch public sector*，paper to be presented at the IIAS/IASIA conference，Bahrain，Forthcoming.

Bos，K. van den ℅ Lind，E. A.（2002）.Uncertainty management by means of fairness judgments. In M. P. Zanna（Ed.），Advances in experimental social psychology（Vol. 34，pp. 1—60）. SanDiego，CA：Academic Press.

Collier，P. 2007. *The Bottom Billion：Why the Poorest Countries are Failing and What Can BeDone About It*. Oxford，Oxford UP.

Corby，S. and G. Simon. 2011.*Working for the State*. New York：Palgrave Macmillan.

Crocker，C. A.，F. O. Hampson and P. Aall（eds.）. 2004. *Taming intractable conflicts：mediation in the hardest cases*，Washington，Institute of Peace Press 2004.

Eldersveld，S. J.，L. Strömberg and W. Derksen. 1995. *Local elites in western Democracies，Boulding*，Westview Press.

Emmerich，H. 1971. *Federal Organization and Administrative Management*. University：University of Alabama Press.

Giddens，A. 1998. *The Third Way：The Renewal of Social Democracy*Oxford：Blackwell.

Jacob，B. M.，K. Ostrowski and H. Teune. 1993. *Democracy and Local Governance，Ten Empirical Studies*，Matsunaga Institute for Peace，Hawaii.

Kaufmann，D.，A. Kraay and M. Mastruzzi. 2006. "Measuring Governance Using Perceptions Data." in Susan Rose-Ackerman（ed.），*Handbook of Eco-*

nomic Corruption. Edward Elgar.

Kettl，D. F. and J. W. Fesler. 2009. *The Politics of the Administrative Process*，4th ed.

Washington，D. C.：CQ Press.

Kotter，J. P. 1996. *Leading change*. Harvard：Harvard Business Press.

Kriesberg，1993. *Intractable conflicts and their transformation*. Syracuse，Syracuse UP.

Marcellissen，FHG，A. M. Winnubst，B. Buunk，and C. J. de Wolf. 1988. "Social Support and Occupational Stress." in *Social Sci. Med*. Vol. 26：365—373.

Maranto，R. 2002. "Praising Civil Service but Not Bureaucracy." in *Review of Public PersonnelAdministration* Vol. 22：175—192.

March，J. G. and J. P. Olsen. 1983. "Organizing Political Life：What Administrative Reorganization Tells Us About Government." in *American Political Science Review*，77：281—96.

Maynard-Moody，S.，D. D. Stull and J. Mitchell. 1986. "Reorganization as Status Drama：Building，Maintaining，and Displacing Dominant Subcultures." in *Public Administration Review*，46：301—31.

Mazmanian，D and P. Sabatier. 1989. *Implementation and Public Policy* Lanham MD：UP Meier，K. J. 1980. "Executive Reorganization of Government：Impact on Employment and Expenditures." in *American Journal of Political Science* 24：396—412.

Nemec，J. and M. S. de Vries（eds.）. 2012a. *Public Sector Dynamics in Central and Eastern Europe* NISPAcee publishers，Bratislava，forthcoming.

Nemec，J. and M. S. de Vries（eds.）. 2012b. *Global Trends in Public Sector Reform* De Boeck publishers. Brussels forthcoming.

Nolan，B. 2001. Public Sector Reform：An International Perspective. New York：Palgrave.

Pierre，J. and P. W. Ingraham（eds.）. 2010. *Comparative administrative change：lessons learned* McGill-Queen UP.

Pollard，T. 2001. "Changes in mental well-being, blood pressure and total cholesterol levels during workplace reorganization：The impact of uncertainty, Work & Stress." in *International Journal of Work，Health & Organisations* Vol. 15. No. 1：14—28.

Pollitt，C. G. and G. Bouckaert. 2011. *Public Management Reform：A Comparative Analysis* Oxford University Press.

Putnam, L. L., and Wondolleck, J. M. 2003. "Intractability: Definitions, dimensions and distinctions." in R. J. Lewicki, B. Gray, & M. Elliott (Eds.), *Making sense of intractable environmental conflicts: Frames and cases*. Washington, DC: Island Press.

Rousseau, D. M. 1995. *Promises in action: Psychological contracts in organizations*. Newbury Park, CA: Sage.

Rousseau, D. M. 1994. "Two Ways to Change and Keep the Psychological Contract: Theory Meets Practice." in *Executive Summary for the International Consortium for Executive Development Research*: Lausanne.

Sistare, H. 2004. *Government Reorganization: Strategies and Tools to Get It Done*. IBM CenterFor the Business of Government.

Smyth, L. F. 1994. "Intractable Conflicts and the Role of Identity." in Negotiation Journal, Vol. 10 No. 4: 311—321.

Sobis, I. and M. S. de Vries. 2011. "The Social Psychology perspective on values and virtues."

Pan Suk Kim and Michiel S de Vries (editors). in *Value and Virtue in Public Administration* Palgrave.

Stark, E., L. Thomas, and P. Poppler. 2000. "Can Personality Matter More Than Justice? A Study of Downsizing and Layoff Survivors in the USA and Implications for Cross Cultural Study." paper presented at the 2000 International Conference, Prague.

Thomas, C. W. 1993. "Reorganizing Public Organizations: Alternatives, Objectives, and Evidence." in *Journal of Public Administration Research and Theory*, 3 (4): 457—86.

Treisman, D. 2007. *The Architecture of Government: Rethinking Political Decentralization*, Cambridge UP.

Tyack, D. and L. Cuban. 1997. *Tinkering Toward Utopia: A Century of Public School Reform*. Harvard: Harvard UP.

Venner, J. and M. S. de Vries. 2012. *Decentralization in the Netherlands: Practices and opinionson decentralization in a decentralized unitary state*, paper for the annual IASIA conference Bangkok 2012.

Vries, M. S. de 2010. *War inside public administration: Interpersonal conflicts in Dutch municipalities and provinces* Paper for the Annual Conference of the International Association ofSchools and Institutes of Administration, Bali Indonesia, July 2010.

Waite Miller, C., M. E. Roloff and R. S. Malis. 2009. "Understanding Interpersonal conflicts thatare difficult to resolve: A review of the literature and presentation of an integrated model. " inC. S. Beck (ed.) . *Communication Year-book* 31 Taylor & Francis, New York, pp. 118—173.

Wellin, M. 2007. *Managing the Psychological contract. Using the personal Deal to increase business performance.* Farnham. Gower, publ.

Weyland, K. G. 2007. *Bounded Rationality and Policy Diffusion: Social Sector Reform in LatinAmerica.* Princeton: Princeton UP.

逆境中的机遇：公共管理研究

作者：Antoinette Samuel
美国公共管理学会

公共管理是一门跨学科研究，包括艺术、工艺以及治理科学，旨在努力开发出纯科学性、实用性的知识，服务国内和国际学术和市场从业者，这些对象（和相关内容）随着时间和地点不同而有所不同。①

但各种定义中的共同点是都承认公共管理的跨学科性，并且也承认在公共管理研究当中，科学和应用都存在价值。曾经，公共管理研究重点关注政府的结构和功能发挥。这包括重视分权、官僚政治、组织结构和改革、人事管理、预算编制和财政、政策过程和评价、决策、政治与行政关系、公务员系统、廉政、问责制等诸多概念。在公共管理领域中，美国公共管理学会（ASPA）相信非营利性和营利性领域的作用及其与公共领域之间的相互作用。"治理"这一概念应用越来越多，显示出公共管理研究的范围在不断扩大。公共管理研究集中了有关政府的知识和认识。公共管理集合了有关政府的知识和认识——这是一个智慧源泉。

关于学者在公共管理研究中可能会遇到的逆境和挑战，我认为存在以下可能影响学者研究的总体趋势（Raadshelders）：

◇ 第一，研究的高度专业化，却极少交叉培育（只关注一个领域的专业知识）。

◇ 第二，缺乏以国家为核心的传统，使研究在专业化方面实行自下而上的方法（难以确定清晰的边界）。

◇ 第三，美国公共管理方面的高等教育既受到理论和哲学理念的影响，同时又结合了实用技能的培训——包括理论课程和亲自动手的实践课程。

◇ 第四，研发能力通过定量产出进行衡量，而不是通过定性

---

① 这些说法都基于 Jo Raadshelders 和 H. George Frederickson 的著作。

衡量——"仪式化的讲述，而不是作为真正贡献知识的源泉"。

◇ 第五，要求研究客观事实并向决策者提供客观知识的学者同那些强调事实具有主观性并要求在社会和历史背景下进行理解的学者之间存在着激烈的争论。

因此，在公共管理研究方面，我们应当通过推动以下进展克服上述逆境：

◇ 利用跨学科方法进行研究；
◇ 明确研究的宗旨和目标；
◇ 继续努力使理论和实践相结合；
◇ 决心对公共管理的知识基础做出定性的贡献；
◇ 通过重视研究的"背景"提升公共管理的相关性。

目前，这些挑战还带来了许多机遇。机遇是实际上对目前和未来的学者和该领域的从业人员提出的挑战。抓住公共管理领域的"新"话题，这些话题会拓展传统和实用的研究重点，例如：

1. 公共领域的职业道德、廉政和信任；
2. 非营利性管理；
3. 网络化治理；
4. 合作型管理；
5. 多领域劳动力；

总之，现将美国总统奥巴马的话加以转述：

我们可以创造新的机遇交付服务，并且使我们的服务能应对目前最为棘手的国内（和国际）挑战。

因此，我们应当抓住这一领域中的挑战和机遇。如果国际学术界能够团结一致，并且响应号召，战胜新世纪全球的逆境和挑战，那么公共管理学领域将会结出累累硕果。

第二部分　　关键改革一：建立服务型政府

建立服务型政府：危机响应是一种公共服务

作者：Meredith A. Newman

佛罗里达国际大学

公民满意度取决于公民和国家之间关系的好坏。这些关系涉及情绪技能。冷静的头脑，温暖的内心。这不正是我们期望公职人员面对公民时的表现吗？要想回答这个问题，需要看到极端的公共服务，并且在这一过程中，向危机响应这种公共服务致敬。这种观点会带来三个相关联的问题：是什么激励行政人员从事非常艰苦的工作？我们对于服务交付是否有着现实的期待？我们对行走在刀刃上（处于危险）的行政人员的保护和支持如何？和这有关的共有两点：第一，在当代社会，公共服务的交付需要情绪技能；第二，情绪劳动在极端服务交付（即危机响应和恢复）中非常关键。

服务交付中的情绪技能

改变以往"一如平常"的办事方法，转而采用以服务为导向的公共服务交付模式（以公民为导向/公民满意度）取决于在公共领域工作人员中新技能的发展。我们生活在一个服务经济中——服务时要面带微笑。长期以来，私营领域就认识到"客户服务"的价值。公共管理还在追赶过程中。许多政府将通过研讨会、培训和教育项目鼓励人力资源开发突出出来，作为一种即时战略。任何培训都需要包含认知技能（技术技能/分析技能）和情绪技能，这种情绪技能对有效的公共服务交付来说至关重要。最近，在墨尔本召开的为期两天的研讨会就证明了这一点，该研讨会是与澳大利亚新西兰政府学院联合举办的。来自澳大利亚和新西兰的 20 名高级公务员参加了此次关于情绪劳动和高质量公共服务交付的研讨会。与会人员让我们进一步认识到情绪工作技能是有效管理所必需的，并且同时也是职位描述、绩效评价和薪酬计划中所缺失的。他们的确做了这项工作，但是这项工作并没在正式的人力资源系统中体现出来。

为什么情绪工作技能和情绪劳动是公共服务交付中必需的要素呢？为了将冷静的头脑和热心肠结合在一起，要求我们不仅要从事认知劳动，而且还要完成情绪劳动。当公务员表现冷漠、心不在焉时，想想公民会有怎样的反应。这样一种认知会使得公民对接受的公共服务持批评态度，不管工作表现在技术层面上是对是错。公共服务的工作需要情绪劳动，这是因为这些工作会就相关事务直接与公民打交道，更加关键的是，因为他们服务的对象是弱势群体或境况不佳的公民。危机发生时就是这种情况。工作者和公民以及工作者和工作者之间的情绪交流方面需要情绪技能。从事情绪劳动并不只是在一线带着情感开展工作，而是要认识到情绪如何对服务结果造成影响。这不只是对工作有没有感情或情绪的问题，而是是否有必要引入情绪技能和情绪工作，从而满足工作的需求。

为了理解情绪工作的概念，有必要将情绪工作同我们更加熟悉的情绪智力（情商）做一下比较，情绪工作和情商同属一个家族。为了说明什么是情绪劳动，有必要知道什么不是情绪劳动。情绪劳动不是情商，也不是积极性，更不是领导力。情绪劳动和这些说法之间的差异是情绪劳动是工作的一种属性，而公共服务积极性、领导力和情商是工作者的个人属性。换句话说，工作岗位需要情绪劳动。

一、情绪劳动不是情商

情商是准确感知一个人自身情绪状况并且以建设性的方式控制情绪，而且准确地感知他人的情绪状况，并且以能带来期望行为的方式进行响应的一种技能。情商是和认知性智力类似的概念。情商是能够感知和控制自身情绪状态并且感知、理解并以建设性的方式响应他人情绪状态的一种特性。而情绪劳动指的是将情商应用于工作环境。它类似于体力劳动和认知劳动，并且也是完成工作所必需的。例如，应急人员需要在其小组中顺利开展工作，并且在压力环境下作出适当的决定，表现出冷静和自信，从而能够安抚队友和受害者。这就要求情绪劳动。

二、情绪劳动不是公共服务积极性

公共服务积极性的概念和情绪劳动之间最根本的差别是两者

"所处的位置"不同。虽然前者并不会只针对某一个特定工作，并且可能完全不涉及正式就业，但是后者是针对某一具体工作的。公共服务积极性是推动某人从事公共服务的一种力量。它并不是公共服务工作所要求的要素。一个人服务公众的意愿在于其自身；这既不是工作的一种属性，也不是获得工作的一种条件。

三、情绪劳动不是领导力

与此相类似，领导力也容易和情绪劳动混淆，但是领导力是在个人和工作环境之间的相互作用。领导力的情绪组成部分是一个基本部分，因为领导力是"一系列社会交往，其中领导人可以使其他人的情绪改善或恶化"。领导力是在适合个人风格的互补环境下表现出的一种个人属性。而情绪劳动是工作的一个要素。虽然情绪劳动源于工作的本质，但是领导力、公共服务积极性和情商则是劳动者的属性。

情绪劳动：究竟是什么

"情绪劳动"一词指的是为完成工作而对个人和他人情感进行管理，即情绪管理。情绪劳动包括多个方面，包括真实地表达劳动者的情绪状态，要求劳动者戴上面具并表现出与实际不同的情绪。这么做的目的是影响公民的情绪。工作的成功就取决于此。法律的实施需要公民对法律保持敬畏，并且信任法律的权威性。社会服务需要公民感到他们的问题再通过一种建设性的方式加以处理。急救员需要公民相信他们的专业知识，并且对他们的行动抱有信心。在这些情况下，可以把社会工作者和惩教人员的工作看成两个极端。一个要表现出笑容，并且要求工作者比平时还要友善。而另一个则要求工作者非常强硬，要求比一般情况下更加强硬。中性的工作同样也要求情绪工作，因为工作者会抑制自身的真实情绪，从而避免反应过度或反应不足，并且创造一种公平和毫无偏见的氛围。

例如，为了保持秩序，监狱看守必须创造一种权威气氛，即便他们非常害怕一些囚犯。社会工作者和调查人员必须建立起信任，从而使受到虐待的孩子能够对他们抱有信心，并且向他们讲述自己的故事（抑制个人情绪）。911电话呼叫中心的接线员必须表现出冷静，以便获得他们需要的信息并且能够帮助身处危机的呼叫者。从事情绪劳动既要积极主动，又要做出适当反应。

　　情绪劳动是为了一种回报而表现出的行为。其中包括对表现出的情绪进行分析和决策，不管这种情绪是否真实，甚至是完全相反的情绪：抑制实际体会到的情绪，并不表现出来。更加具体而言，情绪劳动在工作者和公民进行交流的过程中开始发挥作用，并且要求迅速采取行动——情绪安抚。这意味着要发现他人的情感状态，并且利用这一信息选择自己的表现，分析个人自身的情感状态，并且将其和他人的状态进行比较，判断可选的其他表现会对他人造成的影响，然后选择最佳办法，采取的行为应当使说话人能够抑制或表现出一种情绪——以便从其他人身上得到想要的反应工作者和公民之间的服务交流要求工作者要感知表达一种观点的正确语气和方法，并且/或感知然后确定在分析基础上是否行动、何时行动以及如何行动。如果忽略了分析、情绪、判断以及沟通之间的结合就等于忽略了促进默契、引出期待的响应并且确保人际关系能够富有建设性的社会润滑剂。

　　情绪劳动的运用非常重要，因为当公民和非常善于情绪劳动的工作人员相互交流时，公民的满意度会随之提升。同时还会提高工作者的工作满意度。此外，它还可以减少员工流动，并且促进生产力提高。

　　Mary Guy、Sharon Mastracci教授和我已经在情绪劳动方面开展了大约10年之久的研究，将其引入了公共管理理论和实践词典。2008年，我们出版的《情绪劳动：将这种服务纳入公共服务中》。我们的下一本书，名为《在刀刃上工作：危机响应中的情绪劳动》（2012），会深入的探究情绪劳动的实际效果。我们重点关注如何运用情绪劳动，并且会通过极端事件而寻找答案。我们会询问每天在危险、令人情绪紧张的危机中工作的公务员：刀刃之上的工作是什么样子。

　　从我们的研究中得到哪些结论，并且这意味着什么呢？首先，我们一直强调认识到情绪劳动的重要性。这一领域中不断兴起的研究强调情绪劳动的至关重要性。虽然强度不同，情绪劳动在几乎所有的政府工作中发挥着作用。当公务员和公民打交道时，情绪劳动伴随所有工作出现。当您直接和客户/公民接触或管理所在机构工作人员时，您可能认识到您的工作需要情绪工作，即便您可能对情绪劳动这一词本身并不熟悉。一线工作者要处理公众日益增长的日常需求；管理人员要处理上级和下级对机构内部和机构之间关于各种事务的需求，从预算和人力资源到机构间的竞争。不仅是认知技能发挥至关重要的作用，情绪技能也同样如此。如果我们要聘用、培训、开发并且根据业绩评价社会工作者，我们就必须要考虑到整个工作，而不是工作的技术层面而已。工作者必须能够按照工作要求抑制、控制或引导自身及他人的情绪。换句话说，他们要能够参与并且有效地运用情绪劳动，这对工作的业绩来说至关重要。

第二，我们挑战了主流的管理理论、经典说法和原则。因为在解释公共服务中的情绪劳动方面，我们面临一片空白。我们还无法摆脱管理科学家在工业时代创造出的劳动场景，而他们对工作完成中的人性过程视而不见。

第三，我们发现运用情绪劳动使公务员不至于身心疲惫。由于亟需情绪劳动，公务员会情绪激动，进而筋疲力尽。关键在于管理人员和工作者如何应对这些工作提出的情绪劳动需求。在情绪工作中，高涨的情绪可能愈加高涨，而低落的情绪可能进一步陷入谷底。雇主和上级需要认识到工作者的高涨情绪，并且预见到他们的低落情绪。他们可以建立一种机制，肯定和赞扬好的情绪，而不会忽略逐渐低落的情绪，从而使个人能够自我恢复。在工作完成很久之后，如果没有任何战略处理萦绕在人心头的记忆时，工作者往往非常脆弱，表现出功能失调的行为，对工作失去兴趣，并且想换个工作。经过良好培训、技能胜任的工作者流失造成的代价非常高昂，并且如果有深谋远虑的话，这是可以避免的。

第四，情绪劳动是职业生涯的一部分，不仅仅是（或者不是）个人带到工作中的东西。这一工作的特点（其宗旨和在组织中的作用、需求和要求）决定了工作人员要不要运用情绪劳动。

这会导致第五个结论：机构可以针对员工在工作中所应用的情绪劳动质量对他们进行筛选、培训、反复培训和评价。但是只有一小部分的机构能够认识到工作者的情绪需求，更不用说对其进行评估和奖励了。总而言之，我们发现，情绪工作是提供社会福利服务、应急服务以及危机响应中所固有的，并且通常情况下，在公共服务的交付中要对公民作出响应并对其负责也会体现出情绪劳动。

危机管理中情绪劳动的核心作用

这就引出了第二点：情绪劳动在极端服务交付，即危机响应和恢复中的核心作用。这里非常关键的是"在刀刃上工作"是何种情形，并且一个人要保持专业平衡并且避免身心疲惫需要哪些必要条件。最近在我所在的澳大利亚的维多利亚州发生了毁灭性的森林大火，让我们再次联想到我们生活在一个充满危机的时代和充满风险的社会。危机情况是普遍存在的，包括影响整个社区、地区或国家的危机或灾难。我们必须要回顾一下 2011 年的泰国洪水、2011 年日本东北部地区地震和日本的海啸、1995 年神户大地震以及 2005 年发生在美国的卡特里娜飓风——世界银行估计这些是 2011 年以来世界上造成损失最多的四次灾难。再看看中国，就在上个月，中国公民和危机应急人员处理了黑龙江和贵州的煤矿透水事件、四川的突发洪水事件以及云南的地震和泥石流。

响应技能要求作出响应的人要付出巨大的代价。受害者和非受害者之间的区别乍一看不那么明显。除了那些在身体上受害以外（或遭受财产损失以外），我们看到有多种多样的潜在的受害者。救援人员本身也受到灾害的影响。例如，在应急组织中的工作人员，这些人员是灾难潜在受害者中的一部分，他们会受到"间接伤害"。那些在"混沌边缘"工作的人们要在情绪上付出很大代价，这可能以创伤后应急障碍和其他心理或生理症状表现出来。一项研究发现，86％以上的救灾人员在离开重大突发事件现场后的 24 小时内患有创伤后应急障碍的一些症状。大约 10％因为这些事件而面临严重痛苦。他们无法继续在一线工作，他们经历着人格改变，婚姻和家庭生活被扰乱，或者他们本身患上身体疾病。很多人紧急救援人员在工作后曾经历过巨大的身体和心理"余震"。

几个非政府组织的管理人员就是如此，6 月，作为美国国立卫生研究院资助研究的一部分，他们最近在海地首都太子港接受了我们的采访。2010 年 1 月发生在海地的地震导致 220 000 人死亡，100 万人无家可归。海地首都被完全破坏，并且海地政府几乎完全消失。恢复工作直到今天还在继续。破坏的严重程度、赤贫、缺乏基本的基础设施和政府技能以及海地人民的恢复技能都使这场地震成为一次前所未有、让人难以忘怀的记忆。我们在联合国基地对国际移民组织官员进行了采访。采访显示出他们已经"目睹了这一切"。这一段小品文就体现了这样一种情绪：

我经历了一场战争，我被打中了，我亲眼目睹了死亡，类似海地的所有这些以前都没发生过。我想起这些事来都感到身心疲惫。我让自己始终忙于工作，这样不去想这些。我在接受一些药物治疗，帮助自己摆脱这种困境。当我忙碌的时候，我感觉不到什么事发生，因为我全神贯注。

危机响应和恢复工作的负担可能让人无法承受。在这些环境中的响应可能会改变一个人的职业生涯，甚至结束这种生涯。作为这个正在进行的研究的一部分，我们对佛罗里达州、科罗拉多州和伊利诺伊州的紧急服务工作人员进行了采访，以了解他们如何开展正常工作。最近，调查的范围已经拓展，包括了在中国、澳大利亚和海地的情绪工作者。

危机和灾难的确时有发生。因此，我们必须对此作出计划。为了在未来减少影响，我们需要强大的政府和经过专门培训的公务员来应对这些危机。考查一下这些公务员——在危机中工作的公务员，他们从事的是一些最苛刻、最危险、最具挑战的公共服务。他们需要哪些技能才能完成这些工作呢？在他们最初被雇用时要求的知识、技能和能力中遗漏了哪些技能呢？

危机管理依赖于经过严格培训的公共服务。善于认知（技术）技能和情绪技能的行政人员很有可能更有效地开展工作。毫无争议的是，我们的毕业生应该在管理、分析技能和政策方面更加精通。这些是基本的认知技能。这些技能是必需的，但要想让我们的学生准备好提供有效的公共服务尚显不足。毕业生的反馈往往说明，他们的培训未能够让他们为行政管理和公共服务交付中的人性过程（情绪工作）做好充分的准备。尽管他们经过了一些认知技能方面的培训，但是他们还不得不自己去认识和发展一些技能，包括微妙的情绪技能。那些在令人情绪紧张的服务交付项目中工作的毕业生来说特别有感触，例如灾难服务和应急医疗服务。对于那些在公共事业领域中工作的毕业生来说也是如此，正如澳大利亚政府人事服务部的服务领导人所说：

很多年来，基于系统的工作的自动化逐渐提高，并且有一种趋势越来越明显，即客户实现自我服务，那么我们的一线工作人员的工作更多地不是针对文字，而是对人。这使得我们许多工作人员都必须接触那些弱势、往往承受某种程度的压力并且有时遭受辱骂和暴力的客户。虽然我们竭尽所能培养和支持工作人员，但是如果考虑到提供积极主动、系统性的支持，我相信我们还要再接再厉。

情绪工作者（现场急救员、应急医疗人员以及受害者援助顾问）努力在极端环境下开展情绪工作，并且控制自己的情绪，并且不丧失自己的专业优势，即不会从"刀刃"上掉下。当他们从事这么极其困难的危机响应和恢复工作时，他们如何能够保持职业平衡？为了解决这个问题，最近的一个悲剧性灾难（科罗拉多州奥罗拉市发生了令人发指的枪击）就给出了一些答案。在这方面，指出应急响应人员所采用的情绪工作技能是很必要的。

奥罗拉市电影院枪击案

2012年7月20日，在期待已久的蝙蝠侠系列电影《黑暗骑士崛起》的午夜首映式中，一名携带防护装置和防毒面具并且全副武装的枪手袭击了位于科罗拉多州奥罗拉市一家人头攒动的电影院。他从靠近屏幕的出口走进来，首先投掷了催泪弹，然后开始对电影院的观众进行射击。

科罗拉多州奥罗拉市的应急调度中心接到了大量的紧急呼叫。警察在不到两分钟之内到达，并且救援人员和救护车的紧随其后。当救护车爆满时，警察不得已用自己的警车将伤者送往急诊室。其他警员则呼叫调度中心，为伤者和死者寻求更多帮助。惊慌的医疗救援人员对受害者进行分类，并且在无线电里说，"如果他们死了，就不要管了。我们现在面临大规模的伤亡"。

当警察疏散了大楼内其他影厅的人群时，包括紧挨着第九影厅的一个——就是在第九影厅发生了枪击，他们发现还有其他的受害者被穿过隔壁墙壁的子弹击中。在外面，救援车辆通过拥挤的购物商场停车场来到这里，尽可能靠近电影院停车以便营救重伤者。然而，受伤但是仍能走动的观众跑到救护车旁边，乞求帮助，这使救护车无法靠近电影院，无法帮助那些更加严重的伤者。正如一名司机在无线电里所说，"我们无法穿过这些受伤人群"。当烟雾被清理后，他们发现共有 20 人被杀，58 人受伤。受害者援助顾问被叫到现场来安抚受害者，并且提供支持性服务，伤者和受到惊吓的观众坐在被鲜血浸湿的人行道上，努力想弄清刚刚发生的一切。

在混乱中，手机和手提包被遗留下来，使死者和重伤者的身份识别十分困难。心烦意乱的家人要等上两天时间才能知道自己的至爱亲人是死是活（这在应急响应工作中并不少见）。事后，一名调度员描述了这一事件。这一紧急事件规模太大，让现有资源难以应付，每个人都必须开动脑筋去创新。在回放呼叫电话的录音和她当时的回答，人们听到了一个镇定、威严的声音，指挥警察和救援人员赶到电影院和位于周边停车场地的集结待命区域。此后，她承认她内心也过于紧张："我们工作室派出救援人员，而我们派出的人员也在向我们呼救，但我们无法帮助他们。通常情况下，他们会通过对讲机汇报，而这些神奇的调度员会给他们提供所需的资源。他们需要帮助，但当时却得不到帮助"。

从 911 电话呼叫者向警察和消防员传递信息的调度员必须要控制自己对于极度痛苦的受害者求救，以及对救援人员要求增派救护车、警察、救援人员以及增加创伤中心帮助的呼叫做出的反应。他们的工作是冷静地向救援人员迅速、清晰并且命令式地传递信息。没有时间让他们休息、喘口气，没有时间让他们去理解事件的恐怖。

当受害者蜂拥而出时，警察冲进电影院。他们不知道枪手是否还在现场，甚至会不会把武器对准他们，他们必须克服这种恐惧。此外，他们还面临几十个受害者慌忙逃离现场。应急医疗人员会面对面地接触死者、奄奄一息的人和伤者。从现场向创伤中心转移伤者的救护车不够，他们必须要进行分诊。必须要忽视那些已经死亡或受伤严重、幸存希望不大的受害者，从而重点关注通过帮助可以挽救的伤者。虽然受伤但不太严重者能够自己照顾自己。枪手在射击后很快在电影院的停车场被逮捕，但是当时没有办法知道他是否有同谋者。

事件发生后，顾问听取了调度员的报告，从而减轻后者的压力，这其中包括听到受害者的呼叫以及应急人员要求更多资源的呼声，在折磨中必须压抑的情绪、幸存者的内疚以及在当晚恐怖的经历。在从事几天压力不太大的工作后，他们回到调派控制台。"这种经历太可怕了"，一个人说，"你必须得去面对并且从中走出来"。

现场急救员以及围绕他们工作的所有人员都经过培训，以便使工作有效、响应迅速、保持冷静并且富有同情心。在紧急情况下，直接和间接的效果会以不可预测的方式体现出来。虽然我们期望这些工作人员表现出的状态是控制自己的情绪，对受到直接影响的人们感同身受，并且在压力下表现出优雅，但是这往往意味着要抑制自己的情绪，并且随后或许自己还要应对这种情绪的反弹。他们所看到的情形、听到的声音、闻道的气味往往非常恐怖，始终会对他们的情绪带来巨大压力，而且往往不是我们能预期得到的。在这种情况下的混乱，肆意地杀害以及伤者和奄奄一息者的惊叫，加之枪手是否还在现场存在不确定性，这些在电视屏幕上都牵动人的神经，但是却让亲身经历的人的大脑和心脏难以承受。用一名防爆小组警官的话来说，"这种事情你永远无法从自己的脑海中抹去。我能做的只有鼓励人们去吐露心声，寻求帮助，而不要装作硬汉，不要把这么多的情绪都藏在心里"。

奥罗拉市电影院枪击案的受害者需要救援人员有冷静的头脑和温暖的内心。人们容易理解应急服务的认知和心理工作，但是我这里的描述重点关注的是对后者的期望，即心理。情绪劳动对参与应急响应的工作者提出了要求。正如上文所述，它指的是控制自己的情绪，以便完成工作并且控制其他人的情绪。这是公共服务和危机响应固有的特点。

应急响应意味着要对如何准备、缓解和响应预期发生但不太确定的事件和灾难以及从中恢复做好计划。换句话说，这是对预期发生的事和不寻常的事件做准备。这是认知功能，由此会衍生出正确的行为礼仪、指挥中心和流程。这种身体机能是当你冲入电影院而其他人蜂拥而出时的真实反应。正是紧急情况所导致的不可预期、不确定、恐怖的危机激发了应急人员的情绪反应。对于调度员来说，这指的是无法获得足够的资源回应需求。对于警察来说，这意味着亲眼目睹伤者，而自己在不断地呼叫增派救护车。对于医疗工作者来说，这意味着对一波又一波的受害者进行分类，对那些有救助希望的患者进行救助，而同时听着其他人的求助声。对于急诊室的工作人员来说，这指的是迅速评估和治疗一波又一波的枪击受害者。

这类工作的情绪后遗症非常复杂。当他们完成必须迅速完成的工作时，肾上腺素分泌引起的一阵兴奋加之培训和行为礼仪引导着应急人员的双手和头脑，而这会暂时压倒出现的情绪。但是警察、消防员、医疗工作者和创伤中心怎样才能促进和发展有效的情绪工作技能，并且帮助工作人员在事件发生时减少压力？公共发言人在危机中和危机后需要哪些情绪技能？"直面这一问题并且从中走出来"意味着什么呢？

这些问题是下文关注的重点。首先，我们对现场急救员的情绪劳动效果进行了讨论。其次，人力资源做法（聘用、提升、培训和薪酬）可以使应急人员获得必要的技能。在这种危机中应用的最重要的一种情绪工作技能是能够换位思考——"每个人都必须创新"；情绪抑制——"控制他们的个人反应"；能够集中精力并且"克服恐惧"，尽管无法提供更多帮助，但是仍要克服——"耳边听到受害者的求救声以及应急人员要求更多资源的呼救"，"但却无法获得足够的资源满足他们的需求"；保持头脑冷静，并且表现出同情；具有自我意识——"我所能做的就是鼓励人们吐露心声，并且努力获得帮助，而不是假装硬汉，把这些情绪藏在心里"，所有这些情绪技能在危机中都会发挥作用。在电视机前看的大屠杀惨案一幕幕上演是一回事。但是正如救援人员所说，亲身经历并且还要在现场开展工作完全是另一回事。详细描述这一危机的目的是强调情绪劳动在危急情况下的实际效果，并且说明情绪管理中的技能在工作中的应用（情绪调节和情绪抑制）。

情绪劳动的效果因人而异，这很正常，正如认知劳动和体力劳动的效果因人而异一样。在许多背景下对工作者的研究就表明了这一点，包括文职人员、社会工作者、警察、应急医疗人员、受害者、援助顾问都是如此急。善于这种工作的人们表示，他们工作中的情绪劳动部分赋予他们新的意义，并且给了他们满足感。

但是情绪劳动是一把双刃剑。情绪工作让工作者能够感到他们的工作给人们生活带来不同，但是情绪工作也有其负面效应。当工作者必须抑制自己的情绪从而表达出其他情绪时，自己身心疲惫的风险就会增加。换句话说，当应急人员必须抑止自己的恐惧/恐怖/

担心，并且以一种不带感情、客观理性的方式开展工作时（只是熬过去），那么就很可能会导致他们的身心疲惫。在电影院枪击案件中，在自己接到伤者恐慌的呼叫、警察需要增派人手、救援人员需要增加救护车时，调度员必须冷静地把信息和指令传递给应急人员。因此，我们刚才所引用的防爆小组警员的话说明应急人员不能够"假装硬汉"。相反，事件完成后，他们应当对自己的情绪进行评估，吐露心声，并且为整理情绪找到建设性的方法。

枪击案这类的情况要求应急人员熟练地运用情绪劳动。他们所解决的不仅仅是安全、搜索和营救以及医疗救护问题，他们还必须让心灵受到创伤的受害者冷静下来，以确定他们所需要的服务。对于受害者援助顾问来说，这是他们的首要职责。事件发生后的早上，一名逃离现场后毫发无损的观众告诉采访人员，她当时坐在路边，当他冷静之后，受害者援助顾问在她身边倾听他讲述自己的经历，并且努力了解她是否需要医疗帮助。被派到市里的各个警察局的这名顾问经过培训，能够理解受害者的情绪基调，并且以富有同情心的方式作出响应。换句话说，对于一些应急人员来说，比如警察、情绪劳动离他们的工作很远，但是却是必不可少的。对于其他人，例如受害者援助顾问来说，这是他们工作的核心。不管是距离远近，这种服务都是必需的。

这一案件已经凸显出情绪工作和情绪劳动在极端服务交付方面的核心作用，尤其是在危机响应和恢复中。正如澳大利亚和新西兰高级公务员所说，现场急救员完成了这项工作，但是这并未在正式的人力资源系统内体现出来。

人力资源实践

人力资源流程/工具和开展的实际工作之间存在不匹配的现象。只要人力资源政策和流程几乎不承认情绪工作，那么其定义就会不明确，并且只作为"良好的人际交往技能"或"和其他人融洽相处的技能"而遭到忽视。人力资源过程需要捕捉所有在工作场所需要的技能。情绪工作在人力资源管理中的认识不足，然而我们知道，运用关系技能的人们很明显非常熟悉完成这项工作所需的鼓励、支持和技能。情绪劳动技能是可以感知但难以具体描述的东西。当应聘者接受面试时，当要求具有良好的团队合作技能时，当知道如何在冲突中开展工作很重要时，当工作很容易让人身心疲惫时，没有人会提起情绪工作。认识到员工面临的情绪管理要求使经理人能够聘用最适合的应试者，经过培训使他们出类拔萃，并且根据他们使用的实际技能对其绩效进行评估，对于优秀者予以奖励，并且缓解其工作表现中的负面效应。

大多数人力资源部门尚未把情绪技能的认识纳入到职位描述、绩效考核、培训内容以及奖励机制中。通常情况下如果没有什么负面效应，人们认为这和工作绩效无关，包括奥罗拉市电影院枪击案表明应急响应的情绪工作贯穿于工作的所有方面。情绪工作应当如何在人力资源部门得以体现呢？

a）工作分析、绩效评价和薪酬：传统的人力资源工作重点关注认知和体力劳动，这使分析人员对于情绪劳动和所需技能视而不见。全面的工作分析将揭示工作的情绪需求，然而正像科罗拉多州奥罗拉电影院的枪击案所表述。这些工作预期会出现在职位描述中，因为这向应试者更加准确地描述了所需技能，并且让面试官可以询问面试者的情绪技能。同时这也为把情绪工作纳入到绩效评价并将其作为一种技能予以报酬奠定了基础，并且这会对开展的工作给予更加准确、全面的表述。

b）挑选应试者：为情绪工作高度的岗位聘用和选择员工要从准确描述情绪需求的职位描述开始。这一选择过程随后关注的不仅是应试者的认知技能，而且还要关注他们的情绪技能。这些面试会考查应试者的经历，尤其是处理那些给情绪造成巨大压力的工作需要的经历。这是聘用和提升中最为重要步骤之一，因为挑选具有正确技能的适当人选使我们不必去解雇无法处理工作压力的员工。例如，一个犯罪受害者服务机构的行政主管说，当他对应试者进行面试时，情绪自察是核心的职业技能。

我们要的是自我意识、自我管理。我们会询问您采用何种策略应对压力，结果答案令人吃惊。一些人认为他们的答案是要告诉我们他们并没有什么压力可言。这个简单，'我没什么压力'，根本不可能……自我认知非常强，自我管理也很强。这些是我最重视的特点。

c）培训和发展：针对新员工的研讨会应当包括对他们进行培训，告诉他们如何按照不同的形势表现出适当的情绪，特别是当他们自己的情绪反应和需要表现出的情绪截然不同时。正是因为这样，那位经验丰富的防爆小组警员才说，他"鼓励人们坦诚表达内心，并且获得帮助，而不要假装硬汉，不要把所有的情绪都藏在心里"。必须要努力克服自己的情绪（恐惧），同时表现出其他情绪（冷静、自信）。并且要对员工、主管和经理进行培训，使他们能够进一步提升自己的情绪技能。非常有用的方式包括角色扮演、场景描述、模拟、案例研究以及小组讨论。还有一种事前培训，可以预测或防止情绪工作中的负面因素。要提醒工作人员，经受压力、恐怖的情形在脑海中挥之不去这些都很正常，这有助于他们认识到自己的响应是可预测，而不是一种软弱的表现。

向员工提供支持也是必要的。情绪工作会导致情绪衰竭以及压力巨大和自我异化。下面，我想说说开展情绪工作的结果，以及这对管理、培训和发展的影响。

开展情绪劳动的结果

为什么高级公务员和学者应当关心情绪工作的成本和收益呢？从多个角度（员工健康、职业生活质量、绩效、公民信任、服务结果）来看，管理层在确保重视和承认情绪工作，并且建立一个体系，对良好表现予以奖励，并消除其负面效应方面发挥着重要作用。我们的研究表明各个机构应当筛选、培训、评估和奖励员工，不仅是他们的认知（技术）技能，而且还是情绪（情感）技能，还包括在压力很大时缓解压力过载的技能。

情绪工作本身不具有负面效应。然而，经验研究显示，情绪工作既有积极的结果，也有消极的结果。因此，投入和身心疲惫可以被视为是人们和工作之间建立起的整体关系的两个极端。从研究中我们知道，情绪管理的绩效会提升工作满意度和防止身心疲惫。凡事总有两面。情绪工作带来的好处，包括提升了个人和职业满足感，并且促进了人际间交往，而且还能促进工作场所目标的实现。而这一"印象管理面具"的负面影响是使工作者面临压力甚至身心疲惫。

工作者可能同时经历积极和消极的结果：一方面因为成功的工作经历而感到心情愉快，另一方面面临情绪衰竭和人格解体。我们采访的男性和女性在工作的一些方面表现出身心疲惫，并且在其他一些方面很有满足感。正如一家国际移民组织的项目经理所说，"这不是一边倒的工作；它既有优点，又有缺点。我们不太可能找到完全不受身心疲惫影响的人。每个人都会受到影响"。

情绪衰竭（个人压力），愤世嫉俗（对其他人和工作的负面反应）以及效率低下（负面的自我评价）都是身心疲惫的主要表现。在这个整体关系的另一极，是投入工作接触的积极状态，包括活力、参与和实效三个维度。第一个维度是活力，定义为满足感的持久、正面的情绪动机状态，其特点是充满活力、乐于献身和全神贯注。伊利诺伊州狱政局的犯罪调查员表示：

我真的是在情绪上感觉很疲惫；但是按照同样的标准，当我们做了很多出色的工作，没有比这更开心的了。一回到家里，感觉就像真的做了什么大事一样。

投入和工作资源紧密相关，涉及工作控制，是否得到反馈以及学习机会。投入和身心疲惫的预测因子是镜像。身心疲惫会在工作控制、没完没了，缺乏反馈以及缺乏学习机会时出现。

身心疲惫是从事辅助性专业（例如社会工作、教学、卫生保健、刑事司法、危机响应和紧急服务）的员工面临的一项重大职业危险。身心疲惫是员工在接触客户时越来越不能够充分管理自身情绪的一种迹象。身心疲惫是"人性化服务"职业的首要问题，这些职业有很多面对面地接触的机会，换句话说，会伴随巨大的情绪劳动需求。时至今日，越来越多的工作具有人性化服务的特点，并且需要情绪劳动。这里所说的"软技能"、"人际交往技能"或"群众工作"都要承认工作需要某种形式的情绪劳动。

身心疲惫在人力和经济方面的成本越来越高。为了达到身心疲惫，一个人需要在一个时间段内情绪激动。身心疲惫最大的代价是减少非常优秀的人才在给定职业中的有效服务，并且因此丧失生产力。

a）情绪衰竭：情绪衰竭是身心疲惫的主要症状及其最明显表现。它指的是感觉到承担责任过多，并且自己的情绪和身体资源完全被耗尽。工作人员感到累垮了，无法放松和恢复。他们感觉到全身不适，既感到疲倦，又遇到睡眠问题。

在人力资源方面，工作的情绪需求可能使服务提供者的技能耗尽，使他们无法接触、响应服务对象的需求。此外，开展情绪劳动的工作者在工作自主性偏低，但工作投入很高的情况下面临较高的情绪衰竭风险。这意味着，身心疲惫是"不可能完成的工作"中的严重风险，例如美国的家庭服务机构中，社会工作者处理的案件数量很多，而很少有人能自主决定，并且服务预算可能无法覆盖所有需求。

b）愤世嫉俗：第二个维度是愤世嫉俗。人们利用认知距离来保护自己免受反复、过重的情绪需求的影响。他们变得愤世嫉俗，并且用通俗的说法来说，变得越来越脆弱，他们的情绪非常消极、非常无情或远离自己的工作岗位。他们在工作中"心不在焉"，只是走过场，工作中表现出游离、漠不关心甚至是机械地完成工作。他们不把自己接触的公众当作有个性的人，而把他们看成物体，他们在和同事的讨论中机械呆板。这种将"僵硬"和"死气沉沉"的表现是因为对伴随高风险的群众工作出现的肾上腺素的反复高涨而感到麻木。

c）效率低下：效率低下是身心疲惫的第三个维度，是一个人工作得到负面评价的一种趋势。认为一个人无法实现自己的目标，伴随这种想法出现的还有效率低下的感觉、较差的职业自尊，以及越来越严重的欠缺感。许多社会工作者每天要接触那些有着大量需求的公民，他们可能感觉到不管自己如何努力，不管采取什么样的行动，他们都不会带来持久的影响。这会造成非常令人沮丧的宿命论。并且每天看了这么多的需求和丧失，使他们难以保持专业"优势"和心理平衡。

我们在美国的实地工作让我们得以探讨这些变化。对于人群服务职业工作者来说，帮助他人使自己的生命变得有意义；无法提供帮助令人感觉压力最大。感同身受地走进客户的生活可以产生过度的认同感、不现实的期望以及让人们痛苦的失望。过分投入同样还会打破"疏远性担忧"脆弱的平衡，并且失去客观性。公共监护员办公室的一名律师这样解释：

我的一个客户遭受性虐待……她被自己的父亲强奸了七八年，她取得了上大学的全额奖学金，她已经做我的客户有 8 年之久，5 月份时她打电话给我，因为她在大学二年级怀孕之后回来了，你知道，我挂了电话，自己在那儿哽咽并且想到了她生命中经历的一切。我想我们已经走上正轨，事情会越来越好，并且我认识到我在情绪上和她已经紧密联系在了一起。

缺乏成功的确凿证据导致人们感到毫无意义、幻觉破灭、无能为力，这些都是身心疲惫的迹象。对我们许多应急人员来说，不管他们具体的状态如何，总有一种感觉，就是不管自身怎么努力，他们都无法对客户的生活带来持久的影响。这样一位律师在描述同事的状态时表达出的这样一种宿命论：

对客户身上发生什么事，我们无法控制……这份工作让他备受煎熬（他感到失去控制），不管他做什么，他无法帮助这些孩子……我们客户的前途大多数十分惨淡……99％的工作我们都已经做过了。

执法工作为考察工作中的情绪管理提供一片沃土。矫正官员中的身心疲惫情况很多。危险的工作条件以及缺乏公众和体系的支持让这些工作人员承受着巨大的情绪劳动需求。情绪管理是矫正官员的做法。无法"平静下来"会带来巨大损失：

我们工作在情绪方面比想象的要困难得多，因为您必须要克服自己的情绪和他人的情绪，并且努力做点事情……让我自己感到压力巨大的不是勃然大怒，而是保持冷静，并且有时要花很大力气才能让自己做到这一点。有时我在夜里回家，自己筋疲力尽，因为必须表现得专业，尽管我有时非常不想这么做校正……所有这些紧张情绪全都涌上心头。就像是您始终摆拖不掉这种情绪。因为工作让我们不能够喊叫、尖叫、大叫，不能像傻子一样，这种情绪的确萦绕在您身边。

当身体无法远离时，矫正官员就在情绪上远离（暂停工作），暂时脱离工作中的压力源。负面的"回避行为"和"时间滥用"，例如延长休假时间，请病假、花更多的时间从事文字工作，提前下班和迟到都是通过减少和客户的接触时间来逃避工作的一些例子。

对实践的意义

在从事情绪非常紧张的工作之后，有哪些技巧能够帮助打开

"压力阀"？有几种机制已经被现场救援人员成功使用。这其中包括旨在缓解创伤后压力和替代性（间接）创伤影响的流程。

a）危机事件事后报告：敞开心扉和自我意识是对于替代创伤和身心疲惫来说最好的解决办法。危机事件事后报告是消防员和警察在处理突发事件时所使用的方法，意味着事故现场在工作者的脑海中消失不去，并且结果对所有参与的人来说都造成创伤。事后报告是一个讨论方法，团队成员能够聚在一起，通常在一些经过培训、技术娴熟的某人帮助之下，克服创伤后压力。这种会议让人仍有机会说出发生的事情、他们对事件的感受以及哪里做的不好、哪里做的不错。这也让他们能够把结果作为一个学习的机会，使其中涉及的所有人都能够认识到哪里出了问题，并且为未来处理好类似的事件作出计划。这是一个认知练习，同时也是情绪练习。让工作者能够展望未来，并且从过去的经验中受益。同时这也会解决参与者中可能出现的互相指责。在午夜影院枪击事件中，一些事后报告就帮助警察和救援人员处理了他们冲到里面帮助受害者以及当他们站在那里无法施救时自己的所见和所感。

b）暂停：当危机持续较长时间，另一个也可以很有帮助的技巧是让工作者时不时地离开工作地点，这使他们能够暂时不受这些情绪要求的影响。换班让他们能够形成共同的责任感并能暂时休息。在调度员无法从密集的呼叫中脱身时，在实践结束之后要给他们一段休息的时间。要让他们离开调派控制台，并且安排他们从事几天日常的工作，直到他们能够再次面对紧急呼叫。

c）重新设计工作：对于经常要在危机中做出响应并采取行动的工作来说，重新设计工作岗位很有帮助，能使负担与他人分享，这使得工作人员能够和机构中没有受到影响的其他部门保持接触。同时，这让其他工作人员能够进入到有经验可以分享的岗位。目标是缓解工作人员所承受的情绪压力。这么做的一个方法是让他们轮岗，以便个人能够在经常接触公民的工作和行政工作之间相互轮流，使工作人员能够从面对面日常接触的情绪需求中解脱出来。例如，在伊利诺伊州的监狱，狱警和顾问会定期用一部分时间和牢房的罪犯交流，另外花点时间在其他大楼的办公室内从事行政工作。行政管理人员也可以通过调整工作负担减少对于工作者的要求。他们可以安排"休息时间"，使工作者能够暂时从经常性的工作需求中走出来，让他们有机会改变工作步调，在这段时间，他们可以为自己"重新充"电。

d）自我护理计划：另外一个工具要求工作人员能够制订自我护理计划，这是一个年度文件，工作人员在自己的绩效评估时间对该文件进行更新，并且和顾问进行讨论。其中包括工作人员的个人目标，这对他们来说很重要，并且这些目标在年内要能够实现。目标包括工作人员希望在未来一年实现的对个人很重要的任何事务（例如戒烟）。这背后的一个理念是计划会强迫工作人员认识到自己的整体性和工作以外的生活。它会提醒工作人员还有一个"避难计划"，通过这种计划他们可以把精力放到从日常工作生涯中删除，但在生活中具有建设性意义的方面。这种工具被一些受害的援助工作者所采用，预防他们过度陷入到受害者的不幸中去。

总而言之，可以采用一些人力资源方法加强应急人员的情绪技能。这其中包括明确需要的情绪工作和认知工作的准确的职位描述；询问应试者的情绪技能的选择流程；发展情绪技能的培训；以及包括承认情绪技能在内的绩效评价和薪酬机制。同样还可以采用一些人力资源的方法，肯定开展情绪劳动的积极方面，而避免（或尽可能地避免）其负面作用。

科罗拉多州奥罗拉市电影院的枪击事件让我们认识到危机响应的情绪方面的情况，并且也显示了情绪管理是工作中重要的一部分。应急人员必须管理自己的情绪以及受事件影响的其他人的情绪。通过这么做，他们会促进服务型政府的发展。

灾难性事件十分普遍，令人恐惧。和大屠杀一样，飓风、龙卷风、海啸、洪水、森林大火以及网络恐怖事件会影响到社区。不管人为危机还是自然危机，应急人员对于情绪工作越敏感，那么他们就越能够更好地服务社区，让社区逐渐恢复，并且找回"新"的正常生活。

有一些方式能让应急人员为情绪紧张的工作做好准备。第一，挑选具有良好的情绪技能的工作人员，这十分重要；第二，培训帮助工作人员掌握这些技能也很重要；第三，一些发展的活动可以帮助工作者克服从事情绪紧张工作的负面效应。情绪工作会带来好处，包括提升个人和职业的成就感，并且会进一步促进富有成效的人际交往，促进工作目标的实现。这种"印象管理面具"的负面效应是会面临工作压力，甚至身心疲惫。缓解和恢复工作取决于具备有相应技能（包括情绪技能）的工作者作出响应。

结 论

一个人可以通过观察极端服务交付，即危机响应，了解服务型政府的发展。有两点非常突出：第一，服务交付中的情绪技能；第二，危机管理中的情绪劳动的重要性。我们目前的研究是同事 Mary Guy 以及 Sharon Mastracci 教授一起进行，我们进一步深入探讨了在危机时刻情绪劳动的概念，情绪劳动是什么？（我们第一本书的关注重点），情绪劳动如何开展？（第二本书的重点）。我们通过考察科罗拉多州奥罗拉市电影院枪击事件，解释了如何运用情绪劳动。这并不是说情绪劳动只会在灾难和危机时才发挥作用。如此前所述，几乎 3/4 的公共领域工作都涉及开展情绪劳动。我自己的工作也不例外。您的工作可能也属于其中之一。如果一个人不熟悉"情绪劳动"一词，那么现在他要知道这个名字涉及一个人工作的情绪需求，包括与客户以及和同事相互接触，而且还涉及一种情绪技能的意识，而这是公共服务的核心。

不管公务员是否在接待处接触公民，还是在税务评审员的办公室，还是在区域听证会上，或是在危机中（包括在广州或是迈阿密）接触公民，情绪劳动都是必需的。通过有选择地聘用那些技术熟练并且在情绪上具有自我意识的应试者，我们的工作团队能够更好地为公共服务交付做好准备，并且为服务型政府作出贡献。针对工作者关于情绪劳动的知识以及在这种工作中常见情绪的培训和发展将推动情绪工作的开展并且极大地减少其负面效应。情绪劳动是一种技能。情绪劳动可以学习也可以发展。对于学术界人士来说，您可以考虑将情绪劳动和情绪技能纳入到您的课程设置。情绪劳动与重点关注人际关系的课程，以及描述公共服务工作本质的概述课程相吻合。对于实践者来说（包括主管和经理们），您可以通过培训改善工作者的工作绩效，缓解情绪劳动对他们工作以外生活造成的负面影响。不管您现在就在刀刃上工作，或是在管理或是培训从事这些工作的人，这项工作都是可以完成的。

地方一级的服务交付能力：如何跟踪进展？

作者：Frannie A. Léautier

非洲能力建设基金会

引言

　　21世纪的地方政府面临一系列挑战，要求他们有效地开展工作，履行职责。一系列的学术研究文章已经把地方政府在服务交付方面的失败作为关注重点，特别是在金融危机发生之后预算削减的背景下，例如美国纽约市几近破产以及美国克利夫兰市20世纪70年代的债务违约（Gelfand，1979）。这些分析以及进行这些分析的时间显示出地方政府仍必须从过去吸取经验，为不确定的未来做好准备。

　　地方增加收入不力常常被视为地方政府的一个严重问题。许多情况凸显出在增收方面面临的挑战，以及缺乏财政资源给地方政府造成的影响（联合国人类住区规划署，2010）。虽然所有地方政府都可以进一步获得地方的税收收入，但是这一问题在那些依赖单一大规模税收来源的自治市来说尤为突出。依赖自然资源，例如石油、矿产和林业的城市地方政府的情况就是如此，它们容易受到国际大宗商品市场及其波动的影响。

　　管理员工以及吸引和保留人才一直是地方政府的一个挑战，地方政府在创造就业岗位方面的压力越来越大，因为失业率在很多城市和自治市给人们带来了巨大的打击。很少有地方政府具备为数量不断增加的年轻人创造岗位所需的能力，同时，政府也要努力地应对越来越多样化、流动性越来越强的人口。

　　我们越来越意识到需要吸引年轻人，把他们的愿望纳入到城市项目中。这种吸引需要特别的数据收集和共享技术（Francis等，2011）。公民一直以来要求更多的参与，然而在历史上很少有地方政府能够充分满足这种需求（Canham，1979）。随着社会媒体和通信技术的不断发展，公民发起的政府官员接触技术（Sharp，1984）使用越来越方便，公民参与的要求日益增加。

很少有地方政府能够单独完成各项工作，因此他们需要在各个领域和管辖区域内建立起新的合作伙伴关系，这是一种既很复杂、要求也很高的能力。其中特别重要的是和商业企业建立伙伴关系，这需要管理复杂合同的技能和其他风险管理能力。这对于能力偏弱的地方政府来说是一个很大的负担，因为只有一些工作人员掌握了所需要的技能（Binza，2008）。技术的迅速变化和社会经济转型同样给自治市造成了巨大压力，并且要求他们行动更加迅速。

所有这些挑战都可以从三个要素出发去理解：人、系统和空间。第一个要素指城市人口数量增加和城市规模不断扩大。第二个要素指在地方一级相互作用的系统，例如土地使用系统、地区和全球贸易、移民、基础设施以及社会保障和卫生系统。第三个要素指超越地方政府管辖范围的行动和决定所涉及的空间范围，例如气候变化、全球犯罪、传染病等等。

这三个要素同样也会有一些交叉点。其中一个交叉点是疾病发作和复发，这是在密集地区生活人口数量不断增加（人口挑战）和流动性不断增加（空间挑战）之间相互作用，城乡之间以及国与国之间的人口流动和移民不断增加。另一个是由于全球化日益扩大，公司所面临的技术和商业冲击。这导致公司迁址，以及不愿看到的裁员，而这些是地方政府必须处理的。此外，自然资源（例如化石能源）的不足改变着公司不断争夺的技术空间，以及他们为地方政府公用事业所提供的解决方案，包括能源、水、垃圾收集、交通和住房方面。

地方政府和中央政府之间一直以来都存在着一种矛盾，特别是那些管辖区域相互重叠的地方，两级政府的技术官僚之间的细微差别也越来越模糊。当谈到地区之间边境道路的维护问题时，这种矛盾随处可见。这些维护工作往往被忽略，因为维护道路属于建筑工程部的责任（中央政府）和市政厅（地方政府）的责任。然而，当地方政府同样也参与到可持续目标的制定和实施过程时，在 Blake（1999）称为"价值—行为缺口"的情况下，这种矛盾更加严峻。地方一级的环境重点可能会和国家目标（例如预算发展）相冲突，因为社区可能对可选方案赋予了不同的价值，它们对绿色空间、清洁空气或就业岗位各有侧重点。

地方政府需要有理解这些要素和处理各种问题的能力。许多地方政府，不管是发达国家还是发展中国家政府都没有足够能力应对跨境风险。不过，人们都希望他们能够有效地应对这些挑战。

Megele（2012）推测，公民和社区的需求要求有协调一致的服务，需要进一步正视地方政府的角色，并且最终需要自身能力建立。人们越来越多地认识到需要使地方政府准备好有效地处理这些挑战并且实现结果。2012 年 10 月，卢旺达的地方政府领导人，包括地区市长和地方政府的规划主任经过了一次"以结果为导向"的管理培训，旨在学习技能和能力，提高业绩，并且加速卢旺达社会经济转型的完成（www.allafrica.com，10-10-2012）。

本文考察了地方政府所面临的挑战，以及这对处理这些挑战所需的能力带来哪些影响。分析中利用了多个数据源为讨论的能力提供例证，包括非洲能力建设基金会（ACBF）提供的非洲能力指数。具体城市和国家的案例研究用来丰富实证的经验基础。本文给出了建议和解决方案，包括需要加强能力建设，并且提供证书项目，从而帮助自治市在当今复杂的需求和供应商的背景下游刃自如。

地方政府面临的挑战

随着定居农业的建立，人们缓慢融入到越来越大的城市群，一些地方政府已经从中学到了经验。非洲和亚洲的情况就是如此，地方政府和地方机构不断发展，并且以有机的方式承担起新的责任，随着需求的增加不断加强相应的能力建设。地方政府也增加了其他的能力，从而满足特定行业的需求，例如美国匹兹堡的煤矿开采的需求，以及南非约翰内斯堡钻石开采的需求。新能力是随着公民所需的辅助服务应运而生的。

地方城市群的当前规模和变化幅度已经导致地方政府管理能力的缓慢发展过程中出现了不连续性。一些经历了迅速城市化的地区特别如此，例如非洲，在这里，人、系统和空间之间相互作用给地方政府带来了挑战，并且拓展了地方政府应对这些变化的能力。这一挑战同样在所谓的"世界城市"中也清晰可见，特别是世界城市正在应对老龄化问题和老年人的需求。纽约、伦敦、巴西和东京是老龄人口最为集中的地区，每个城市大约都有超过 100 万的 65 岁以上老年人，85 岁以上老年人人数是这一群体中增加最为迅速的（Rodwin 和 Gusmano，2007）。

发展中国家地方政府面临的挑战：人、系统和空间

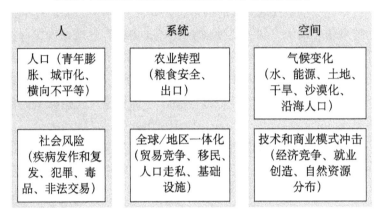

人的问题可以在人口趋势中看到，并且这种模式对于地方政府处理这些问题的能力造成了影响。地方政府必须要做好准备，处理人口发展趋势，一方面应对出现"青年膨胀"，预计会增加城市中的青年人数量；另一方面应对"预期寿命曲棍球棒现象"，即人口寿命延长而且城市中老年人数量不断增加，他们的需求要得到满足。人口模式同样也造成了横向不平等，这包括由于国籍、种族、民族背景、宗教、性别和年龄在各个群体之间造成不平等。

日益加剧的横向不平等是各种问题的根源，包括可能导致经济效率降低，可能造成暴力和冲突，甚至会加深纵向不平等，即个体之间的不平等（Stewart 等，2005）。年轻人和老年人往往更容易受到城市人口结构变化的影响。年轻人更难找到工作。老年人会在获得服务方面由于其特殊需求而面临重重挑战。许多发展中国家预期寿命不断增加，这会给地方政府向年轻人和老年人交付服务的能力带来相当大的压力，并且要求他们能够增加一些新的能力。经济和环境压力导致的移民使越来越多的人涌向城市和其他国家，这也使涌入地的人口结构越来越多样化。

最近，到一个城市或国家的移民并不一定能和在这里生活很长时间的居民一样享用社会支持网络。因此，他们更依赖正式的社会安全网，而这些往往由地方政府来管理。地方政府需要有能力通过

有益的项目有效地管理这些多样化的社会，并且项目中还要把这些新居民的声音和才智纳入当地的经济和社会的结构中。

目前，在地方一级发挥作用的共有几个系统，这些需要政府的能力建设，但不像以前那么重要。住宅、商业和农业对于空间的竞争要求地方政府必须能够制定明智的土地使用政策，并且开展令人满意的土地使用管理。这种能力对于面临大量人口涌入的城市来说至关重要。Macours（2004）表示，在产权执法不力的背景下，种族多样性会导致市场细分和不太理想的土地分配。解决被排斥群体的产权问题会提高所有群体的效率，并且进一步保障私营领域的产权——在全球争夺有限的土地资源的背景下，这些都是地方一级有效土地管理中的重要因素。

地方政府需要结成复杂的伙伴关系，以便保障人口不断增加带来的粮食需求。在这些伙伴关系中，最为重要的是城市和农村之间的合作关系，建立这种关系就是要确保粮食市场和粮食交付网络能够有效发挥作用。城市和农村地区在粮食安全方面越来越依赖导致城市和地方政府之间建立起了复杂的伙伴关系，这种关系取决于相互连接的基础设施、配套政策，包括有关土地使用和价值链发展的政策，特别是与食品加工相关的政策。

同样，一个地区内的地方政府之间也需要协调，以确保粮食供应。依赖自治市的这些伙伴关系可能还需求在当地一级对全球一体化政策进行协调。当地—全球贸易关系是很复杂的，特别是对面临粮食不安全的国家来说。为了确保粮食市场安全，地方政府被迫寻求经济支持，用于城市农业和靠近城市的农业加工区。随着粮食价格上涨，除提供基础设施以外，地方政府越来越需要处理粮食进口的需要和分销公司的问题。地方政府还必须走出传统意义上的边界，与相邻的自治市、其他国家的跨境地区实体以及和国内机构合作，从而为所在城市找到有效的解决方案。

对国家一级发展援助协调能力的评估表明非洲只有一些国家在完成这项工作方面达到高水平或很高水平上（ACBF，2011），这就提出了一个问题，即在地区一级发展援助协调能力究竟会复杂到什么程度。

空间之间的相互作用在未来的 10 年预计会不断增加，因为全球气候模式在不断变化，并且在地区一级需要加以适应。由于动物和

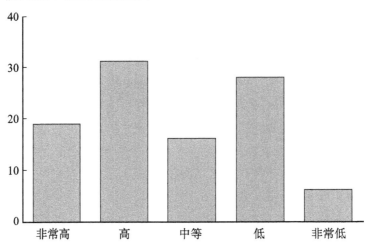

2011年建立伙伴关系能力的培养情况(%)：
很少达到中等或非常高的水平

来源：2011年非洲能力指数。

人越来越亲密，所以两者之间传染病传播的风险增加（H1N1病毒蔓延过程只是其中一个例子）。越来越多的人生活在人口密集区，给社会带来了安全和健康风险，需要地方政府应对。这些风险包括疾病的发作和复发、犯罪、毒品、非法贸易和人口走私。

人群之间的经济不平等现象可以导致冲突，这种冲突成为不稳定的沃土，例如20世纪80年代，科特迪瓦、卢旺达以及苏丹出现这种情况，并且在20世纪90年代出现了冲突（Gurr和Moore，1997）。发电、交通、取暖和制冷以及生产基本生活必需品所需的资源短缺问题也在不断加剧。这会改变地方政府对日常生活必需品，例如住房、交通、水和能源的处理方式，并且要求其加强能力建设，从而模拟、规划、预期并且适应尚未知晓的挑战。

资源依赖和地方政府

采矿业和石油等可开采自然资源丰富的城市往往会和所在国家面临相似的命运。Martinez-Fernandez等人（2012）表明，采矿城市的特点长期而言是人口水平在不断下降，经济表现在下滑，他们会经历一段发展时期，当然也会经历一段萎缩时期，这反映出国际矿物市场的兴衰。采矿城市的经济表现特别依赖于自身经济多样化的程度，从而减少对大公司或采矿业的依赖。另一方面，自然资源丰富的城市，例如具有大量森林资源的城市往往能更好地应对城市化不断发展进程中生态系统压力带来的挑战。McPherson 等人（1997）估计城市森林可以使每年每户的取暖和制冷成本减少 50～90 美元，因为树荫增加，降低了夏季空气温度并且减少了导致冬天风寒因素上涨的大风的出现。因此，有必要特别关注资源丰富城市管理能力的问题。

石油和采矿城市往往容易受到经济周期的影响，特别当他们无法保持或提高其经济活动的竞争力时。森林资源丰富的城市可以成为碳捕获的市场，并且从全球的碳交易，甚至是地区碳交易中获得丰厚的收入。为了发挥这一潜力，这些城市需要贸易谈判的技能，以及与发电厂和碳市场中的其他参与者签订复杂的长期合同，并对合同进行管理的能力。目前，森林资源丰富的城市主要是应对旅游者带来的需求，以及森林采伐的复杂需求。事实上，由于地方政府面临巨大财政压力，城市森林资源的大多数目前都处于民间团体和私营基金的管理范围内（McPherson 等，1997）。这意味着在地方一级要针对更加复杂的财务管理加强能力建设非常不易。

自然资源丰富的基础可以成为创新和增长机会的根源，但是如果城市治理非常不力或是城市和国家政策之间协调性不足，就会成为冲突的根源。依赖自然资源的地方政府必须要意识到资源会达到一个枯竭点，并且需要避免自己从发现（丰富的地下水资源或气藏）之前的一个自然资源净进口国（例如水或石油）转变为发现之后的净出口国，然后又在资源耗尽时变为净进口国。喀麦隆的首都雅温德就是这样一个实例。该市从 20 世纪 60 年代到 90 年代之间依赖石油出口，在 21 世纪仍然极其依赖木材和其他自然资源出口。20 世纪 90 年代，雅温德市不得不进行非常痛苦的改革，以便应对资源枯竭点的出现，因为达到这个点，其收入基础会遭受打击，并且支出减少会对一系列经济成果造成广泛的影响，包括用在就业和公民收入方面的支出削减。

雅温德是喀麦隆的首都，依赖于丰富的森林资源，并且长期以来依赖强大的市政管理支持木材出口贸易（Ngoh，1996）。Njoya 等人（2005）的纵向研究从在雅温德历史上的三个点（1993、1994 和 2005 年）提取了调查数据，使我们能够就该城市在转型中的经济发展得出结论，进而将其应用到其他依赖自然资源的城市。1993 年之前，雅温德高度依赖石油，2005 年该市成为了一个多样性的经济体。喀麦隆摆脱了主要的危机要素，即 20 世纪 60 年代到 20 世纪 80 年代对石油经济的依赖（Ngoh，1996）。该市建立了非常发达的服务经济，提供了 65％的就业岗位，而相比之下，在西非城市，该数字只有 42％。商业活动提供了 25％的就业岗位，而制造业提供 13％（Ngoh，1996）。尽管从依赖于石油成功转型，并且从 20 世纪 90 年代起在国家一级推行改革，使经济增长得以恢复，但是一般居民的生活状况尚未得到很大改善（Ngoh，1996）。私营领域中提供了就业岗位，但是岗位不够稳定，并且收入不好，尤其是在危机出现之前的一个阶段，主要是因为机会减少的影响和喀麦隆法郎的贬值，但是这种贬值政策的目的是启动改革和转型（Ngoh，1996）。

在内陆国家人口密集的小城市，土地资源（作为一种自然资源）有限的问题也是一个关键要素，例如卢旺达首都基加利和布隆迪首都布琼布拉。对于地方政府来说，服务交付压力很大。

地方政府确定工作重点的能力

和其他地方政府相类似，雅温德市在确定创造就业需要哪些重点政策和项目方面正在面临挑战。当公职人员被问及对于地方政府来说有哪些工作重点时，他们更善于指出人力资源开发需求，而不是指出创造就业的重要性。55％的公职人员强调需要制定良好的人力资本开发战略，34％的官员表示创造就业和工作岗位是工作重点。在采访中，只有 5％的公职人员把确保中产阶级和企业家群体的方案需要作为重点，而这些群体可以在未来为创造就业打下服务业、商业和工业基础。尽管非洲正在进行迅速的城市化，城市和城市发展总体上的作用同样也没有被看作重中之重，仅有 11％的受访者认为这是重要工作。在同样的采访中，13％的受访者将经济、科学和技术的知识作为重点，尽管它们在迅速发展的科技及其相关的社会经济转型中的作用有限，这种转型要求地方政府提高响应速度。

　　就出现的国家一级工作重点问题对非洲公共服务部长进行的调查表明，2011 年最重要的需求是创造就业机会和岗位以及人力资本开发（ACBF-AU/CAMPS，2011）。本文后面会介绍同一年另外一个关于重点需求的调查，其中凸显出基础设施问题。地方政府发现基础设施是一个非常关键和新出现的问题，因为他们必须要想象并规划未来的问题以及所需基础设施的类型。

在人力资本开发方面，对新兴需求进行评估的有效性较高，高于地方政府责任的其他方面，例如就业、环境和城市的作用。

新兴需求	百分比
创造就业和工作岗位	34％
人力资本开发	55％
知识经济、科学、技术和创新	13％
创造中产阶级和企业家精神	5％
环境保护	18％
城市发展和城市的作用	11％
地区和全球效果	18％

此结果由作者利用非洲公共服务部长（ACBF-AU/CAMPS，2011）提供的数据进行计算得出。

　　世界价格的波动造成的外部冲击还可能转变为地方政府财政收入的不确定性，随后会相应地影响到支出模式，包括更加直接地可能会影响到生活成本，以及能否买得起基本生活必需品，例如每个家庭所需粮食。因此，地方政府对粮食市场的作用非常重要，特别是在全球粮食危机之后，作为粮食净进口区域的城市要更好地处理零售粮食价格上涨的情况。杜阿拉和雅温德都是喀麦隆城市，然而在 2007 到 2008 年的全球粮食价格危机中，两市在粮食零售价格上的变化却截然不同。虽然玉米的价格并未因危机而上涨，但是雅温德（29％）和杜阿拉（45％）的国内价格相对于世界价格的上涨幅度较小。而大米完全不一样，两市情况几乎相反，与雅温德（36％）相比，杜阿拉大米价格上涨幅度较小（33％）。雅温德位于喀麦隆中部，因此大米的运输成本上涨而导致价格波动不同。另一方面，雅温德是一个农产品丰富的地区，接近于玉米的生产地点，一般公民受到粮食价格和其他服务价格上涨的巨大影响。缺乏明显的解决方

案导致雅温德出现了不稳定，而在城市中，伴随食品价格波动，骚乱频繁出现。

2007 年 6 月至 2008 年 6 月杜阿拉和雅温德零售粮食价格变化

市场	大宗商品	换算为美元（$）的国内价格上涨	国内价格上涨占全世界价格上涨的百分比
杜阿拉	玉米	35％	45％
杜阿拉	大米	51％	33％
雅温德	玉米	22％	29％
雅温德	大米	54％	36％

参见：Minot, Nicholas（2011）："世界粮食价格变化向撒哈拉以南非洲市场的传递"，国际食品政策研究所（IFPRI）讨论稿第 01059 号，2011 年 1 月。

　　一个城市的投资和竞争力会受到自然资源依赖的影响。价格和支出的波动可能会影响风险调整后的投资收益率，因此会影响到公司业绩以及提供就业岗位的能力。非自然资源领域竞争力的下降同样还会造成生产和出口的减少（荷兰病）。希望厂址设在特定地区的公司对于这些风险因素非常敏感，可能会选择到能更好地处理风险（例如价格波动）的城市去。公司在与地方政府的谈判之后往往会将这些限制因素考虑到"询问"的问题中，然后再选定某个特定城市（Kaufmann 等，2006）。为了提高公民的福祉，地方政府需要具有谈判能力，并且充分了解国际价格的波动对自身可能造成的影响。大型咨询公司，例

喀麦隆：在新鲜食品出口方面发挥领导作用，
并且在食品加工方面扮演一定角色

多样化的经济：喀麦隆新鲜食品出口每年的排名从2006年184个国家排名第131位跃升到2010年182国家排名第50位（价值以美元计算）

年份 排名	2006年	2007年	2008	2009年	2010年
新鲜食品	131	152	144	55	50
加工食品	139	130	54	19	20

复杂经济：在加工食品出口每年增幅方面，喀麦隆从162个国家排名第139位跃升到2010年168个国家排名第20位（价值以美元计算）

来源：分析利用了国际贸易中心的数据

如美世咨询公司（Mercer）在这方面非常突出，会预测全世界许多城市的生活成本，他们利用这些资源向公司提出选址建议。地方政府可能不会参与成本分析，几乎不会对这些数据做出贡献，而这些数据会用来分析他们这些城市的生活成本和生活质量。

在管理自然资源依赖方面，雅温德似乎比杜阿拉做得更好，因为雅温德的经济十分多样化。雅温德建立了强大的食品加工行业，价值高度发达的木材加工业，这些行业会生产出特殊的产品，例如贴面板、家具和建筑材料，有助于稳定该城市对资源的依赖。雅温德市已经引入了大型加工企业，并且还支持技师加工各种产品，包括陶器、地方纺织品，同时还进行农业加工。这使雅温德市在全球大宗商品市场呈下行趋势时很好地保护了自己。地方政府应当进一步改革各个领域的投资和资源分配政策（私营领域，农业、服务业以及工业），以便更好地处理自然资源依赖问题。在不同的背景下发展和管理的能力已经成为地方政府非常关键的一个能力，从而使他们能够避免"资源诅咒"现象（Léautier，2012）。

其他重要的能力与开发和制定减少对有限收入来源依赖风险的政策有关。一些政策支持改善自治市的总体绩效，因此对于所有地方政府来说都至关重要，但是他们对于那些受到繁荣与萧条周期影响的城市来说更加重要。地方政府可以从情境分析中受益，根据影响收入的地方、地区和全球因素不同，其中包含不同的潜在风险。

结果：工作结果（包括有利于创造就业的经济增长和服务获取）不理想
使稳定国家更加脆弱的风险较高

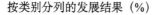

按类别分列的发展结果（%）

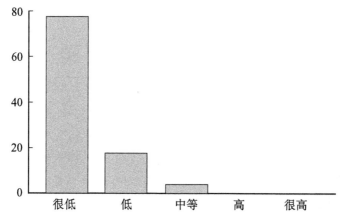

调整支出重点和政策从而满足未来不同的潜在需求，并且增加收入和支出方面的报告透明性有助于地方政府在情况改变的情况下未雨绸缪；还需进一步加强能力建设，从而制定和执行加强监督的政策并且确保相应制衡，限制各个自治市税收收入突然下降带来的风险。

在他们进行全国改革的同时，对于确定资源丰富城市的地方政府该发挥哪些作用，这些经验和教训非常关键。实现发展成果是确保城市和国家稳定的关键能力之一。在大多数非洲国家，地方政府实现发展结果的能力还非常有限。在国家一级的调查（例如对于非洲能力指数报告进行的调查）中显示出的这些限制因素，大约80%接受调查的政府在实现发展目标的方面能力不足。

地方政府设定优先事项的关键制度

上文的分析已经凸显出有必要注意到地方政府的关键责任。其机构的有效性是一个非常关键的能力，这种能力使地方政府表现不同。虽然地方政府在治理和管理方面已经取得了巨大进步（UN-HABITAT，2010），但仍面临重大挑战，特别是服务交付制度的质量方面。

制度：脆弱和非脆弱国家的公共机构有效性方面差异几乎没有，显示出需进一步关注（ACI 2011）

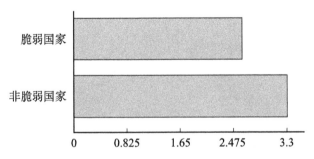

即使在伦敦、纽约、巴黎和东京（这些城市多年以来保持稳定）等一些城市，这些制度仍然很脆弱，因为全球化和人口结构挑战造成的压力就摆在发达经济体面前。这些城市中弱势老年人的生活质量很大程度上取决于由地方政府管理的内在环境有哪些特点。同样依赖于周边社区的社会凝聚力（Rodwin & Gusmano，2007），并且因此依赖于当地机构的包容性。所有地方政府还需要再接再厉，建立可靠的制度，从而让公民能够通过这些机构履行自己的义务。

其中一种制度和处理横向的不平等有关。地方政府需要能够找到解决方案，减少由于产权不完善造成的横向不平等带来的影响——新来到一个地方社区的移民或被排斥的群体（例如妇女）很难保证自己的土地权利和权益。正如在非洲所见，不能平等地接受教育会影响到同一个群体的几代人，这也标志着确保被排斥群体公平享受服务的制度仍然有待加强（Stewart 等，2005）。

这种分析显示出公职人员更善于指明关键的需求，例如整合经济的基础设施以及公共领域的能力需求，相比之下他们不太善于确定实现目标的优先次序，例如健康和教育服务以及其他与减贫有关的千年发展目标。确保粮食安全和实现社会保障和安全网是许多政府面临的挑战。保证环境能够提供维护和平和安全所需的条件也没有受到足够的重视，同时建立起引导投资和支出的共同价值体系也是一项艰巨的任务。地方政府必须加强能力建设，更好地确定和安排新兴需求和执行能力的优先次序。这种发现（见下表）显示出使地方政府为处理未知风险和危机做好准备，还有很多工作要做。

关键需求	比例（%）
在非洲，无法有效地确定关键需求的优先次序，尤其是针对粮食安全、社会保障和安全网、确保和平与稳定，建立正确的价值观以及支持生产性领域方面	
整合经济和社会的基础设施	63%
实现今年发展目标以及其他任务，特别要实现：	
粮食安全和农业生产力	58%
社会保障和安全网	42%
确保社会和政治稳定，实现有效的经济治理	
治理	63%
和平和安全	24%
价值	16%
加强国家和地区实现成功和可持续发展的能力	
公共领域	76%
私营领域和商业环境	63%
生产性领域	37%
此结果由作者利用非洲公共服务部长（ACBF-AU/CAMPS，2011）提供的数据进行计算得出	

2012 年末，纽约和新泽西在桑迪飓风席卷后面临的挑战表明，有一点对所有类型的政府都很重要，那就是要建立情境分析并且能够管理未知因素。新泽西面临的挑战是管理 200 多万个停电客户，同时还要处理有关工作，减少污水对供水系统造成负面影响，这都表明城市可以得益于情境规划。危机中的包容性同样也非常重要，正如当新泽西州长去看望无家可归的受灾公民时收到了反馈——几名妇女在他的怀里哭了起来，告诉州长他们失去了很多（Halbfinger，2012）。

使地方政府有能力应对未知风险，并且为紧急情况做好准备还需再接再厉。卢旺达政府已经制定了一个项目，使市长和其他地方政府领导人更好地确定和管理优先事项，同时重点关注价值（Allafrica.com 10-10-2012）。

列出优先顺序的过程有利于指明关键需求和加强环境能力；因此，使新兴需求和执行能力排名相对靠后。

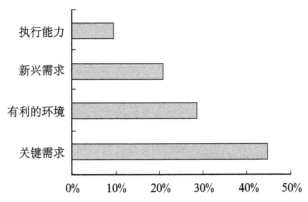

此结果作者根据非洲公共服务部长(ACBF-AU/CAMPS,2011)调查数据计算得出。

改善服务交付的能力解决方案

地方政府需要加强能力建设，从而管理来自主要经济活动的税收。他们需要制定并且加强自身能力，建立一种环境，使私营领域能够提高竞争力，并且发展更加多样化的收入来源。他们同样还应当建立一种环境，为不断增加的青年人提供就业岗位。当全球竞争使工厂关闭或迁址时，投资于人力资本吸引流离失所的劳动力也是地方政府需要的一种能力。地方政府要有制定投资政策的能力，发展不够完善的市场并且加快信息获取、产品和服务的流通，这也非常重要。这种能力可以帮助地方政府平衡收入需求，并且符合投资者对高效投资的追捧。加强社会安全网，以应对地方经济中的结构性变化也非常重要，并且地方政府需要建立起应急基金，以便应对经济活动提供的税收下降问题（应对繁荣和萧条周期，当然更多是应对下降趋势）。经济治理有助于改善透明度、问责制和公共处理和支配税收的效率，加强经济治理将提升每个公民和公司增加税收的意愿。最后，极其重要的是管理多样化的公民需求，不仅包括日益增加的老龄人口，还要看到随着移民和生活方式改变出现的横向不平等现象。全球化、网络技术和一体化以及环境变化带来了各种各样的压力，而地方政府处在应对这些压力的前沿。他们要能够发现和管理风险，并且为不确定的未来做好准备，这种能力将确保所在国家以及全世界的恢复能力。

参考文献

ACBF. 2011. *Africa Capacity Indicators Report* A Publication of the African Capacity Building Foundation，Harare.

ACBF-AU/CAMPS. 2011. *Background Analysis on the Priorities of Ministers of Public Service* for the Conference of Ministers of Public Service (CAMPS)，Nairobi.

Allafrica. com. 2012. "Rwanda：Local Government Leaders Undergo 'Management for Results' Training." in *News of Rwanda* 10 October. http：//allafrica. com/stories/201210100569. html.

Binza, Shakespeare Mzikasiye. 2008. "Public-private partnerships in metropolitan government：perspectives on governance, value for money and the roles of selected stakeholders." in*Development Southern Africa* Vol. 25 (3). Taylor Francis Online http：//www. tandfonline. com/doi/abs/10. 1080/03768350802212089.

Blake, James. 1999. "Overcoming the 'value-action gap' in environmental policy：Tensions between national policy and local experience." Special Issue：Polluters, Victims, Citizens, Consumers, Obstacles, Outsiders and Experts：The Public and Environment. Local Environment：*The International Journal of Justice and Sustainability*Vol. 4，Issue 3，257—278.

Canham, Ronald R. 1979. "Citizen involvement in community growth issues." in *Coping with Growth* Western Rural Development Center，Colorado

State University.

Francis, J, P. Mamatsharaga, B. Dube, and T. Chitapa. 2011. "Making youth voices count in development programming in Makhado municipality, Limpopo province." in*Journal of Geography and Regional Planning* Vol. 4 (5), 297—304, available online at http: //www. academicjournals. org/JGRP/.

Gelfand, M. David. 1979. "Seeking Local Government Financial Integrity Through Debt Ceilings, Tax Limitations, and Expenditure Limits: The New York City Fiscal Crisis, the Taxpayers' Revolt, and Beyond." in *Minnesota Law Review* Vol. 63: 545, 572—74.

Gurr, T. E. and Moore, W. H. 1997. "Ethno-political rebellion: a cross-sectional analysis of the 1980's with risk assessments for the 1990's." in *American Journal of Political Science* 41 (4): 1079—1103.

Halbfinger, David, M. 2012. "New Jersey Reels from Storm's Thrashing." in *New York Times* October 31.

Kaufmann, Daniel, Frannie Léautier, and Massimo Mastruzzi (eds). 2006. *Cities in a Globalized World: Governance, Performance, and Sustainability* World Bank Institute, Washington D. C.

Léautier, Frannie. 2012. *Leadership in a Globalized World: Complexity, Dynamics and Risk* coming soon, book manuscript sent to publishers.

Macours, K. 2004. "Ethnic Divisions, Contract Choice and Search Costs in the Guatemalan Land Rental Market." Washington DC: Paul Nitze School of Advanced International Studies (SAIS) Johns Hopkins University.

Martinez-Fernandez, Cristina, Chung-Tong Wu, Laura K. Schatz, NobuhisaTaira, and José G. Vargas-Hernandez. 2012. "The Shrinking Mining City: Urban Dynamics and Contested Territory." in *International Journal of Urban and Regional Research* Vol. 36 (2) 245—260.

McPherson, E. Gregory, David Nowak, Gordon Heisler, Sue Grimmond, Catherine Souch, Rich Grant and Rowan Roundtree. 1997. "Quantifying urban forest structure, function, and value: The Chicago Urban Forest Climate Project." in *Urban Ecosystems* Vol. 1, 49—61.

Megele, C. 2012. "Local government in 2020: challenges and opportunities: How will councils clear the hurdles they face from scarce resources to making the most of social media?" in *Guradian Professional*.

Ngoh, Victor Julius. 1996. *History of Cameroon Since* 1800. Limbé: Presbook.

Njoya, ArounaAnjuenneya, SébastianDjoma, Sophie Guillemin, Martin

Mba，SébastianMerceron，and Constance Torelli. 2005. "Dynamique du marché de l'emploi à Yaoundé entre 1993 et 2005： des déséquilibres persistants. " INSEE-DIALhttp： //www. dial. prd. fr/dial ＿ publications/PDF/stateco/stateco102/5 mercerontorelli. pdf.

Rodwin，Victor G. and Michael K. Gusmano（eds.）. 2007. *Growing Older in World Cities* Vanderbuilt University Press. www. vanderbuiltuniversitypress. com.

Sharp，Elaine B. 1984. "Citizen-Demand Making in the Urban Context. " in *American Journal of Political Science* Vol. 28，No. 4.

Stewart，Frances，Graham Brown and Luca Mancini. 2005. "Why Horizontal Inequalities Matter： Some Implications for Measurement. " in *CRISE Working Paper No.* 19Center for Research on Inequality，Human Security and Ethnicity，University of Oxford.

UN-HABITAT. 2010. "Challenges of Municipal Finance in Africa： With Special Reference to Gaborone City，Botswana. " in *The Human Settlements Finance Systems Series： Challenges of Municipal Finance in Africa* UN-HABITAT Nairobi.

服务型政府：讨论非洲的发展型国家和服务交付：能力指标重要吗？

作者：George Kararach
非洲能力建设基金会

引言

　　服务型政府的概念可以追溯到许多年前的文学文献中。这一概念包括的思想是政府和人民之间形成交付服务的社会契约，特别是为了赢得信任和合法性。这是平民大众和政府之间一个委托代理关系，为政府的各种行为，例如税收和其他政策的制定提供了合理性（Besley and Ghatak，2007）。可以说，自从20世纪80年代初，非洲国家已经开始了各种各样的"现代"公共领域改革，但结果各异，导致这些结果的原因有很多。其中一种批评声音是，改革的同时缺乏充足的数据，对基本要素、基准或现实情况缺乏充分了解，并且，促成的经济增长存在问题（Jerven，2009）。截至20世纪90年代，这种讨论开始关注非洲的行政部门是否规模太大（"臃肿"），成本过高，是否需要削减（例如，见Kiggundu，1992）。因此，在"发展"界也存在这样一种情绪，即非洲国家需要的并不是建设新能力，而是发现和执行更多利用现有本土能力、知识体系和资源的战略性有效方法（World Bank，2005）。为了更好地利用能力和加快千年发展目标（MDGs）的实现，非洲政府、捐助机构和非政府组织已经投入了许多资源，用于提高服务交付质量。然而，不幸的是，只有预算分配并不能决定结果（Besley and Ghatak，2007），并且预算分配不是实际服务质量的代表性指标，或制度不完善国家货币的价值（Svensson，20112）。此外，当服务交付失败是系统性问题时，那么只依赖于公共领域来解决可能不太现实。可能需要的是一种方法，将私营领域和志愿部门纳入进来（Makoba，2011；Besley and Ghatak，2007）。向公民和民间社会参与者赋予权利是必需的，只有这样才能向政府施压，一系列委托代理关系基础上改善绩效（Besley et al.，2005）。为此，公民必须获得服务交付绩效和质量方面的信息①。

直到最近，仍然没有一系列强有力、标准化的指标来衡量非洲各国公民所接受的服务交付的质量和能力。现有指标往往不够完整，要么关注最后的结果或最初的投入，而不是关注导致了结果产生以及投入使用的潜在体系（World Bank，20112；ACBF，2011）。实际上，没有任何单一的指标系统能够充分衡量和服务交付有关的限制因素以及一线服务提供者的行为，这两者都对公民可以直接享受的服务交付的质量都产生直接影响。因此，我们需要一种"三角法"。没有一致、准确的服务质量信息，公民或政治家（委托人）很难评估服务提供者（代理人）的表现，很难采取纠正措施，对服务提供者进行问责。尽管指标显示在过去这些年中非洲公共管理相关数据的质量在不断提高［例如，世界银行的"营商环境指标"或国家政策和体制评价指标（CPIA）］，但是，截至目前，这些指标都没有关注与能力的评估和开发。一年一度的非洲能力建设基金会（ACBF）《非洲能力指标报告》试图改变这种现状。的确，非洲能力建设基金会（www. acbf-pact. org）于 20 世纪 90 年代成立，旨在增加知识以及建设个人和机构能力，促进非洲的可持续发展和减贫。

2011 年以来，基金会每年编制《非洲能力指标报告》，对于非洲公共和私营领域的现有能力和能力差距进行详细评估。报告的基础是国家的采样（2011 年 34 个，2012 年 42 个，到 2013 年增加 44 个国家），报告给出几组发展能力的定量和定性数据。

本文的目的是回顾基金会 2011 年和 2012 年《非洲能力指数报告》（ACIR）② 相关工作，将其与背景一起考虑，并且考察这些工作对于公共服务改革是否有意义。此外，本文还将讨论对于更加具体、更有针对性的能力发展干预措施的可能影响，涉及不同的国家［例如脆弱国家（这是 2011 年报告的重点）］，或不同领域［例如农业部门（2012 年报告的重点）］，并且讨论非洲公共服务总体的现代化情况，包括地方治理和发展。

本文的组织顺序如下：在第一节、第二节和第三节，我们将讨

---

① 世界银行已经启动了一个项目，以发展服务交付指标。

② 这些报告已正式发布。

论非洲最近发展、发展型国家以及公共服务交付的大背景。随后，在第四节，我们将提到能力的概念。在第五节，将讨论能力指标在用于理解行动者和服务受益人之间关系本质过程中出现的一系列问题，即问责制、项目设计和评价。第六节对全文进行总结。

非洲今天的背景——最新发展的全景图

20 世纪 80 年代和 90 年代非洲的经济增长缓慢，这些时至今日都已消失。从 21 世纪初，非洲出现了过去 50 年间时间最长、最"持续"的经济扩张。这些已经被表述为：非洲醒狮（见图 1 和图 2）。在这一阶段，同时出现了两个迥异的发展趋势（世界银行，2012 年）

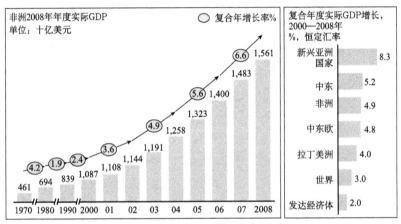

来源：国际货币基金组织、世界银行世界发展指标、麦肯锡全球研究院

图 1　1970—2008 年实际 GDP 增长

第一，国内生产总值（GDP）的增长相对迅速，直到 2008、2009 年全球经济危机以前每年增长达 5%。然而，自从 2010 年以来，经济增长已经恢复，预期在 2013 年达到超过 5%（见图 2）。这一增长范围非常广泛：22 个非产油国经济平均增长达 4% 以上，在 1998—2008 年期间，非洲已经能够吸引数量众多的私营资本流入，目前总额超过外国援助（UNCTAD，2012）。绝对贫困率已近下降，达每年超过一个百分点，并且在 2005—2008 年期间，每天生活费仅为或不足 1.25 美元的人口绝对数量减少了 900 万人（World Bank，2012）。儿童死亡率也呈下降趋势，虽然许多非洲国家不太可能如期实现千年发展目标，但是未能实现千年发展目标国家中有一半实现了 11% 的发展目标（UNDP et al.，2010/2011）。

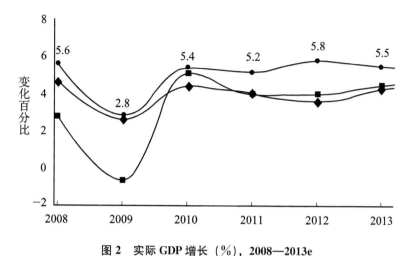

图 2　实际 GDP 增长（%），2008—2013e

注意：方形代表非洲，圆形代表经合组织国家，菱形代表其他发展中国家/新兴国家。
来源：非洲能力建设基金会统计部和国际货币基金组织

　　第二个发展趋势是，非洲的增长很大程度上遵循着大宗商品价格的趋势，非洲大陆的出口目前主要集中在大宗商品和几个市场。GDP 中制造业的比例和 20 世纪 70 年代相同。除了毛里求斯以外，其他非洲国家均未能实现长期增长所需的结构转变（世界银行）。的确，一些经济增长迅速的国家，例如布基纳法索、莫桑比克和坦桑尼亚的减贫微乎其微。人力开发的绝对水平仍然为全世界最低。服务交付指标令人震惊：在坦桑尼亚的公立小学中，教师缺勤 23%；在塞内加尔的公立医院，医生每天只有 25 分钟时间为病人看病。这样的系统无法实现非洲人口激增所需的服务交付规模（Meade，et al.，1961）。最后，非洲的内战可能已经停止，但是政治不稳定和脆弱性仍然广泛存在：在几内亚比绍和马里，南苏丹和苏丹之间边境的暴力，以及在东刚果、中非共和国和尼日利亚。此外，在全世界任何的腐败指标方面，非洲都是垫底，并且乌干达等国在这一群体中最严重。

　　的确，大多数非洲国家已经在 20 世纪 80 年代和 90 年代开展了各式各样的公共改革（Kiggundu，1997；Owusu，2011）。因此，鉴于非洲大陆进行的广泛改革，这些看似矛盾的叙述如何能否统一？Devarajan 和 Fengler（2012）表示，经济增长的成功主要归功于经济政策的改革，因为过去的政策存在误导性，政治经济的动态使各种不同成功案例出现。发展中的挑战（缺乏结构转变、人力资本薄弱以及治理能力不足）反映出难以克服的政府失灵，因为这些挑战都具有浓郁的政治色彩。另一方面，Owusu（2011）表示在确定各种各样不同模式过程中，制度形式十分重要。

数据显示，自从非洲大陆独立以来，非洲国家已经经历了不均衡的经济和社会表现，原因有很多①。通常情况下，我们经常将其与东亚国家进行对比，因为非洲刚起步时的状况和东亚经济体相似，在很多情况下，非洲的状况甚至好于东亚。然而，和东亚不同的是，非洲大陆经历了三次非常明显的阶段：增长停滞期（1960—1975）、逝去的 20 年（1976—1999）以及 21 世纪以来的"追赶期"（World Bank，2012）。除了把服务提供水平当作初始条件以外，大多数对比并没有关注服务提供水平（Sachs and Warner，1997）。

政策的早期概念化并不专注于人力条件的重要性，不把其作为核心的发展目标，只是将其作为通过市场机制实现的福利最大化目标的剩余价值（Kararach，2011）。可以说，独立后非洲最初的减贫战略似乎非常简单，主要是扩大个人一揽子消费，这种消费容易受到现有资源的影响。Harrod-Domar（1951）定义了增长策略。专家认为，非洲经济需要财政资源的转移，以消除发展差距（准确地讲），存款—投资差距。对于各种服务，例如公路、学校和医院的投资并没有带来生活水平的提高和增长的加快，因为这些被视为生产函数的投入，而没有将这些投资的可用性/可及性本身作为发展目标。非洲自然资源（特别是石油）的开发使非洲大陆的出口更加依赖于大宗商品，而大宗商品的增值过程有限。大宗商品价格高昂和波动以及人力资本开发和基础设施水平低下；缺乏竞争力以及调动税收收入的能力薄弱导致非洲从 20 世纪 70 年代末出现债务危机。此后，是长达 20 年的社会和经济衰退阶段。伴随着服务交付水平和相关治理水平提高的高价值产品并没有出现（Makoba，2011）。

的确，治理现状随着国家合法性的不断恶化而越来越差，服务交付质量也随之下降。截至 20 世纪 80 年代末和 90 年代初，很明显非洲大陆的经济模式无法持续。这种趋势出现的同时，新自由主义在主要捐助国，例如英国和美国崛起。发展伙伴开始表示，当经济

---

① 这里是若干增长核算，其中给出了令人困惑的原因：资源诅咒、地理、民族分流、扶贫政策等。

政策由于政府干预经济活动过多而扭曲时，援助资助的项目无法带来成效。这促使新的发展思维阶段的到来，其特点是"结构调整计划（SAP）"。调整计划存在问题并不是实质性的问题，而是过程的问题。因为委托代理关系的问题，非洲国家政府往往没有充分执行结构调整计划的动机（Besley and Ghatak，2007），因为这会伤害到他们自身的政治利益，这些政策是外界强加的，所以他们很可能会拒绝（World Bank，2012）。

10 多年的经济持续增长使非洲部分国家成为世界银行所描述的"中等收入国家"，或人均收入 1 000 美元，48 个国家共有的 3.5 亿人成为"中产阶级"（Ncube 和 Shimeless，2012）。如果目前的增长趋势能够继续，或经济温和增长并且保持稳定，还有 10 个非洲国家的两亿人在 2025 年前会实现中等收入。如果能加快经济增长并且实现连续不断的 7% 的增长速度，还有 7 个国家 7 000 万人可以达到同样的收入。据称，只有 10 个非洲国家 2.3 亿人无法在 2025 年前达到中等收入。大多数这样的国家十分脆弱并且受到冲突影响（World Bank，2012）。

经济学家利用四个相互关联的因素来解释非洲的"增长恢复"。从 21 世纪开始，非洲经历了独立以来最为持续的经济扩展，这种增长没有受到全球金融危机的很大影响，因为有以下四个因素：政策、人口、地理、技术。然而，据说，在各个国家和政策领域，政策执行仍然存在不均衡现象。人口结构压力、城市化和科技转型也带来了一系列的新的挑战，非洲国家政府需要应对这些挑战，才能保持目前的增长势头（World Bank，ibid.）。有趣的是，其中都没有提及服务，例如健康、教育和通信，而这些服务都有助于提供有利于增长的积极外部环境。

世界银行和非洲开发银行的经济学家认为，经济表现的改善与政策改善有着密切关系（World Bank，2012；Ncube 和 Shimeless，2012）。在过去的 10 年间，非洲已经改善了经济和社会政策。这些改革出现的主要原因是该地区出现了两个重大转变。第一，从结构调整时期吸取了教训，并且随后的重债穷国/减贫战略文件（HIPC/PRSP）过程提供了债务减免，并且支持了本土的改革日程。第二，冷战结束为非洲打开了政治和政策空间（World Bank，ibid.）。虽然非洲尚未实现治理的转型（因为民主实践的调整相对滞后），但是改革让社会的许多一直被边缘化的部分有了表达意见的机会。随着迅速的人口增长和城市化进程，要求改善社会和经济政策的呼声也日益高涨。换句话说，非洲国家已经开始经历的调整是由立足国内、非常强大的委托代理关系所驱动的。

世界银行（2012 年）在人口动态方面已经采纳了非马尔萨斯的观点，即当人口红利的可能性已经开始出现时，非洲的经济命运已经改善。"全世界"人口红利都带来了不断提高的发展结果。自从独立以来，非洲人口已经迅速增长，从不足 2.5 亿人增长到目前的 9 亿人。非洲每年新增人口达到 2 700 万人，并且会以该速度继续增长到 2050 年。生育率预计会逐渐下降，但人口寿命增加和大量年轻家庭的出现（子女数量减少）对其起到补偿作用。结果，非洲增长最为迅速的群体是"工作成年人"（年龄在 16～64 岁之间），每年的增长达到 1 900 万人。年龄 14 岁以下的儿童每年的增长数量只有 400 万人。在未来的几年，抚养比率仍然会不断地提高，截至 2050 年，达到两个工作成年人抚养一个被扶养人的状况。这种分析忽略了大量"青年膨胀"带来的问题，即要求对服务（例如教育）进行更多投资，并且需要建立就业机会，避免社会破裂以及冲突/不稳定（Kararach et al.，2011）。的确，大量受过教育、失业的年轻人都处于北非"阿拉伯之春"运动等冲突的核心。

非洲同样经历了迅速的城市化，带来了社会和经济机遇。银行经济学家表示，"任何国家都未曾在城市化率很低的情况下实现高收入"。目前，41％的非洲人生活在城市，另外每两年城市人口新增1％。到 2033 年，非洲将和世界上其他地区一样，大部分地区会实现城市化。城市化和发展通常情况下会一起出现。随着城市消费者基数的增加，公司和消费者会受益于规模经济（同上）。不幸的是，这些观点忽视了城市的复杂性，并且未考虑到在总体规划框架内提供相应服务的必要性，例如住房、供水以及卫生服务（D'Alessandro et al.，2013）。

在推动非洲发展过程中发挥重要作用的另外一个因素是电话技术的出现。移动革命是非洲经济增长最为明显的标志，并且覆盖广泛的领域，例如手机银行、电子健康、虚拟图书馆以及将市场智能技术用于农业领域。2000 年，除了南非和一些富裕人群以外，接入现代电话网络的非洲用户很少。实际上，没有买得起的手机。然而，在 10 年间，手机已经随处可见（除了一些国家以外），并且成为主要的通信工具和大范围信息交换工具（Ghuveya et al.，2010）。

尽管存在一些乐观的倾向，非洲仍然面临一些发展挑战（脆弱性、减贫、结构转变、一体化有限、气候变化、人力开发和治理），这些可能会造成倒退，甚至会破坏过去 10 年的成果，破坏服务交付。其中一些问题在随后的章节进行详细讨论：

1. 国家脆弱性一直存在——一大批非洲国家的增速比地区平均水平慢得多，因为它们处在脆弱国家状态（ACBF，2011）。这些国家中的冲突不断，或社会经济治理不力，导致国家无法发挥其基本职能。全世界 33 个贫弱国家中，非洲共有 20 个。除了石油出口国家以外，剩余的非洲贫弱国家和非贫弱国家相比人均经济增长速度缓慢得多。这些国家发展速度较慢不足为奇，由于在经济租金方面的争夺不断加剧，它们面临政治暴力、不安全以及严重的腐败，导致这些经济体陷入低水平均衡陷阱（Andriamihaja et al.，2012）。

2. 快速增长伴有减贫——在非洲一些快速增长的国家，许多人未能看到贫困现象迅速减少，这个令人非常不安，因为不平等现象有加剧的趋势（Makoba，2011；Kararach，2011）。例如，尽管多年以来石油收入非常丰厚，但是一些非洲国家，例如赤道几内亚、尼日利亚和喀麦隆的人类发展指标在全世界都处于垫底状态。可悲的是，由于社会经济治理薄弱，这些国家现在无法利用自己的石油收入大幅改善贫困人口的福利状况。原因可能是，石油收入（不像税收）直接从石油公司流向政府，而没有经过公民的手。这种情况造成的反映是人们普遍抱怨，冲突不断，这些使尼日尔三角洲在过去一些年间因为石油生产的收益而饱受折磨。

3. 结构转变不充分——在那些已经实现迅速经济增长和减贫的国家（例如加纳、卢旺达和埃塞俄比亚），结构转变非常不明显，因为它们仍然依赖农业大宗商品。制造业在 GDP 或就业中的比例仍然非常低，并且和增长期之前不相上下。可以说，劳动密集型制造业增长是非洲吸收就业最为有效的方式之一，每年可以吸收的进入劳动力市场中很多数量、很大比例的年轻人。

4. 基础设施和互联互通不足——非洲未能出现具有竞争力的发展的原因很多，包括制造业还有农业，甚至服务业，但是大多数原因都和生产的高成本和非洲有限的市场有关。造成这些高成本和市场有限的一个主要原因是非洲的基础设施严重缺乏。非洲出口商承担着世界上最为高昂的运输费用，特别是当他们将产品从内陆国家运往港口时。尽管 Raballand 和 Teravaninthorn（2010）的研究已经表明，在非洲四个主要的运输通道，车辆运营费用和法国相比并不算高，但是运输价格却是世界上最高的。运输价格和车辆营运费之间的差额是汽车货运公司的利润来源，由于在相互勾结的运输市场中存在反垄断行为，一些这样的利润达到了 100％。

5. 商业气候——除了基础设施以外，许多其他要素也推高了非洲的商业运营成本。在大多数领域，世界银行商业经营指标一直把非洲国家排在所有地区之后。在改革商业监管方面的进步十分有限，一些国家，例如卢旺达、圣多美和普林西比是世界上主要的改革国家，然而普遍的现象是，在非洲创立公司和运营公司的平均成本是世界上最高的。要想在拉各斯（尼日利亚的首都）租间办公室的成本甚至高于纽约的曼哈顿（Mo Ibrahim Foundation Report，2012）。

6. 非正式部门和"第二经济"始终存在——大多数非洲人在小农农场和家庭企业中工作，其中监管非常有限，并且对于工作条件的保护也不足。这往往被称为非正式部门或"第二经济"（Wangwe，1993）。对于那些已经有数据的低收入国家来说，证据表明私营工资就业领域创造的岗位速度快于 GDP 的增长速度。然而，这种增长的基础薄弱，无法吸收每年进入劳动力市场的 700 万到 1 000 万的新劳动力。不幸的是，大多数年轻人不得不在父母所在的地点工作，即在小农农场以及家庭企业，他们面临非常有限的社会和经济机遇。

7. 人力资本缺乏——正如此前所述，尽管有 15 年的经济增长，减贫和人力资本指标方面也有所改善，但是非洲仍然是世界上人力资本水平最低的地区。尽管有大量的资源（来自捐助方和非洲纳税人）已经投入到医疗和教育领域，但是人力资本薄弱的基础始终未曾改变，原因有几个，包括人才流失。例如，实现"全民医疗"的目标在大概 30 年前的阿拉木图非常受欢迎，但是事实证明实现起来非常困难，并且几乎是痴心妄想——因为在社会经济群体和阶级之间存在着非常明显的不平等现象[1]。因为实现健康目标方面的进步非

---

[1] 对美国国土安全部（DHS）的数据进行的考查证实了在大多数国家存在这种情况。

常缓慢，所以千年发展目标实现方面的进步已经受到了影响。一个很好的例子是婴儿死亡率，这方面的进步在不同地区之间非常不均匀。例如，中非国家的婴儿死亡率居高不下，主要原因是该地区存在政治冲突、普遍存在脆弱性以及疟疾流行。以刚果民主和共和国、中非共和国以及乍得为例，疟疾死亡率高于世卫组织的地区平均值，而在南非，艾滋病发病率较高（在15％以上），这是婴儿死亡的致命因素。的确，许多疾病，例如疟疾一直存在，或者还有一些新的疾病出现，例如艾滋病毒/艾滋病。服务难以获取并且供资有限，导致服务质量差①。至少有三个因素导致公共支出效率低下，并且使服务获取和服务质量之间的联系非常薄弱。首先，用于解决贫困人口问题的资源并不总能顺利到达一线服务提供者手中。第二，即使当学校或诊所能获得资源时，服务提供者却往往不能到位。在乌干达和坦桑尼亚，教师的缺勤率大约分别为27％和23％（世界银行，Bold和Svensson）。第三，即使他们到位，服务的质量也非常差，直到最近，公民才获得了有限追索权，向服务提供者问责。

8. 地区一体化松散——应当指出的是，非洲的经济联盟是由每个国家自己的经济来主导的，并且人员的自由流通也只限于这些联盟中的几个国家——南部非洲的博茨瓦纳和南非，中非的加蓬，西非的科特迪瓦和尼日利亚。Adepoju（2006）表示，在这些国家，繁荣源于外来劳动力的劳动——加纳和科特迪瓦的可可和咖啡种植园、南非的矿山和农业、加蓬的森林和油田。资源丰富但是劳动力缺乏的国家（博茨瓦纳、加蓬、科特迪瓦）高度依赖外来劳动力。从这种意义上讲，他们应当让非洲国家采取地区性解决方案，加强能力建设和技能培养。我们已经看到了一些进步，在非洲大多数地区一体化协议加入了关于人员自由流通的条款以及居住权的条款（Léautier，2009）。不管这些条款多么的无力，它们有利于放松或者取消对旅客在相关一体化国家中往来的签证要求，特别是在西非、中非和南部非洲。然而，关于就业居住权的限制仍然存在，这些可能会影响到用工和技能发展，以及在地区一级对公共服务的获取——这已经成为地区一体化进程中一个主要的制约因素。

9. 数据的可用性以及数据精准性——这已经削弱了战略规划，

---

① 很少有国家达到《阿布贾宣言》的目标。

无法准确安排改革的时间和顺序。国家一级和当地一级尚且无法在需要时提供与千年发展目标相关的其他数据。即使能提供数据,往往也会受到一些问题的影响,例如不符合国际标准,使得对比难以进行。同样,向国际机构传输数据以及这些机构进行的估计(加之这些国家并不是每年给出千年发展目标有关数据)都导致了另一个层次问题的出现——数据缺口。在最近几年中,在国际组织的支持下,非洲国家已经采取了一些值得赞扬的举措,获取了跟踪千年发展目标进展情况的数据。然而,在非洲数据的生产方面,依然存在许多挑战。关于非洲大陆统计数据质量不高的问题主要是由于存在许多障碍,包括:分配给统计活动的资源不足;缺乏机构能力;统计活动的协调不足;在国际标准制定过程中对非洲特点考虑得非常少。因此,非洲统计系统(ASS)预计会进一步扩大其工作规模,促进非洲大陆统计数据的一体化,解决整个非洲对于协调一致、高质量统计信息的需求。非洲能力建设基金会、非洲联盟委员会(AUC)、联合国非洲经济委员会(ECA)以及非洲开发银行(AfDB)等一些机构已经开始制定方案,直接响应这样的挑战,并且提高非洲国家的数据统计能力。其中包括:非洲统计开发座谈会(ASSD),这是一个人口普查宣传框架;非洲统计宪章(ACS),构成了协调非洲大陆统计活动的一个框架;非洲统计数据协调一致战略(ShaSA),为非洲统计数据协调过程提供指导;以及公民注册和重要统计数据方面的新举措、得到非洲开发银行和非洲能力建设基金会支持的国际比较项目。

10. 气候变化——气候变化的负面影响为千年发展目标实现过程的可持续性以及非洲的发展造成了挑战。此外,缓解气候变化也为这一地区的政策提出了艰巨的挑战,因为他们面临巨大的能源需求,以支持发展和工业化进程。非洲大陆必须获得技术和资金,满足自身的能源需求,但是这些必须能够持续,(尽量)要符合气候变化的缓解和适应。气候变化以及适应气候变化的问题目前引起了热议(Bond,2011 和 Nhamo,2011)。

11. 政府失灵和不作为——可以说,以上问题是治理或政府未能推出有利于穷人的改革所造成的结果。失败者往往集中出现,但成功者却到处都是,或者庇护型/家长式政治改变了摆在政治家面前的制约因素和有利因素,但是体现在的状态是,并没有促进变革或交付高质量服务的内在动力。的确，服务交付依赖于委托代理关系，政治和代表性以及问责制通过这种关系影响服务的提供情况（Easterly 和 Levine，1997）。许多这样的问题推动了对非洲是否存在或缺乏发展型国家的讨论（在下一节中讨论）。

讨论非洲的发展型国家和服务交付

非洲独立后的发展经验要求对发展型国家在 20 世纪 80 年代以来非洲的社会转型中所发挥的作用进行讨论，而且还要同东南亚的发展经验进行比较。非洲独立后发展思维的基础是强有力的中央政府，确保所有公民享有"社会公平"，同时还要有经济方案，其特点是国有化并且努力实现替代进口的工业化。然而自相矛盾的是，出现的是非民主政权伴着高度中央集权和庞大、平庸的国家。新政权和中央政府被视为是财富分配的促进者。然而，人们的责任感、义务感以及对身份的认同仍然集中于自己的族群、村庄和家庭——这会对服务交付造成非常巨大的影响（Easterly and Levine，1997）。

某些领域和人群被边缘化的原因很多，其中包括种族和宗教原因，边缘化导致社会冲突出现，并且使许多国内军队或公民团体以武力夺取政权。1963 年前后，非洲国家发现自身正处在一个政治、社会和种族冲突的旋涡中。大多数的军政府都采纳了新的宪法，保障所有公民的自由和人权——这些承诺是对社会契约的一种更新。非洲独立后支持了改革努力和需求的政治和经济条件未得到改善。需要改革以确保公民被视为主体（Mamdani，1996）。

到了 20 世纪 80 年代和 90 年代，国内和外部势力开始对非洲政府产生空前巨大的影响，促进政治和经济空间的"自由化"——重新定义了国家的作用。因此，非洲在民主制度方面进行了各种尝试，启动了雄心勃勃的政治、机构和经济改革。这些改革的主要目标是：改变政府角色，建立起有利于私营领域和民间社会繁荣的环境，并且通过加强行政部门的能力、效率、公平性以及服务质量建立有效的行政部门。正如下文所述，其中一些改革是假借新公共管理（NPM）的名义开展的。不幸的是，很大程度上，非洲治理的特点是有利于统治精英的利益的独裁主义和国家私有化，导致制度解体，而不是发展和有效的服务交付（Besley and Ghatak，2007）。

国家领导的经济发展在 20 世纪 70 年代和 80 年代在东亚地区取得成功（Amsden，1990），促使发展界出现了一些新的观点，即发展型国家（Amsden，1990；Boyd/Ngo 2005：1；Rapley 1996：118—119；Woo-Cumings 1999：63）。最初的研究只是理解和非洲相比，使东亚地区发展成功的政治、经济、财政和制度因素以及配置（Woo-Cumings 1999）。探索重点是通过增长诊断指出在当前全球政治和经济的条件下，有哪些必要的要素（治理、经济和社会条件）使东亚以外地区能够落实发展型国家方法（例如，Rodrik，1998；Robinson/White 1998；Woo-Cumings 1999；Mkandawire 2001；Chang 2006；Weiss 2003）。

让我们回顾一下这一讨论中的一些观点。Chalmers Johnson 首先发起了关于发展型国家的讨论，重点关注日本从 1925 至 1975 年期间非常迅速、非常成功的战后重建和工业化进程（Johnson，1982）。他认为，理解日本的发展型国家的根源最好不是从文化角度出发，而是要考察塑造该国历史的一些具体事件，特别是旨在处理由西方发达国家主导的国际秩序方面的努力。Johnson 认为日本建立一个发展型国家的动机是在两个主要背景下出现的：a）作为发展的后来者，要迎头赶上，b）在东亚地区出现了革命性的民族主义（Johnson，1982：11，25；1999：440）。

国家重组的方式有很多，包括意识形态上和功能上的重组。第一，Johnson 认为市场并不是孤立存在的，而是国家的产物，并且政府会设定计划理性和市场理性安排之间必要的操作界限。他假设，"来自于市场理性制度的观察者往往会误解计划理性制度，因为他们未能认识到，这种系统的基础是政治而不是经济"（Johnson 1982：24）。第二，Johnson 表示，建立一个发展型国家要在设定发展次序之前。第三点，也是最后一点，发展型国家最为关键的要素并不是经济政策，而是在资本主义制度中能够动员国家的力量，促进经济发展（Johnson 1982：302—310）。即使没有理由把这一点和资本主义体系联系在一起，但是他认为发展型国家的特点是小型、成本不高、专业、高效的国家官僚体制（Johnson 1982：314—320）。Johnson 把"发展型"国家或"计划理性国家"定义为决心通过直接干预发展过程，而不是依赖市场势力在分配经济资源方面不够协调的影响，从而影响经济发展的方向和步伐的国家（Johnson 1982：319—20）。这里的主要贡献是指出了发展型国家的决定性特征以及之所以称之为发展型国家的制度配置。

另一个贡献是来自 Evans（1989；1995），其中，他构建了一个二维"嵌入式自主性"概念用以说明他的观点，即任何国家的发展结果基本上都有一些条件，即国家组织形式、官僚要素以及它与主要社会利益之间联系的本质。国家是自主的，意思是其官僚机构无法被强大的寻租者通过制度进行操纵、通过机构进行掌控，自主是嵌入式的，意思是它能与社会中主要利益之间保持密切联系，从而协商和征求转型过程中所需的必要资源投入（Evans 1995：12）。这里有两个突出的特征，是"自主和嵌入式"的特点并使两者结合在一起（Evans 1995：164）。第一，国家官僚体制处在相对特权的地位，这种地位由单一的"领航机构"所掌握（Evans 1995：156），用来提供所需的转型领导力（Evans 1995：157）。第二，这些官僚体制能够把现有的公职官员和私营领域的行为捆绑在一起，追求集体目标（Evans 1995：164—5）。根据 Evans 的观点，国家和私营企业之间的关系方面有效的国家能力是非常关键的，决定了国家的发展角色（Evans 1995：13—16，58，70—81，209—210）。当然需要考虑许多现实情况：a）国家可能无法完全摆脱利己主义的危险，这是推动国家形成的力量之一；b）发展型国家并不是，并且不能是静止的，它往往会逐渐转变为"自己的掘墓人"（Evans 1992：165）；c）国家有可能会沿着嵌入式自主文献中所说的"掠夺型国家—发展型国家"轨迹调整自己的位置（Evans 1992：157）；d）发展型国家是在非常具有挑战性、非常不利的条件下建立的（Evans 1992：164），从而能够获得全新的使命。

另一方面，Adrian Leftwich 基于纯粹的政治考量，引入了发展型国家的理论和模型。在这种模型中，政治是控制变量，决定着发展型国家的概念以及随着时间的推移所有人类社会发展的成功和失败（Leftwich 2000：4）。发展型国家的出现和巩固以以下六个主要要素为条件（Leftwich 2000：160—65）：

a）以发展为导向并且对实现经济增长表现出高度的决心和意愿的政治精英；

b）拥有充足的能力影响、指引和设定私营资本的运营条件的国家（Leftwich 2000：163—4）；

b）建立或存在一种强大、专业、办事能力强，与世隔绝，基于职业生涯的官僚政治来管理国家事务；

c）存在一种社会背景，其中公民社会的存在和作用非常薄弱，可以忽略，处于从属地位，使得它们容易被政治精英塑造；

d）存在对国内和国外私营经济利益实行有效的经济管理的强大能力；

e）有压制人权，同时人权原则遵守情况不佳的记录（特别是不民主的发展型国家）或对话和政策讨论的空间有限（在能力强的稳定国家）；

f）政治精英治理的合法性，这和国家履行职责的能力紧密相关。

这些特征引出了一个问题，即是否需要先有民主，后有发展，还是先有发展，后有民主（Leftwich 2000：174）。很明显，Leftwich 也承认一个具体国家的发展情况好坏并不是某一类型政权的功能，而会受到"国家及其相关政治的特征"的决定性影响（Leftwich 1993：614）。因此，发展型国家的构建不能游离在西方资本或智库设计的制度工具之外（Leftwich 2000：168）。的确，这样的国家要想出现，必须要通过本土的能力建设和改善公共领域业绩。如果关注重点是人力开发和服务交付，那么会得到令人满意的结论。

制度政治经济学（IPE）观点同样在发展型国家观点的概念化中具有影响力。这种方法努力去巩固国家干预的替代理论，并且为非自由思维提供了一种替代框架（Chang 2003c：3；2003d：50—52；2002b；1999：185—7）。制度政治经济学描绘了新自由主义的四个关键要素：国家、市场、制度和政治（Chang 2002b：542）。首先，制度政治经济学假设国家需要发挥重要的作用，不仅要监管市场体系，而且实际上还要构建并且直接影响超出新自由主义正统思想允许范围的市场操作（Chang 2002c；2002b：547—548；2003d），新自由主义得到了"华盛顿共识"的支持。成功的东亚国家同意在市场中开展积极的国家干预，他们认为本国的政策和制度往往会极大地偏离"华盛顿共识"（Chang 2006：2）。的确，对于市场的至上地位和完全自由抱有巨大信心的大多数发展中国家得到的发展结果往往不尽人意（Chang 2002b：548）。

第二，并不存在所谓的"自由"市场，因为所有的市场建立起来，如果想服务于发展中的特定目的都是需要监管（Chang 2002b：544）。传统的市场和制度相互对立，这是一种误导，因为市场本身也是制度体系（Chang 2006：50）。在历史上，特别是在财产权和其他市场制度的建立过程中，市场秩序的出现很大程度上源于国家发挥的积极作用（Chang 2003d：50）。

第三，在最为成功的经济经验中，表现出有效的能力/才能，协调投资、作出/形成经济决定、为工业融资，对国家创造的租金的接受者进行规范，并且提供发展愿景的是国家，而不是市场（Chang 1999：182，194）。国家所发挥的这些作用在发展中国家更加重要，因为它们的发展阶段要求国家建立租金，从而将投入引入处于初级阶段的工业（Chang 2006：28）。

第四，市场从根本上是政治结构，因此，完全使其非政治化不太可能，甚至也不会令人满意（Chang 2002b：555）。市场的建设和确定市场参与者的禀赋的过程具有浓厚的政治色彩（Chang 2002b：559，Kararach，2011）。政治在市场中的作用必须看成是一个过程。其中，对于现有权利—义务结构的可竞争性持有观点不同但同样合理的人们和其他人根据委托代理关系进行竞争（Chang 2002b：555—6）。从根本上讲，无拘无束的自由市场的倡导者们仅仅是"坏的撒玛利亚人"。

的确，这些讨论发生在全球化背景下。Linda Weiss 的贡献主要是为这一问题提出答案：全球化是否造成发展型国家方法没有意义呢？（Weiss，2000）全球化已经催生了重要的趋势，要求在全球范围内具有动态领导力，包括在非洲。这些趋势使全球价值链的出现和破裂。破裂描述了产品和服务的生产过程中的一种变化状态，其中各种各样的部件在不同的国家生产（Feenstra，1998）。这一过程有时候指的是"垂直专业化"。Velde et al.（2006）报告称，在制造业中，零部件的全球贸易占到 30%。Campa and Goldberg（1997）利用了投入—产出方法论，发现破裂程度是由在生产过程使用的总投入中进口所占比例来衡量，在过去这些年已经大幅上涨。随着经济私有化、技术进步以及改进服务，例如交通、信息通信技术以及规模经济，发展中国家在某种程度上得益于这种变化。以信息通信技术为基础的服务离岸外包已经在一些国家出现，比如毛里求斯、加纳和南非。

说到全球价值链，这涉及到基于跨国公司网络的贸易。价值链描述的是一系列的活动，把生产和服务从概念，通过生产过程转化为消费者看到的最终形式以及在使用之后加以处理的过程（Kaplinsky，2000）。为了理解这一过程的复杂性，我们需要认识到价值链中的治理所属类型，以及这种治理形式的影响（Velde，2000）。这里非常关键的是发展中国家参与全球价值链的方式，特别是当他们能够从与富裕国家的进口商和零售商接触过程中受益的能力和技能的本质。所以，在全球背景下，究竟应当有哪种治理框架才能让我们实现有效的发展和服务交付呢？正如在接下去几节所述，答案在于非洲国家发展有效的能力，从而利用全球化过程中释放出的正能量。

所以，非洲发展型国家的决定性特征现在是什么，过去又是什么呢？根据以上的讨论，总结为如下四点：

一、以发展型的政治领导力

以上的论述凸显出以发展为导向的政治领导力的重要性，强大的经济和政治观要关注发展（Amsden，1989；Beeson，2003；Woo-Cumings，1999；Wade，1990）。通常情况下，可以说，东亚发展型国家具有政治精英，他们能够制定出发挥积极作用的制度，既带来政治稳定又带来经济发展（Waldner，1999：1）。官僚政治获得了充分的空间，可以采取各种举措，在追求期望发展目标的行动过程中具有权威（Weiss，2003：24；Wade，1990）。东亚国家独特的能力根植于它们的政治同盟、国内威权统治以及有效的经济制度——促进了国家干预在市场中的有效性（Deyo，1987）。然而，说到非洲，Mkandawire's（2001）认为发展是非洲大多数第一代领导人关注的重点，他的观点可能被过分夸大了，尽管这种思想可能得到了很多领导人的追捧，例如赞比亚的卡翁达，坦桑尼亚的尼雷尔或加纳的恩克鲁玛。在这些情况下，这些国家独立后不断追求发展型国家的宏伟目标，而且非常关注实现整个非洲大陆的政治"自由"。发展项目并未得到可持续的发展愿景的支撑，所以无法确保提供充足的公共服务。其主要的弱点是压倒一切的国家主义对经济的干预，而没有支持性的生产性服务，例如教育、医疗和通信。首先在第一产业出口收入的支持下，表现不佳的国有企业还仍然存在，并且得到财政资源的补贴，因此消耗了有限的外汇资源，并且成为宏观经济不稳定的根源。过度的"国家主义"鼓励寻租，使得经济参与者的精力不在生产性活动上（Bates，1981：11—14）。最终，这些"发展"项目不得不放弃，因为发展失败变得更加明显了。非洲最近运气好转，这是因为改革以人为本并且重视治理改革。

二、自主和有效的官僚政治

说到自主、能力和官僚政治的有效性，东亚发展型国家可以说非常突出（Clapham，1996：162；Wong，2004；Booth，1999：305）。尽管非洲后殖民地国家扮演了巨大的经济角色，但是它们并没有有效管理这项工作所需的人力资源以及监管和行政能力（Nissanke 和 Aryeetey，2003：4；Englebert，2000；van de Walle，2001）。后殖民时代的非洲官僚机构缺乏发展型国家中所必需的自治，因为他们被分裂为种族语言利益群体，并且容易受到掠夺性行为的影响（腐败、寻租以及滥用公共资源），并且缺乏问责制（Olukoshi，2004；Easter 和 Levine，1997）。这反过来对官僚机构在政策制定和执行以及服务交付方面的绩效产生有害影响（Besley 和 Ghatak，2007）。

三、以生产为导向的私营领域

一些人认为，以生产为导向的私营领域对在东亚发展型国家出现的工业化和现代化的迅速发展中起到了关键作用（Aküyz，1999：1；Booth，1999：306）。经济表现出色，并且具备所需的速度和灵活性被视为是这些国家通过建立适当的商业环境，去实现总体发展目标（Westphal，2002；Amsden，1989：316）。在各种情况下，东亚发展型国家的国家干预标志着不同类型的资本主义，其中干预的主要目的是通过建立资本积累和提高生产力，促进私营领域发展（Amsden 1989）。国家利用一系列政策和制度工具使国内公司能够满足国内和国际商业标准、生产力水平以及组织和技术能力。其中一些工具包括选择性和战略性使用保护主义；提供工业补贴以及同效益标准、目标相关的项目；在工业资本、金融资本以及国家之间建立商业同盟（Wong，2004：350）。国家并不只是能确保私营领域的生存和能力，使他们能在任何层次上开展竞争，并且更加关键的是，除了"挑选出"业绩最好的参与者以及"惩罚"业绩不好的参与者，国家能够"创造"和"回报"参与者（Wade，1990；Amsden，1989：16）[①]。国家在工业精英当中有效地推动长期投资，使东亚国家出现了持续的工业发展（Low，2004：5）。在非洲，私营领域尚未在国家发展进程中发挥重要作用。直到最近，后殖民地时代的非洲国家仍然本能地反对私营领域的发展，并且没能意识到私营领域是一个重要的发展参与者或合作伙伴（Stein，2000：18）。它们缺乏鼓励私营领域投资的激励机制，例如坦桑尼亚就是如此。国家对经济的支配地位导致他们忽略并且在经济舞台上排挤私营领域，更加糟糕的是，不愿意建立寻租的商业精英。为了成功，商人极大的依赖于政治联系，而不是自己的绩效（Mamdani，1976）。这种国家—商业之间的关系会鼓励腐败行为，以确保得到合同，并且会给商业效率和生产力以及服务交付带来负面影响（Besley 和 Ghatak，2007）。

四、以绩效为导向的治理

可以说，发展型国家对委托代理关系非常敏感，并且已经发现会得到选民（赞助者）的支持，因为这些国家促进迅速的经济发展，并且向统治精英和全体大众提供经济收益（Weiss，2000：26；Chang，2003d；Leftwich，2002：270）。这种发展的方式"有利于穷人"或"在发展中促进平等"，并且要求民主的治理取向，这对服务交付带来重要的影响。首先，统治精英表示出很强烈的减贫意愿，并且解决经济社会转型阶段初期出现的平等问题（Booth，1999：304；Aküyz et al.，1999：43；Hort 和 Kuhlne，2000：167—168）。例如，东亚地区迅速的工业增长伴随着可喜的收入平等模式的出现，失业率较低，极度贫困几乎完全消除（Deyo，1987：2）。其次，成功的经济表现是政治合法性的主要来源。政治精英很大程度上依赖于促进增长和公平，并且将其作为加强其合法性和支持基础的一种方式（Kwon，1999；Yang 2000；Koo 和 Kim 1992：125；Kim，2007：120）。迅速的经济增长会产生更加广泛的"增长同盟"和支持性政策，从而保持制度和政治框架，这种成功过去是、现在也是

---

① Subramanian 和 Roy（2003）认为在毛里求斯采用的这种 Rodrikian 工业政策会让非洲在发展中占尽先机。

东亚地区政权存在和合法性的基础（Haggard，1989；1990）。不幸的是，大多数后殖民非洲国家往往选择一党制，非常独裁专制，并且对持不同意见者不能容忍。可以说，这种方式非常适合国家建设和社会经济发展的双重任务，但是会造成意想不到的后果，即会支持统治精英的力量，并且促进他们的自我致富。简而言之，他们会建立起掠夺性统治（Ake，1996），而不会重点关注以业绩为导向的治理。统治精英依靠对掠夺来的战利品进行分配，使他们始终掌权，并且会将大量的公共资源转移到赞助者手中，因此会偏离这一过程中真正的发展工作（Goldsmith，2004：91；Acemoglu，2005；Englebert，2000）。

尽管大多数后殖民地国家明确地表示出自己的发展目标，但是20世纪60年代和70年代，非洲发展主义的特征是国家能力不足，政策干预在国民经济中不能发挥作用；忽视以生产为导向的私营企业；并且出现了过多的专制和掠夺性统治，以及较差的服务交付。这些特征会破坏一些民族主义领导人加强发展型国家的原始工作，以及可持续人力开发的实现。后殖民时代国家主义的经历在非洲所造成的政治和经济危机，一定程度上是这些国家缺乏发展型国家基本特征所造成的结果——发展型国家要求在治理中有问责制和透明性。

从20世纪80年代起，对于良好治理及其要求的讨论促成了一些公共领域管理改革的新方法。发生的一些变化把目标定在解决非洲一些最为严重的治理滥用和治理失灵问题：统治的个性化本质，其中关键的政治行动者行使无限权力；系统性侍从主义；滥用国家资源以及制度化腐败；政府不透明；公共领域瓦解；缺乏权力代表以及公众从治理中退出（Hyden，1992和2000；Bratton和van de Walle，1992）。

强调问责制和对客户需求的响应能力的良好公共管理和行政已经被支持发展中国家改革的捐助机构视为是良好治理的一个部分。对于世界银行来说，良好治理包括高效的公共服务、可靠的司法制度以及对公众负责的行政机构。世界银行详细说明了良好治理的四个要素（World Bank，1989，1992）：

a）公共领域管理强调需要通过改进预算编制、会计和报告，有效管理财政和人力资源，并且根除效率低下问题，特别是私营企业；

b) 公共服务中的问责制包括有效的会计、审计和分权，并且总体上使公职官员对其行动负责并且对消费者作出响应；

c) 可预测的法律框架，规则事先让人知道；有可靠独立的司法和执法机制；

d) 可以获得信息和透明，从而加强政策分析，推动公共辩论并且减少腐败风险。

从以上"良好治理"的概念可以明确看出，其中一些要素强调改善公共领域管理体系。因此，在良好治理的描述中，我们可以发现公共管理改革是一个关键的要素，希望以新公共管理（NPM）的名义将市场和私营领域的方法用于公共领域管理。

良好治理和发展型国家概念的这些重要观点对非洲的发展型国家很有意义。在文献中，"发展型国家"有两个组成部分：一个的是意识性，一个是结构性的组成部分。这种意识—结构关系使发展型国家与其他形式的国家完全不同。说到意识形态，从根本上讲，这种国家的意识形态的基础是"发展主义"，相信自己的"使命"是确保经济发展——往往被解读为高速积累和工业化。这样的国家"认为合理性的原则是能够促进持续的发展，通过发展区认识稳定的高速经济发展和生产体系内结构转变，包括在国内和国际经济的关系中"（Castells，1992：55）。在这一概念层面上，精英必须能够建立起"意识形态霸权"，用 Gramcian 的话来说，使其发展项目成为一个"霸权"项目，其中国家关键的参与者自愿追随和依附。发展型国家定义中的国家结构强调有明智、有效执行经济政策的能力。这种能力的决定因素是：制度性、技术性、行政管理以及政治性因素。在所有这些要素的之下是国家的自治，不受社会势力的影响，使其能够利用这些能力制定长期的经济政策，而不会受到目光短浅的私人利益诉求的影响。通常情况下，这样一种国家被认为应当在某种意义上非常"强大"，并且能够保持相对于关键社会行动者的"相对自治"。在发展进程中追求"强国家"是"现代化"文献中的一个重要特征。这样一种国家是和 Myrdal（1968）所说的"软国家"形成对比的，后者既没有行政能力又没有政治上的必要手段推动其发展项目。并且最后国家还必须有一些"社会锚定"，防止它利用自身的自治进行掠夺，并且使其能够获得社会上关键行动者的依附和支持。发展型国家的概念需要理解政策制定有时出现的"试错法"本质，以及政策执行和服务交付的政治经济学。

在国家发展过程中能力的重要性已经日益凸显（特别是在服务交付方面），在粮食和能源危机出现之前以及全球衰退之前，在实现千年发展目标方面，非洲国家已经取得了稳步进展。尽管尚未了解到三次危机对于千年发展目标实现的准确影响，但是我们知道许多非洲国家受到这些冲击的极大拖累。然而，在国际发展伙伴，包括非洲开发银行和联合国开发计划署的支持下，非洲国家已经采取了一系列措施消除负面效应。非洲不断崛起的画面已经让我们看到非洲大陆在一些关键领域中取得了坚实的进步，例如初等教育入学率、初等教育中的性别平等、妇女的政治赋权、获得清洁饮用水以及艾滋病毒/艾滋病传播得到限制。许多国家已经能够提供抗逆转录病毒治疗，并且，一些地区产妇死亡率呈下降趋势。在经济方面，在全球经济金融危机之后，增长已经开始恢复。一份报告同样突显出非洲政策创新促进了千年发展目标的实现。这些创新包括新建保障项目并且扩大大多数贫困国家无法承担的现有项目规模，但是目前这些项目被作为重要的新增干预措施，以确保在关键的人类发展指标方面取得进步。此外，各国已经把千年发展目标作为发展规划和加强协调的框架，并且将其分解到以下的各级政府。

可以说，除了几个例外（例如博茨瓦纳、毛里求斯和南非）大多数非洲国家缺乏发展型国家所需的三个关键的政治治理先决条件，即可行国家、合理的政治秩序以及充分的国家权威（Bratton 和 Chang 2006：1059，1066；Diamond，1999；Joseph，1999；Gyimah-Boadi，2004）。所以为什么要讨论发展型国家？该讨论之所以重要是因为：

a）服务交付仍然有待提高，并且许多国家尚未实现大多数千年发展目标；

b）基础设施和互联互通薄弱，并且这些对于促进增长以及地区经济发展来说至关重要，自治在地方政府一级受到限制，因此削弱了他们交付服务的能力——改革领域都很关键，包括金融、政治和行政自治以及有效的分权；

c）在非洲大陆的许多国家，腐败和寻租仍然是影响有效控制和良好财务管理的问题——使得腐败和寻租在服务提供方面普遍存在；

d）地方治理和公民参与仍然不足，并且没有针对服务，例如，通过参与式预算编制和性别预算编制加强参与；

e）公共领域—私营领域伙伴关系仍然处在初级阶段，需要不断拓展"资金封套"，以及拓展新的服务交付融资模式；

f）使服务交付符合地方/国家经济发展的工作仍在进行，例如，通过改革采购规则、立法等；

g）减少风险因素仍然非常重要，例如艾滋病毒/艾滋病和冲突，因为这些会破坏社会经济转型和服务交付；

h）必须要使用信息通信技术加强服务交付，例如，电子医疗和虚拟学校；

l）所有这些努力将加强能力建设并且培养非洲的发展型国家。

认识在非洲发展中能力的作用

正如此前两节所述，后殖民地时代非洲经历了多变的、有时不足以取信的发展。20世纪80年代，对于如何缓解非洲持续的经济危机和刺激增长开展了一系列研究。在这方面，一个开拓性的著作是世界银行为非洲地区编制的报告《撒哈拉以南非洲：从危机到可持续增长——长期愿景研究（LTPS）》（World Bank，1989）。该报告标志着从国家领导的发展向新自由主义的过渡，其中市场会形成个人和社会响应发展挑战的能力——除了在一些特殊情况下需要纠正市场的失灵以外，建设/发展能力不需要特意行动。

此前有人表示，国家能力不足是后殖民地时代非洲发展经历中的一个明显弱点，不仅在发展主义阶段而且在随后的以市场为导向的结构调整项目中也是如此。反对的观点认为，这些缺点使非洲能够采纳发展型国家方法。Mkandawire强烈的批评国际机构，特别是世界银行和国际货币基金组织，他表示这两个机构通过强加了结构调整计划，在削弱许多非洲国家行政部门能力过程中扮演的重要角色。这些机构根据Mkandawire的说法，往往会"表示非洲的公共支出基本上过高，主要因为存在膨胀的官僚机构，会耗尽国家的财力。标准的政策描述是减少行政部门"（Mkandawire，2001：307）。

在对公共领域改革以及加强非洲服务交付所需的必要能力进行概念化过程中，存在许多版本。20世纪80年代和90年代，对公共领域改革进行理解是在结构调整计划（或者新公共管理）的背景下完成的，结构调整计划的特征是努力将"核心"的私营领域工作原则应用到公共领域。该框架包括四大原则：a）使政府增长减缓或逆转；b）私有化和准私有化；c）公共服务的生产和分配自动化；d）公共领域改革采用国际日程（Kiggundu，1998）。

Hood（1991：4—5）表示新公共管理的关键组成部分包括：1）面对面直接的专业管理；2）明确的业绩标准和衡量措施；3）更加强调产量控制；4）对公共领域单位进行分解；5）加强私营领域竞争；6）采用私营领域形式的管理实践；7）加强资源使用方面的纪律和节约。

对于 Owusu 和 Ohemeng（2012）来说，新公共管理包括采用市场型或合同式的安排，例如绩效合同、建立"政治上独立的"机构、合同外包、内部市场和公民宪章，从而提高公共管理。这同时涉及到缩小公共领域的措施，即私有化和紧缩（Manning，2002）。然而，Pollitt（1993，在 Owusu 和 Ohemeng 中被引用，2012）认为，新公共管理是一种意识形态或更加通俗地讲是一系列特别的管理方法和技巧（从以营利为目的私营领域借鉴而来）。Joseph Ayee 认为，新公共管理"将重点从传统的公共行政转移到公共管理上，并且朝着国家的管理主义或企业文化前进"（Ayee，2012：97）。

但是，新公共管理不经意间考虑了能力问题。在这一框架下，能力指的是一个组织开展工作或完成其使命的能力（Yu-Lee，2002：1）。说到公共领域，组织的能力类似于"政府引领、发展、指导和控制其财政、人力、物质和信息资源的能力"（Ingraham et al.，2003：15），而在非营利领域中，这种能力是帮助一个组织实现其使命的一系列管理实践、过程或属性的集合（Letts et al.，1999；Eisinger，2002：117）。新公共管理借鉴了很多私营领域的现代管理实践，其基础是市场力量和追求效率。

多年来，能力的概念遇到了相互矛盾的定义和多种多样的衡量方法。例如，能力的含义与才能、才干以及能力建设这样的词汇之间似乎有一些混淆（Gargan，1981；Honadle，1981；Chaskin，2001；Cairns et al.，2005；UNDP，2002）。Eisinger（2002：117）在文献中指出了一种不同意见，即对于大多数机构而言，组织能力是否具有潜在的一般属性，或是单个组织特有的一系列属性；或是多维的

国外政府绩效研究

（Ingraham et al.，2003）。

同样，能力一词应用的范围在文献中也各不相同。能力有时被用于描述目的（组织的有效性）以及实现目的的方法（一个机构完成使命的能力）（Honadle，1981）。对于一些学者来说，缺乏能力或能力不存在包含了在实现组织目标过程中可以"阻碍或促进成功"的任何素质（Chaskin，2001：292）。许多人把能力定义为纯粹的内部组织特性，包括人力资源和资本资源，而在其他情况下，许多人将其定义为具有外部和内部属性的一个概念（例如，外部财政支持、支持关系和合作伙伴关系网络、培训资源、政治支持、信息通信技术等等），这些提供了支持环境（Brinkerhoff，2005；Forbes 和 Lynn，2006）。能力同样既是有形也是无形的，既是定性又是定量的维度，其中包含人员的数量，还包含他们特殊的技能以及组织领导层的优势和素质（Glickman 和 Servon，1998；Chaskin，2001；Eis-inger，2002；Sowa et al.，2004；UNDP，2002）。Ingraham et al. （2003：15）等人表示，例如，"能力……靠的是管理者和系统的素质"。

有人可能会说，在确定组织能力的概念过程中，最为困难的是组织能力具有多种属性，既作为投入又作为产出/结果，既是资源又是过程（Christensen 和 Gazley，2008）。能力发展不仅包括过程，同样也包括具有定性和定量特征的结构（Sowa, et al.，2004），因此，需要客观评价。Ingraham, et al.（2003：15—22）指出了推动能力的四个实用"杠杆"：素质、特点或管理体系的范围；领导力；系统之间的协调性；以及"对结果的关注"，从而使这一概念对具体项目起到指导意义。这些杠杆的基础是反馈回路，使公共管理者能够获得绩效信息，并且相应地调整自己的方法。Honadle（1981：577）认为，尽管以资源形式出现的"投入"（例如，人力、收入、信息或社区支持）是加强组织能力的源泉，但是实际的制度优势取决于不太有形的能力，包括积极吸引、吸收和利用资源。可以说，能力不同于能力建设，其中前者描述的是表现出业绩的手段，而后者是加强组织手段的工作（Palidano，2001）。

因此，非洲能力建设基金会开发和提炼了能力的定义，重点关注与实际操作有关的相关性和便利性。非洲能力建设基金会（2011：30—31）将能力定义为"人、组织和社会作为整体成功管理自己的事务的能力"；并且，在这个过程中，人、组织和社会作为整体释放、加强、创造、调整并且保持自己的能力。在回答以下问题时，更好能对能力进行概念化：能力究竟来干什么？对于个人、组织以及社会来说，能力用以设定目标和实现目标；把资源编入预算并且利用这些资源实现上述目的；管理复杂的过程以及具有可行的政治和经济体系特点的干预措施。大多数情况下，在具体发展目标的背景下，能力可以实实在在、有效地发展，这些目标包括：向贫困人口交付服务；发起教育、公共服务和医疗改革；为中小企业改善投资环境；加强地方社区的赋权，从而更好地参与公共决策过程；以及促进和平和解决冲突。

因此，非洲能力建设基金会以动态的方式，在多维的背景下确定了能力的概念。这一定义符合非洲联盟/非洲发展新伙伴计划（NEPAD）在能力发展战略框架（CDSF）内采用的方法，这已经在2003年由非洲国家首脑采纳。能力发展战略框架具有六个支撑，并且旨在引导各国和机构完成以下工作：（a）深入分析摆在他们面前的基本能力挑战；（b）推动采纳考虑到当地需求、重点和环境的创新性、适当的有效能力发展解决方案；（c）鼓励采用一体化、全面、可持续的解决方案。这似乎是非洲领导人更希望看到的定义。非洲能力建设基金会的框架似乎在定义能力以及相关属性方面给出了更加全面的方法。因此，人们不仅可以以多维的方式看待能力，而且可以将信息分为具体的功能类型，例如资源、有效领导力、具有熟练技能和数量充足的人员、制度化以及外部联系（Eisinger，2002）。所有这些对于公共服务改革和交付来说都至关重要。

如上文所述，公共服务交付非常关键，因为它会加强社会契约并且加强国家合法性。此外，许多政府正在采用新技术，通过电子政务使公共服务更加贴近人民大众。电子政务预计将提高有效性、效率和政府服务提供的生产力。例如，一体化基于网络的国家收入管理系统使我们能够迅速有效地收集信息，使税务官员能够更加迅速地收集情况，并且会使征税过程实现自动化和现代化，从而消除系统中的漏洞。随着计算机化的推广，政府成为最大的公共信息所有者，并且管理着大量的数据资源，从而实现有效治理。

将能力指标作为非洲服务交付的一种工具

能力是非洲发展经历中缺少的一个环节。向非洲提供的传统技术性援助并不能带来预期的结果 [Easterly（2006）提出的所谓的白人负担]。包括现有发展融资机构在内，支持非洲技术援助机构（有时也被说成能力建设）的要求并不能为非洲人和捐助机构之间有效和灵活的伙伴关系提供机会，而这种机会是适当和充分地应对与能力建设有关的关键问题所必需的。非洲能力建设倡议就是在非洲发展银行、世界银行和联合国开发计划署的支持下诞生的。然而，不能将非洲能力建设倡议机构放在世界银行或联合国开发计划署的行政框架内，这样它才能更具灵活性。由于非洲银行是非洲所有并且坐落在非洲，所以非洲开发银行看似是更加合适，但是其中还存在组织问题（Ofosu-Amaah，2011）。非洲能力建设基金会是这一倡议的一部分，旨在和许多公共领域改革倡议一起发现所谓的非洲增长/发展弊病。

2011 年以来，非洲能力建设基金会定期公布作为旗舰报告的非洲能力指标（ACI）。该出版物的目标是衡量并且从经验角度分析与非洲国家发展日程相关的能力。非洲发展指标的目的是强调发展能力中的关键决定因素和组成部分。非洲能力建设基金会计算非洲能力指标所采用的方法以三个层次的能力为基础：1）制度层面；2）组织层面以及；3）个人层面。政策或制度方面的有利环境（指的是组织以外的制度）包括领导层设定的基调以及其他平衡要素。其中包括一个个人和组织发挥职能的大系统，从而会影响到他们的表现结果。领导层的作用是设定美好愿景、基调和舞台，从而可以在这里开展或执行促成结果的活动（ACBF，2012）。此外，该报告将能力开发以下四个分组为背景：政策环境、政策执行过程、国家一级的发展结果以及三个层面上的能力开发结果——提供有力的环境、组织和个人。除了总体上的分数以外，该报告还给出了每个参与国家在每个能力分组中的数据，并且按发展能力对他们从高到低进行排名。对于连续两个报告来说，不会出现哪个参与国分数特别高，只有一个国家总体得分相对较高。许多国家在两个报告中的得分很低或非常低，这表明这些国家急需开展改革、能力建设，特别是开展与发展结果实现有关的分组的活动。这一排名反映出最近研究的发现，研究呼吁加强各领域能力建设和改革（Owusu 和 Ohemeng，2012；Ayee，2012）。

这一方法的核心是探索方法。非洲能力指标是一个复合指标，由四个分指标计算而来①，每个分指标是在对一个分组各个组成要素进行定性和定量评估的基础上得出的综合结论。这些分组的目的是支持各个维度（ACBF，2011：36）。表 1 总结了 42 的非洲国家在三个能力级别上的表现结果：有利环境/制度、组织和个人。结果表明，在组织和个人级别上的能力方面，大多数国家的得分较低或非常低（见表 1）。

表 1 　2012 年的能力维度（按层面分列，占各国的%）

层面	有利环境	组织层面	个人层面
非常低	0.0	4.8	71.4
低	0.0	23.8	19.0
中等	40.5	4.8	9.5
高	57.1	35.7	0.0
非常高	2.4	31.0	0.0
总分	100	100	100

能力的组织层面包括内部政策、安排、流程和框架，使各个组织有效运营，并创造条件针对具体目标对个人能力进行整合和合并。个人层面评估的是个人所具备的技能、经验和知识。个人层面的领导力考查的是决定问责制和结果，从而使个人改变工作环境，产生结果的价值观。

非洲能力指数（ACI）分组包括以下维度：政策环境、执行过程、国家一级的发展结果、能力发展结果（见表 2）。

有利于发展的政策环境，特别强调以发展为导向的有效组织和制度框架。它重点关注：（a）是否具有国家发展战略及其合法性水平；（b）国家对实现发展和减贫目标，例如千年发展目标的决心；

---

① ACI 复合指数是四个群集指标的调和平均数。选择调和平均数公式的理由是，四个群集所给出的能力发展因数都不应忽视。调和平均数公式对小值非常敏感，所以很容易捕获每个组成部分的弱点。

（c）国家一级对于更好地利用有限资源，用于政策所指明的能力发展，从而促进援助的有效性的意识和必要性；（d）社会稳定和社会融入的程度，甚至是支撑这种措施的广泛参与和良好治理。强大的领导力同样至关重要，有利于培育战略的发展，并将其纳入愿景驱动式的活动。

表 2　2012 年非洲能力指数结果（按层面分列，占各国的％）

层次	2012ACI 指标（％各个国家）	政策环境	执行过程	国家一级的发展结果	能力发展结果
非常低	14.3	0.0	0.0	0.0	71.4
低	52.4	0.0	0.0	19.0	23.8
中等	31.0	2.4	33.3	66.7	4.8
高	2.4	23.8	50.0	11.9	0.0
非常高	0.0	73.8	16.7	2.4	0.0
总分	100	100	100	100	100

来源：非洲能力建设基金会（2012 年）。

另一方面，执行过程取决于非洲国家是否准备好交付成果和结果。非洲能力指标的这一特点有利于创建一种环境，激励并且支持个人；管理利益攸关方—合作伙伴关系并使之具有包容性和建设性的能力；以及建立适当的机制，从而管理政策、战略、项目和方案的能力。同样重要的是设计、执行、监督以及评估的过程；以及管理国家发展战略，从而得到促进社会包容、有利于减贫的发展结果。发展结果是有形的输出，使得发展以可持续的方式进行。这一分组覆盖的主要范围是：协调有利于能力发展的援助支持；部门政策中的创造力和创新水平；执行《援助实效问题巴黎宣言》所取得的成就；性别平等和社会融入以及为能力发展建立伙伴关系方面的成就。

《非洲能力指标报告》中的"能力发展结果"分组衡量的是人力状况的变化以及更加广泛的社会转型，各种国家战略明确表示了这些转型并且将其转化为实际的行动计划，例如服务交付。这方面的指标主要衡量用于能力发展的财政资源；千年发展目标方面取得的实际成就；性别和更广泛的社会平等；以及社会政策等其他措施执行过程中的成就。同样，在个人能力和组织能力以及领导力的变换方面，领导力也受到了高度重视，从而推动能力发展实现转型变革。

在这一个框架内，必须还有远见的概念化和预期未来需要的能力。例如，缓解气候变化风险所需的技能、在可预见性较低和存在冲击的环境下发挥职能的能力以及当这些要素/事件出现时面临灾难作出反应和响应的能力（防灾准备甚至是一个关键组成部分）。

应当注意到，2012 年的指标情况与 2011 年类似，但有一些重要的区别。2012 年《非洲能力指标报告》（ACBF，2012：31）的发现指出：

总体而言，正如非洲能力指标综合指数水平所示，尽管在 2011 年没有哪个国家被列入到能力"高"水平一类，但是 2012 年有一个国家（如加纳）有所改善，进到这一层次。

"国家一级的发展成果"中有了明显的改善，其中最低水平国家的百分比（低和非常低）从 61.7％ 下降到 19％。大多数国家从低水平上升到中等水平，我们可以看到一个国家（加纳）在非常高的水平一层。这些发现进一步佐证了许多来源对非洲状况所持的乐观态度，包括非洲开发银行、世界银行和国际货币基金组织（安永，2011 年）。不仅有许多国家出现了明显的改善，从最低的结果水平开始上升，并且他们出现这种情况是因为对能力开发进行投资。

至少有三种方式让《非洲能力指标报告》为公共服务改革和能力开发与利用提供了机遇：a）强调了经验发现对于公共领域改革的重要意义；b）强调了非洲能力指标中的数据类别，研究人员可以利用这些考察公共领域改革的影响；c）以及以上两点同时出现。我们重点关注：a）2011 年《非洲能力指标报告》比较了脆弱国家和非脆弱国家的能力开发，并且发现，正像我们预期的，脆弱国家交付发展产出和成果的能力非常低，但是对数据的仔细研究发现脆弱国家在组织一级、政治、权力和激励机制方面的能力更强（2011：65—67）。这一发现对于为不同类型国家设计能力干预措施具有重要意义，有利于选择不同的干预措施——资源（例如，预算支持）、技能和知识（例如培训）、组织（信息通信技术、分权）、政治和权利（例如国家政党的发展）或激励机制（例如部门政策改革和监管）。例如，这些结果表明，脆弱国家的能力建设应当重点提高覆盖大多数公民的发展成果的服务交付——突显出需要在不同层次上和能力维度上收集常规数据。

两份《非洲能力指数报告》还发现，在报告期间，几乎所有国家个人层面上的发展能力都处于最低水平，随后是组织一级（例如，ACIR，2011：226—227）。这种发现让人感到特别不安，主要有两个原因。首先，在过去的 30 年间，大多数非洲的能力建设倡议的重点是人力资源开发（例如教育、培训、考察团以及技术转移）以及组织干预［例如重组、双联协议、设备（例如，计算机、因特网等等）］，以及领导力培训。有人可能认为所有这些干预的影响将通过组织变得更强大表现出来。也许，发展政策的智能化过高，而操作和实用方面的智能化不够，无法将发展目标转化为公务员和普通公民希望看到的实实在在的成绩。这些结果令人感到不安的第二个原因是如果公共服务在个人和组织两层非常薄弱，那么久不太可能实现发展结果并且向公民交付高质量的服务。重要的是要超越指标中的数字，考察导致操作层面上能力不足的深层次原因——再次凸显出数据的重要性。导致能力薄弱的一些原因讨论如下：

一、执行能力：一般情况下，人们往往可以接受大多数政府改革由于执行能力不足而失败（Palidano，2001）（ACIR，2011；2012）。这些薄弱可能还会造成改革直接被抵制势力/群体所阻挠或只是以象征性、三心二意的形式执行。还有一种情况，由于诸多原因，例如政治经济原因，政策出现逆转（Rodrik，1996）。正如 Pinera（1994：231）所说，"好政策等于好政治"。这两份报告显示，尽管在政策环境上非常优越，非洲的执行水平并不高（见上文表1）。这种结果指出，组织是有效执行发展倡议的机制，我们需要更好地理解组织所发挥的作用（例如，Kiggundu，1989）。

二、领导力：Palidano（2001）表示，20 世纪 80 年代和 90 年代，在一些国家例如英国、新西兰和澳大利亚的改革之所以成功是因为他们得到积极的执行。他表示，这些国家对于改革的政治支持程度非常高。目前，在世界上执行情况不尽人意的其他地区，似乎没有这种领导力（Caiden，1991；Kiggundu，1998）。例如，Kamoche（1997：270）利用合作运动指出了缺乏动态领导是非洲发展低于平均水平的原因。《非洲能力指标报告》倡导了一种新的改革模式（Ayee，2012；Owusu 和 Ohemeng，2012），其特征是转变型能力发展，是从根本上考虑了所有治理制度，包括公民社会以及私营领域。领导力对于提供方向来说至关重要，特别是针对捐助方支持的干预措施/改革。根据 Ayee（2012：90—91），此类改革要求"有决心建立更加专业的行政部门，特别强调绩效……"尽管改革的所有权形式可能会缩小捐助机构和受赠政府之间在操作上的分歧，但是仍然存在一个关键的问题，即通过加强协调在政府中如何将其充分进行广泛地扩散。因为政府并不是铁板一块，所以改革必须要始终关注最终结果，例如提高效率、提高服务交付的速度和公平性，并且减少腐败。然而，改革必须超越各中央机构的行政关切，打破各部门的小算盘，即使这些部门可能处于同一个机构的领导之下。

三、捐助方协调：我们要承认，捐助机构会产生非常大的影响（Mosley et al., 1991；Woods，2006）。捐助机构会提供改革倡议所需的大量资金，特别是在非洲地区。结构调整计划（SAP）的社会经济历史伴随着各种捐助者以权谋私的情况（Woods，2006；Campbell 和 Stein，1992）。这种对于供资的控制权，加之决定所期望的改革形式带来的诱惑，使得捐助机构在选择和确定改革项目期间占据核心地位，超出了他们自己的职权范围，尤其是主权纳入考虑的时候（Polidano 和 Hulme，1999）。这会造成受援国严重的民主赤字。通常情况下，按照《巴黎宣言》以及关于援助实效问题的釜山高级论坛的精神，捐助机构应当响应客户政府所提出的需求。因为捐助机构未能遵守《巴黎宣言》，那么他们作为重要发展援助的提供方提出倡议时，非洲国家政府不太可能接受这种外部产生的倡议。这些政府无法屈服于捐助机构的一时兴起，所以可能会造成改革方案的援助出现中断（Hirschmann，1993：126）。《非洲能力指标报告》显示出，捐助机构对于能力开发的支持非常有限，并且援助协调机制也不尽如人意（ACBF，2011、2012）。从根本上讲，巴黎和釜山的规定条款需要回顾，并且使捐助机构严格遵守。

四、所有权：发展干预措施往往不归当地所有，这仍然是许多非洲国家的一个关键问题，甚至是在釜山会议之后还是如此。捐助机构认识到这种非常明显的不当做法，但是他们看待这种关系时不像是自己作为受援方开展业务一样（Birdsall，2004）。捐助机构往往认为所有权不归自己是项目管理的一个问题，而这个问题可以通过适当技巧加以解决：与当地官员召开座谈会和协商会议，政治领导人对于改革作出避免政策逆转的公开承诺。在一些情况下，捐助机构官员往往会忽视公开表达承诺，取而代之的是更加政治化的词藻，这会造成严重的委托代理问题。捐助机构和受援方之间的鸿沟还会限制项目设计投入（Polidano 和 Hulme，1999：128）。同样，对援助的依赖可能会破坏主权和民主决策过程，因此造成受援国的项目协调存在严重问题，因为这些国家往往会批准项目从而吸引带来资金的项目。在一些情况下，援助基金可能被侵占或挪用到非重点问题上（Westcott，1999）。《非洲能力指标报告》给出了在接受调查的非洲国家跟踪政策改革和过程所有权情况的基准。

五、参与：在公共领域改革的背景下，参与涉及分权或权力下放，从而允许在决策过程中纳入公民/利益攸关方的投入，包括组织成员和组织的客户的投入。这种参与可以让有关各方不太需要协调和控制，而会促进更加有效的人力资源利用，加强对组织目标的承诺和决心，并且在有效服务提供所需活动的形成过程中允许公众介入（Turner 和 Hulme，1997；Peters，1992；Barima 和 Farhad，2010）。然而，代表权或参与并不能保证相关机构的对改革的所有权形式，因此，改革的拥护者和领导人非常关键。在没有严肃的政治承诺以及改革的拥护者时，参与本身并不能带来所需要的改革。参与者可能会对改革过程的总体方向失去兴趣，使工作组成为各说各话的地方。《非洲能力指标报告》大胆地尝试对非洲国家在各种能力开发活动中的参与程度进行评估。

六、透明性和问责制：在许多情况下，公民更喜欢知道什么人以他们的名义作什么事情。透明度和问责制因此是公共领域改革和有效服务交付的重要目标。一旦改革进程实现透明，执行改革的官员就需要对其行为负责。Paul（1991：5）表示，问责制是"对参与的关键行动者带来压力的推动力，使他们对自己负责，并且确保良好的公共服务业绩"。在非洲，存在很多关于腐败和盗贼统治的担忧，因此透明度和问责制就成为打击资源浪费的主要工具。例如，问责制有助于打击腐败，而且还会提高公共领域的绩效、实效、效率、目标的实现、公共官员的廉政和按规则办事，人们自然希望他们遵守所在机构的正式规则和条例。多年来，一系列的问责制和监督制度已经在非洲确立，包括审计、议会和监察专员。《非洲能力指标报告》包含对发展过程中问责情况的调查，在 24 个接受调查的国家中，2012 年，16 个国家（大约 38%）报告已经建立了一些制度，旨在促进透明、问责和打击公共领域的腐败。

七、对改革和能力发展的财政承诺：正如上文所述，在非洲有一种趋势，捐助机构会推动公共领域改革，特别是私有化和商品化、合作生产和经济的去监管化。同样在提供社会福利、公共产品和服务方面，还强调并且鼓励公共—私营领域协同合作或建立伙伴关系，将其作为加强公共领域效率的一种替代方案，例如，新公共管理。一些学者表示，任何此类的伙伴关系或合作关系都意味着要为政府建立财政空间，并且改善公民对服务的获取。同样，加强服务提供过程中的竞争也会鼓励建立高质量的制度，改善社会福利（Batley，1994，1997；Collins，2000）。改革的决心大小可以以某种方式加以衡量，例如通过分配的预算数量。《非洲能力指标报告》对非洲用于能力开发的财政承诺的水平相关数据进行收集和分析。

八、培训是一项重要工具：正如上文所述，开发个人技能被视为是加强能力建设中一个核心要素。按照实际工作需求加强个人技能是专业知识管理中一个必然要求。培训的重要性在公共领域管理中相对明显，并且非洲能力指标评估了由非洲能力建设基金会等机构提供、用于培训计划的资源数量，这些方案用来支持非洲的技能发展。此外，在文献中，仍然有人怀疑培训的本质和价值，特别是能否促进个人和组织绩效的改善（Collins 和 Wallis，1990；Jones，1990；Kiggundu，1989；Montgomery，1986）。有一种观点认为，只有当不满足于仅仅填补现有技能水平不足，并且确保必要的技能能够符合组织的核心战略活动时，才能实现培训的价值。必须要同等重视知识问题、技能保持和利用问题。同样，任何改革方案的评估应当确定在某一培训活动之后，已获得的技能是否使绩效和生产力出现明显的改善（Ayee，2008；Kamoche，1997）。《非洲能力指标报告》证明了有必要利用非洲能力建设基金会的经验作为出发点，对于非洲大陆的培训方案进行系统性的评估（ACBF，2011；2012）。非洲能力建设基金会同样也支持"变革驱动力"方法（其中 Booth et al.（2005）等学者强烈建议要更好地规划改革进行的方式）；"处于危险的权力关系；以及经常出现的改革过程'缺乏政治意愿'潜在的结构和制度因素"（Owusu 和 Ohemeng，2012；136）。

九、公民身份和公民参与：公共领域改革不仅涉及到政治领导人和公务员。更重要的是，会关系到公民和他们生活和工作所在的社区。当公民被组织起来，并且具有能力和意愿与各级政府相互互动时，我往往会得到更好地公共服务并且看到更高的政治问责。反贫困和渐进式社会改革文献（Kiggundu，2002；2012）中的证据表明，当人口已经具有了强烈的公民意识和公民参与意识时，他们会发展出和政府活动的能力，并且表达自己对于高质量公共服务的合理诉求。在地方一级特别如此，大多数基本需求都需要服务，例如提供清洁水和卫生、社会服务、基础设施以及粮食安全。非洲能力指标发现，对于大多数非洲国家来说，个人层面上的能力很低或非常低，会对公共服务的改革造成影响，因为这些和普通的非洲公民息息相关，特别是，除了加强正式公共机构中公务员个人能力以外，还急需加强明智、负责以及快速响应的公民能力以及在当地社区相关的公民参与，其中普通公民改善自己的生活需要公共服务。当公民知道自己的人权和民主权利，当他们具备了必要的能力和素质，包括信心和自尊，他们更有可能会行使自己的民主权利，积极参与到公民过程和政治过程，并且会对执政的公务员进行问责。公共服务改革倡议不仅要针对政治领导人和公务员，还必须要包含公民和其他当地社区。

所以非洲能力建设基金会等机构如何支持建立有效的发展型国家并且打造对于非洲发展来说是必须的参与性社会？（World Bank，2005）以下给出一些建议：

a）加强经济政策分析和管理：有效的决策和管理对于可持续发展和减贫来说至关重要。在 20 世纪 70 和 80 年代，非洲国家无法建立健康的经济政策分析和管理框架，一定程度上导致他们自己的经济表现不佳。贫困仍然居高不下，在过去 20 年间，这些数字上升到总人口的 40%。通货膨胀和总体上宏观经济的不稳定也司空见惯。20 世纪 80 年代和 90 年代，打着结构调整的名义进行了激进的经济改革。虽然改革引入了一些新的经济管理方法，但是有些情况下，他们催生了能力衰退和利用率不足等问题，因为技能娴熟的个人会面临裁员，使他们离开公共领域甚至离开所在国家。正是在这种环境下，非洲能力建设基金会开始实施当前的一些方法，使能力建设工作关注和消除能力限制因素、填补空白并且支持开发新的能力，而不仅仅是完成经济政策分析和管理，此外还会涉及其他核心的能力领域。当时，在非洲能力建设基金会中，往往认为政府提供高质量产品和服务的能力与有效制定良好的经济政策和执行政策的能力紧密相关。

b) 有效的公共行政和管理是国家实效的核心。正如非洲能力建设基金会所述："为了解决撒哈拉以南非洲地区的持续增长和减贫挑战，私营领域必须发挥重要的作用。然而，这一领域很少具备所需的要素……目前正在非洲国家开展经济和体制改革以及世界经济一体化的迅速步伐都呼吁公共领域在撒哈拉以南非洲地区对自己的作用和有效性进行大幅调整"（第 19 页）。这些国家能否对公民的需求做出有效的响应一定程度上取决于是否具有有效和高效的私营领域。这一观点得到了工作组的响应，他们表示："许多政府所面临的一个问题是本国的公共服务虽然规模庞大，但是缺乏管理和专业技能，缺乏所需的服务交付导向，不能很好地应对人民大众希望看到结果的压力"（第 35 页）。建立一个有效国家并且促成整个社会参与发展过程的确要求具有有效、响应迅速的公共部门和管理。行政控制体制效率低下以及对绩效和行为的监督和评估强调的是不道德的做法，造成问责制形同虚设（UNECA，1991：13—14）。

c) 没有财政管理和问责制，国家无法有效的交付服务：我们都知道，撒哈拉以南非洲地区的许多国家受到了腐败指控和财政管理不善的影响。计划、预算、使用和对公共资金负责的能力对于国家履行其使命来说至关重要。因此，需要在资源安排和预算使用方面加强透明，这反过来会加强问责制和民主治理（Kararach，2012）。

d) 有效国家在确凿证据的基础上制定政策和项目：为了能够做出明智的决定，国家和整个社会需要可靠和及时的信息。这意味着要发展有效的国家统计体系，从而为大众、国家和商业界提供涉及经济、人口、社会和环境领域的信息。一些信息对于不同领域的政策和项目开发，以及各国和全世界人们的相互理解来说至关重要。统计数据经过整理和分发，用来回答紧迫的问题，在一些情况下，使得研究问题表述过程达到足够的精确度（UNDESA，2003：45）。

e) 通过加强议会框架改善治理对于社会参与以及提高国家的有效性来说至关重要：良好治理和可持续发展之间的联系我们早已熟知。良好治理鼓励社会融入以及开发社会资本，发展团结稳定的社会。在过去几十年间，非洲国家的治理史的特点是独裁、腐败和裙带关系。很少有人要求国家提供基本的社会服务，要求他们尊重人权。20 世纪 90 年代，新一波的社会转型，特别是民主化进程席卷整个非洲大陆。议会举行选举，其他形式的代表制政府也开始出现，特别是在地区一级。这些过程见证了响应更加迅速的政府的出现，表明了民间团体要求改善社会服务和政府问责的呼声。尽管有了这些变革，但是国家和民间团体迅速利用这些变革的能力仍然不足。非洲能力建设基金会向议会和相关机构提供的支持不仅是确保加强问责制，而且还要建立一种社会，使整个国家能够更好地履行使命。

f) 为了有效地发挥监督机构的作用并且作为政策开发和执行过程中的参与者，要求整个社会具有必要的技能，从而明确地表达对国家的要求：非洲能力建设基金会多年来已经明确地认识到需要通过交叉干预措施，加强公共领域、民间社会以及私营之间的关系。他们明确地认识到，对于包容社会的发展来说，国家参与者和非国家参与者都具有平等和共同的重要性。Knight et al. (2002：161—172) 把这种方法称之为对治理达成的"新共识"，其特点是建立有效国家和全民参与的社会，深化民主和民主文化，而且扩大公民的政治空间。该基金会支持了国家顾问委员会，并且加强了公共领域、私营领域以及民间社会之间旨在改善良好治理的对话（包括公司治理或是其他治理），并且发展出社会责任氛围。促进民间社会声音的专业化改变着国家和民间社会之间的关系，以往这种关系以赞助人为主，现在要变为具有明显的委托代理人架构的关系。强大的民间呼声对于高质量的服务交付来说至关重要（Besley 和 Ghatak，2007）。

结论

一般情况下，我们都认为能力是非洲国家经济表现不佳的根源，也是非洲国家未能建立起发展型国家的原因。很多国家的发展都受到了不良治理、寻租以及公共服务不够廉洁的影响。公共服务改革往往比较狭隘地关注于腐败问题、公共领域的规模以及相关浪费。而这些问题在很多公共服务交付领域中可能非常关键，对其他一些领域来说可能是个主要问题，然而重要的是要认识到抗击腐败并不是灵丹妙药（Besley 和 Ghatak，2007），因为还会出现其他的工作重点。可以说，需要密切关注现有的制度和执行机制，以及不成文的规则，因为这些都可能阻碍或促进公共服务的提供。甚至，有效、高质量的服务交付必须要符合所在地的环境。这要求具有良好的实证基础和良好的"公共政策"推理过程。使制定的政策行之有效最好的方式是在证明一种方法在其他地区也能奏效的基础上确定政策，并且确保政策制定者吸取自己过去的经验和其他地区的经验。因此，非洲地区政策是否有效取决于能否拓展非洲的实证基础，当然其基础是良好的数据收集和分析。《非洲能力指标报告》让人们更多地理解了在非洲制定良好的服务交付政策的原则。仔细审查《非洲能力指标报告》让我们认识到，非洲在有效的公共领域改革方面存在巨大的能力差距。

本文已经指出，成功的改革取决于政治领导人和官僚主义者执行改革的决心，当然也取决于是否建立了不允许公共资源浪费的价值观和框架。腐败必须要根除。应当通过透明过程、问责制和参与过程，使改革让人信服。改革必须不能逆转，并且固有地体现社会包容性和公平性，并且得到充足的行政能力、制度能力以及充足资源的支持。必须要为基于实证的同行学习提供空间，从而进行具有建设性的辩论、对话；并且能够分析所有社会层次上的政策结果和经验。在这方面，《非洲能力指标报告》（ACIR）及构成报告的非洲能力指数（ACI）对于非洲能力发展和公共领域改革现有的概念工具、方法学工具以及诊断工具来说是非常重要的补充。这些报告中的关键发现使我们能更多地关注和针对不同类型国家中的公共服务改革，涉及国家和次国家一级，以及各个领域、组织和个人层面。这些报告给从业者提供了空间，从而考察非洲能力建设基金会关于能力开发的操作性定义是否充分，以及这一定义是否适合非洲公共服务现代化，因为公民的需求日益增长，全球经济和社会正变得不断变化、日益复杂。目前正在开发的基线是关键的工具，有利于非洲地区发展型公共服务的规划、标杆分析以及执行过程。

参考文献

Acemoglu, Daron. 2005. *Politics and Economics in Weak and Strong States* Massachusetts Institute of Technology（Department of Economics，NBER Working Paper No. W11275，Cambridge：MIT.

Acemoglu, Daron. 2008. "*Interactions between Governance and Growth：What World Bank Economists Need to Know.*" in *Governance，Growth，and De-*

velopment Washington, DC: World Bank.

Adepoju, A. 2006. "Leading issues in international migration in Sub-Saharan Africa." in Cro et al. (eds.).

African Capacity Building Foundation (ACBF). 2002. Helping Africa Make the 21ˢᵗ Century-a New Horizon in Capacity Building-Consolidated Strategic Medium-Term Plan 2002—2006 ACBF Secretariat-Harare.

African Capacity Building Foundation (ACBF). 2011. *Africa Capacity Indicators-capacity development in fragile states* Harare: ACBF.

African Capacity Building Foundation (ACBF). 2012. *Africa Capacity Indicators-capacity development for agricultural transformation and food security* Harare: ACBF.

Ake, Claude. 1996. *Democracy and Development in Africa* Washington, D. C. The Brookings Institution.

Aküyz, Yilmaz, Ha-Joon Chang and Richard Kozul-Wright. 1999. "New Perspectives on East Asian Development." inYilmaz Aküyz (ed.). *East Asian Development New Perspectives* London: Routledge, 4—36.

Amsden, Alice. 1989. Asia's Next Giant. South Korea and Late Industrialization New York: Oxford University Press.

Andriamihaja, NoroAina, Matthias Cinyabuguma, and ShantayananDevarajan. 2011.

"Avoiding the Fragility Trap." Policy Research Working Paper 5884, World Bank, Washington, DC.

Ayee, J. R. A. 2012. "Improving the Effectiveness of the Public Sector in Africa through the Quality of Public Administration." in Hanson, K. T. et al. (eds.) *Rethinking Development Challenges for Public Policy* Houndsmill, Basingstoke: Palgrave Macmillan, 83—115.

Barima, A. K. and A. Farhad. 2010. "Challenges of Making Donor-Driven Public Sector Reform in Sub-Saharan Africa Sustainable: Some Experiences from Ghana." in *International Journal of Public Administration* Vol. 33 (12-13) 635—647.

Barma, Naazneen H., Kai Kaiser Tuan Minh Le, and Lorena Vinuela. 2012. *Rents to Riches, the Political Economy of Natural Resource-Led Development* Washington, DC: World Bank.

Bates, Robert H. 1981: *Markets and State in Tropical Africa* Berkeley: University of California Press.

Batley, R. 1994. "The Consolidation of Adjustment: Implications for Public

Administration. "

Public Administration and Development Vol. 14，489—505.

Beaulier, Scott A. 2003. "Explaining Botswana's Success. The Critical Role of Post-Colonial Policy. " in *Cato Journal*, 23 (2), 227—240.

Besley, T. and Ghatak, M. 2007. "Reforming Public Service Delivery. " in *Journal of African Economies* Vol. 16，AERC Supplement 1.

Besley, T. , T. Persson and D. Sturm. 2005. *Political Competition and E-conomic Performance*：*Theory and Evidence from the United States* NBER Working Paper No. 11484.

Birdsall, N. 2004. *Seven deadly sins*：*reflections on donor failings* Center for Global Development, Working Paper no. 50.

Bond, P. 2011. *Politics of climate justice*：*paralysis above*, *movement below* Pietermaritzburg：University of KwaZulu-Natal Press, South Africa.

Booth, Anne. 1999. "Initial Conditions and Miraculous Growth. Why is South East Asia Different from Taiwan and South Korea. " in：*World Development* 27 (2), 301—321.

Boyd, Richard and Tak-Wing Ngo. 2005. *Asian States*. *Beyond the Developmental Perspective* New York：Routledge.

Bratton, Michael and Chang, Eric C. C. 2006. "State Building and Democratization in Sub-Saharan Africa. Forwards, Backwards, or Together?" in *Comparative Political Studies*, 39 (9), 1059—1083.

Bratton, M and N. Van de Walle. 1992. "Towards Governance in Africa：Popular Demands and State Responses. " in G. Hyden and M. Bratton (eds), *Governance and Politics in Africa* Lynne Rienner, Boulder.

Brinkerhoff, D. W. 2005. *Organisational legitimacy*, *capacity and capacity development* European Centre for Development Policy Management (ECDPM) Discussion Paper 58A.

Caiden, G. E. 1991. *Administrative Reform Comes of Age*, Berlin：Walter de Gruyter.

Cairns, B. , M. Harris, and P. Young 2005. "Building the capacity of the voluntary non-profit sector：challenges of theory and practice. " in *International Journal of International Public Administration* Vol. 28, 869—885.

Campa, J. and L. Goldberg. 1997. *The evolving external orientation of manufacturing industries*：*evidence from four countries* NBER Working Paper 5919.

Campbell, H. and H. Stein. (eds.) 1992. *Tanzania and the IMF*：*The Dy-*

namics of Liberalization, Boulder: Westview Press.

Castells, Manuel 1992: "Four Asian Tigers with a Dragon Head. A Comparative Analysis of the State, Economy and Society in the Asian Pacific Rim." in: Richard P. Applebaum and Jeffrey Henderson (eds.): *States and Development in the Asian Pacific Rim* London: Sage, 176—198.

Chang, Ha-Joon. (ed.) 2003c. *Rethinking Development Economics* London: Anthem Press.

Chang, Ha-Joon. 1999. "The Economic Theory of the Developmental State." in Meredith Woo-Cumings (ed.). *The Developmental State* New York: Cornell University Press, 182—199.

Chang, Ha-Joon. 2002a. "Breaking the Mold. An Institutionalist Political Economy Alternative to the Neo-liberal Theory of the Market and the State." in *Cambridge Journal of Economics* 26 (5), 539—559.

Chang, Ha-Joon. 2002b. *Kicking Away the Ladder. Development Strategy in Historical Perspective* London: Anthem Books.

Chang, Ha-Joon. 2003a. *Globalisation, Economic Development and the Role of the State* London: Zed Books.

Chang, Ha-Joon. 2003b. "Kicking Away the Ladder. Infant Industry Promotion in Historical Perspective." in *Oxford Development Studies* 31 (1), 21-32.

Chang, Ha-Joon. 2003d. "The Market, the State and Institutions in Economic Development." in: Ha-Joon Chang (ed.): *Rethinking Development Economics* London: Anthem Press, 41—60.

Chang, Ha-Joon. 2006. *The East Asian Development Experience. The Miracle, the Crisis and theFuture* London: Zed Books.

Chang, Ha-Joon. 2007. *Bad Samaritans. Rich Nations, Poor Policies, and the Threat to the Developing World* London: Random House.

Chaskin, R. J. 2001. "Building community capacity: a definitional framework and case studies from a comprehensive community initiative." in *Urban Affairs Review* Vol. 36 (3) 291—323.

Clapham, Christopher. 1996. *Africa in the International System. The Politics of State Survival* Cambridge: Cambridge University Press.

Collins, P. and M. Wallis. 1990. "Privatization, regulation and development: some questions of training strategy." in *Public Administration and Development*, Vol. 10, 375—88.

D'Alessandro-Scarpari, C., K. Hanson, and G. Kararach. 2013 (forthcoming). "Peri-urban agriculture in Southern Africa: Miracle or mirage?" in *Periurban Environments*, *Processes*, *Development and Management in Southern Africa*: *Geographical*, *Planning and Policy Perspectives - Special focus. on Zimbabwe* Urban and Regional Series Southern Africa (URSSA); Johannesburg: South Africa.

Devarajan, S. and W. Fengler. 2012 *Is Africa's recent economic growth sustainable? mimeo*, *World Bank*.

Deyo, Frederic C. (ed.) 1987. *The Political Economy of the New Asian Industrialism* Ithaca: Cornell University Press.

Domar, E. 1957. *Essays in the Theory of Economic Growth* New York, Oxford University Press.

Easterly, W. 2006. The White Man's Burden: Why the West's efforts to aid the rest have done so much ill and so little good The Penguin Press, New York.

Easterly, W. and R. Levine. 1997. "Africa's growth tragedy: policies and ethnic divisions." in *Quarterly Journal of Economics* Vol. 112: 1203—50.

Eisinger, P. 2002. "Organizational capacity and organizational effectiveness among street-levelfood assistance programs." in *Non-profit and Voluntary Sector Quarterly* 31 (1) 115—130.

Englebert, Pierre. 2000. "Pre-Colonial Institutions, Post-Colonial States, and Economic Development in Tropical Africa." in: *Political Research Quarterly*, 53 (1), 1—30.

Ernst & Young. 2011. *It's Time for Africa*: *Africa's Attractiveness Survey* www. ey. com/Publication/vwLUAssets/2011 _ Attractiveness _ Survey/.

Evans, Peter B. 1989. "Predatory, Developmental and Other State-Apparatuses. A Comparative Political Economy Perspective on the Third World State." in *Sociological Forum* 4 (4), 561—587.

Evans, Peter B. 1992. "The State as a Problem and Solution. Embedded Autonomy and Structural Change." in: Stephan Haggard and Robert Kaufman (eds.). *The Politics of Structural Adjustment*. *International Constraints*, *Distributive Conflicts and the State* Princeton: Princeton University Press, 139—181.

Evans, Peter B. 1995. *Embedded Autonomy*: *States and Industrial Transformation*, Princeton: Princeton University Press.

Feenstra, R. C. 1998. "Integration and Disintegration in the Global Economy." in *Journal of Economic Perspectives* Fall, 31—50.

Forbes, M. and L. E. Lynn, Jr. 2006. *Organizational effectiveness and government performance*: *a new look at the empirical literature* paper presented at the Determinants of Performance in Public Organizations Conference. University of Hong Kong, 7 – 10 December.

Gargan, J. 1981. "Consideration of local government capacity." in *Public Administration Review* 41 (6): 649—658.

Glickman, N. and L. J. Servon. 1998. *More than Bricks and Sticks*: *Five Components of CDC Capacity*, New Brunswick, NJ. Rutgers Center for Urban Policy Research.

Goldsmith, Arthur A. 2004. "Predatory versus Developmental Rule in Africa." in *Democratization* 11 (3), 88—110.

Haggard, Stephan. 1989. "The East Asian NICs in Comparative Perspective." in: *Annals of the American Academy of Political and Social Science*, 505, 129—141.

Hanson, K. T., G. Kararach, and T. Shaw. (Eds.) (2012). *Rethinking Development Challenges for Public Policy*. Houndsmill, Basingstoke: Palgrave Macmillan.

Harrod, R. F. 1939. "An Essay in Dynamic Theory." in *Economic Journal* 49 (193): 14—33.

Honadle, B. W. 1981. "A capacity-building framework—a search for concept and purpose." in *Public Administration Review* 41 (5) 575—580.

Hood, C. 1991. "A Public Management for all Seasons." in *Public Administration*, Vol. 69 (1) 3-19. Hort, Sven E. O. and Stein Kuhnle. 2000. "The Coming of East and South-East Asian welfare States." in: *Journal of European Social Policy* 10 (2), 162—184.

Hyden, G. 1992. *Governance and Politics in Africa* LynneRienner, Boulder.

Ingraham, P. W., P. G. Joyce and A. K. Donahue, 2003. *Government Performance*: *Why Management Matters*, Baltimore: Johns Hopkins University Press.

Jerven, M. 2009. "The Quest for the African Dummy: Explaining African Post-Colonial Economic Performance Revisited." in *Journal of International Development*.

Johnson, Chalmers. 1982. *MITI and the Japanese Miracle*. *The Growth of Industrial Policy*, 1925—1975 Stanford: Stanford University Press.

Jones, M. 1990. "Efficiency and effectiveness in an African public administration context." in *International Journal of Public Sector Management* Vol. 3,

58—64.

Kamoche, K. 1997. "Competence-creation in the African public sector. " in *International Journal of Public Sector Management* Vol. 10 (4) 268—278.

Kaplinksy, R. 2000. "Globalization and Unequalization: What Can Be Learned from Value Chain Analysis?" in *Journal of Development Studies*, 37/2, 117—146.

Kararach, G. 2011. *Macroeconomic Policy and the Political Limits of Reforms in Developing Countries* African Research and Resource Forum: Nairobi.

Kararach, G. 2012. "Effective states and capacity development for financial governance in Africa: case and agenda for operationalization. " in *Capacity Focus* Vol. 2 (1) .

Kiggundu, M. N. 1998. "Civil Service Reforms: Limping Into the Twenty-First Century. " in M. Minogue, C. Polidano and D. Hulme (eds.) . *Beyond the New Public Management*:

Changing Ideas and Practices in Governance Cheltenham: Edward Elgar.

Kiggundu, M. N. 1992. *Size and Cost of the Civil Service: Reform Programmes in Africa* United Nations Department of Economic and Social Development (DESD/SEM. 92/1' INT-90-R78), New York, New York.

KIggundu, M. 2002. "Bureaucracy and administrative reform in developing countries. " in C. Kirkpatrick, et al. (eds.) . *Handbook on development policy and management* Cheltenham:

Edward Elgar, 291—302.

Kiggundu, M. N. 2012. "Anti-poverty and Progressive Social Change in Brazil: Lessons for Other Emerging Economies. " in *International Review of Administrative Science* Vol. 78 (4) 733—756.

Kim, Soon-Yang. 2007. "Consolidating the Authoritarian Developmental State in the 1970s Korea. Chosen Strategies. " in *International Review of Public Administration* 12 (1), 119—132.

Knight, B. , H. Chigudu, and R. Tandon. 2002. Reviving Democracy: Citizens at the Heart of Governance Earthscan: London.

Koo, Hagen and Kim, EunMee. 1992. "The Developmental State and Capital Accumulation in South Korea. " in: Richard P. Appelbaum and Jeffrey Henderson (eds.) . States and Development in the Asian Pacific Rim London: Sage Publications, 121—149.

Kwon, Huck-ju. 1999. *The Welfare State in Korea. The Politics of Legitimation* Basingstoke: Macmillan.

Léautier, F. 2006. "Understanding Cities in a Globalizing World." in F. Léautier (ed.).

Cities in a Globalizing World: Governance, Performance, And Sustainability Washington DC: World Bank.

Léautier, F. 2009. Leadership in a Globalized World: Complexity, Dynamics and Risk Lecture PPT Notes. The Fezembat Group, February 26.

Leftwich, Adrian. 1993. "Governance, Democracy and Development in the Third World." in Third World Quarterly 14 (3), 605—624.

Leftwich, Adrian. 2000. States of Development. On the Primacy of Politics in Development Cambridge: Polity Press.

Letts, C., W. P. Ryan and A. Grossman. 1999. High Performance Nonprofit Organizations New York: John Wiley.

Makoba, J. W. 2011. Rethinking Development Strategies in Africa-the triple partnership as an alternative approach-the case of Uganda Oxford: Peter Lang.

Mamdani, M. 1996. Citizen and Subject: Contemporary Africa and the Legacy of Late Colonialism Princeton University Press.

Mkandawire, Thandika. 2001. "Thinking about developmental states in Africa." in Cambridge Journal of Economics 25 (3), 289—313.

Montgomery, J. D. 1986. "Levels of managerial leadership in Southern Africa." in Journal of Developing Areas Vol. 21, pp. 15—30.

Myrdal, G. 1968. Asian Drama. An Inquiry into the Poverty of Nations, 3 Vols., New York: Pantheon.

Ncube, M. and A. Shimeless. 2012. The making of the middle class in Africa African Development Bank Research Department Working Paper.

Nhamo, G. 2011. "REDD (+) and the Global Climate Negotiating Regimes: Challenges and Opportunities for Africa." in South African Journal of International Affairs Vol. 18 (3). 385—405.

Nissanke, Machiko and Ernest Aryeetey. (eds.). 2003. Comparative Development Experiences in East Asia and Sub-Sahara Africa. An Institutional Approach Aldershot: Ashgate.

Ofosu-Amaah, W. P. 2011. The African Capacity Building Foundation: Rising to the Challenge of Capacity through a Unique and Innovative Framework ACBF Development Memoir no 7 Harare: ACBF.

Olukoshi, Adebayo O. 2004. "Democratisation, Globalisation and Policy Making in Africa." in Charles S. Soludo, OsitaOgbu, and Ha-Joon Chang (eds.). The Politics of Trade and Industrial Policy in Africa. Forced Consensus?

Trenton/Ottawa：Africa World Press/IDRC，43—74.

Owusu，F. and F. L. K. Ohemeng. 2012）. "The Public Sector and Development in Africa：The Case for a Development Public Service." in Hanson，K. T. et al. （Eds. ）. *Rethinking Development Challenges for Public Policy*. Houndsmill，Basingstoke：Palgrave Macmillan，117—154.

Paul，S. 1992. "Accountability in Public Service：Exit，Voice and Control." in *World Development* Vol. 20 （7） 1047—61.

Peters，B. G. 1992. "Government Reorganization：A Theoretical Analysis." *International Political Science Review* Vol. 13 （2） pp. 199—217.

Polidano，C. 2001. "Why Civil Service Reforms Fail." in *Public Management Review* Vol. 3 （3） pp. 345—361.

Polidano，C. and D. Hulme. 1999. "Public Management Reform in Developing Countries：Issues and Outcomes." in *Public Management*，Vol. 1 （1） 121—32.

Rapley，John. 1996. *Understanding Development. Theory and Practice in the Third World* London：Lynne Rienner.

Robinson，Mark and Gordon White. （eds. ）. 1998. *The Democratic Developmental State Politics and Institutional Design* Oxford：Oxford University Press.

Rodrik，D. 1996 "Understanding Economic Policy Reform." in *Journal of Economic Literature* Vol. 349—41.

Sachs，J. and A. M. Warner. 1997. "Source of slow growth in African economies." in *Journal of African Economies* Vol. 6 （3） 335—376.

Sowa，J. E. ，S. C. Selden and J. R. Sandfort. 2004. "No longer unmeasurable? A multidimensional integrated model of non-profit organizational effectiveness." in Non-profit and Voluntary Sector Quarterly Vol. 33 （4） 711—728.

Svensson，Jakob. 2012. "Service Delivery Indicators." Presentation delivered at the World Bank，Washington，DC，January.

te Velde，D. W. ，J. Rushton，K. Schreckenberg，E. Marshall，F. Edouard，A. Newton，and E. Arancbia，. 2006. "Entrepreneurship in value chains of non-timber forest products." in *Forest Policy and Economics* 8，725—741.

Teravaninthorn，Supee，and Gael Raballand. 2009. *Transport Prices and Costs in Africa：A Review of the International Corridors* Washington，DC：World Bank.

Turner，M. and D. Hulme. 1997. *Governance，Administration and Development：Making the State Work*，New York：Palgrave.

UNDESA. 2003. *Handbook of Statistical Organisation*; UN; New York.

UNECA. 1991. *Ethics and Accountability in African Public Services*; UN-ECA; Addis Ababa.

van de Walle, Nicolas. 2001. African Economies and the Politics of Permanent Crisis, 1979—1999 Cambridge; Cambridge University Press.

Wade, Robert. 1990. *Governing the Market Economic Theory and the Role of Government in East Asian Industrialisation* Princeton; Princeton University Press.

Wangwe, S. 1993. "Small and micro enterprise promotion and technology policy implications. " in A. H. J. Helmsing, and T. Kolste (eds.) . *Small enterprises and changing policies* Intermediate Technology Publications, London, UK.

Weiss, Linda. (ed.) . 2003. "States in the Global Economy. Bringing the Domestic Institutions Back. " in *Cambridge* Cambridge University Press.

Weiss, Linda. 2000. "Developmental States in Transition. Adapting, Dismantling, Innovating, not Normalising. " in; *The Pacific Review*, 13 (1), 21—55.

Wescott, C. 1999. "Guiding Principles on Civil Service Reform in Africa; An Empirical Review. " in *International Journal of Public Sector Management* Vol. 12 (2) 145—70.

Westphal, Larry E. 2002. "Technology Strategies for Economic Development in a Fast Changing Global Economy. " in *Economics of Innovation and New Technology* 11 (4 & 5), 275—320.

Wong, Joseph. 2004. "The Adaptive Developmental State in East Asia. " in *Journal of East AsianStudies* 4 (3), 345—362.

Woo-Cumings, Meredith. (ed.) . 1999. *The Developmental State* Ithaca; Cornell University Press.

Woo-Cumings, Meredith. 1991. *Race to the Swift. State and Finance in Korean Industrialisation* New York; Columbia University Press.

World Bank. 1989. *Sub-Sahara Africa; From Crisis to Sustainable Growth-A Long-Term Perspective Study* (*LTPS*) Washington; World Bank.

World Bank. 1992. *Governance and Development* Washington DC, World Bank.

World Bank. 1993. *The East Asian Miracle. Economic Growth and Public Policy* New York; Oxford University Press.

World Bank. 1997. *World Development Report. The State in a Changing*

World New York：Cambridge University Press.

World Bank. 2000. *Reforming Public Institutions and Strengthening Governance. A World BankStrategy* Washington：World Bank.

World Bank. 2005. *Building effective states and forging engaged societies：report of the task force on capacity development in Africa* World Bank：Washington.

World Bank，Africa Chief Economist Office. 2012. *Africa's Pulse volume* 6 Washington，DC.

Yang，Jae-Jin. 2000. "The Rise of the Korea Welfare State amid Economic Crisis，1997—99.

Implications for the Globalisation Debate. " in *Development Policy Review* 18 (3)，235—256.

Yu-Lee，R. T. 2002. *Essentials of Capacity Management* New York：John Wiley & Sons.

第三部分　关键改革二：透明和开放政府

公共服务与伦理：摩洛哥经验谈

作者：Najat Zarrouk

摩洛哥王国内政部行政与技术官员培训司　司长

导论

无论是对发达国家、新兴国家还是发展中国家而言，公共服务在最近几十年中都处于复杂多变的国际、地区以及国家环境中，这些变化包括全球化/自由化对国家及国家解体带来的正面和负面影响、多重危机（身份、价值观、社会文化、宗教、经济、金融和环境），爆炸性增长的需求和错综复杂的问题（人口结构、城市化、就业、移民……）。通过游行、罢工、叛乱和静坐表达吁求的趋势愈演愈烈，前所未有，社会网络的出现和信息通信技术的双重影响，财源匮乏和/或铺张浪费导致的矛盾不断。同样，不确定性和不稳定性也使公共政策（甚至是私有部门政策）以及中央、国土及地方治理方法面临严峻的挑战。

在此环境下，公共服务涉及到的伦理、诚信、廉洁、责任感、职业道德和透明度问题之重要性便凸显出来。

事实上，令人警醒的现状不仅是全球范围内对这一问题的认识的根源，也催生了一股始于 20 世纪 80 年代末的浪潮，旨在为悖德和违背伦理的行为敲响警钟，采取必要措施遏止这些行为，而尤为重要的是在全球、地区、大洲及国家层面，尤其在公共服务领域内为诚信体系奠定基础并逐步建立这一体系。

在此方面，已观察到的势头和趋向基于以下考虑：

采取行动的比例，以及公共部门及私有部门违背道德，缺乏责任感的态度和行为或业已成为"机关惯例"，据透明国际组织称："在非洲，行政是腐败最严重的部门之一，该部门服务对象感到极其愤怒和不满"①。虽然有些国家的腐败评级为"可接受"，但事实上，

---

① 参见打击腐败。改编自挑战与视角（透明国际）原始资料（2000 年版），Karthala 编辑，巴黎。

责任感缺失、不道德行为和腐败行径波及甚广，而非洲尤甚，以至于可以说是"公共服务道德危机"①；

非洲及阿拉伯世界国家的政治自由化浪潮中，公民通过和推行道德和良好行为准则并谴责官员的不道德行为。自 2010 年以来，大部分阿拉伯国家（突尼斯、埃及、也门、叙利亚……）在此方面呈现的变化十分显著；

违背伦理及悖德行为对发展产生明显的负面影响：涉及增长、进步、就业、生产力、反应能力、公信力、合法性和政府的透明度或公共政策的有效执行②；

外部资金援助者要求实施民主、良政、减少浪费，以及打击贪污腐败而施加的压力。

这些问题均属于摩洛哥公共服务改革日程，水平提升及现代化的题中之义。摩洛哥的经验值得关注，此外，这些经验基于全方位和渐进性的步骤，并且考虑到各方面，融合了原则、机构、治理、司法规则、合作伙伴关系、工具以及培训和能力提升。

本文将就以下核心主题展开论述：

伦理：什么是必需的？

伦理与公共服务具有怎样的关联？

符合伦理的治理和公共管理之前提条件；

在摩洛哥公共服务和公共治理中推行基本伦理的整体和全局战略；

其他结论。

一、一些概念的定义

面对概念和学说的种种差异以及方法论和途径的多重性，定义将有助于消除术语的模糊性并帮助我们在多种多样的概念中确定本文的研究对象。

伦理：词源为希腊语 *ethikos* ，意为"道德"，"*ethos*"，习俗、

---

① 参见 Sadig RASHEED 著《非洲公共服务的伦理和责任》，Bulletin DPMN，3(1)，1995 年 8 月，12-14 页。

② 世界银行称："腐败已成为价值以万亿欧元计算的产业。腐败被认为是发展中国家前进的阻碍因素，而这些国家有着最贫困的赤贫人口，是企业增长的巨额"负担"，参见 2004 年 4 月 13 日与世界银行研究院治理项目主任丹尼尔·考夫曼（Daniel Kaufman）的在线讨论。

生活守则、生命存在之地、习惯、性格。伦理是具有实际性和规范性的，旨在指引人们如何根据道德规范行事。这一哲学范畴关乎人类行为，更确切地说，关乎个人在社会中的行为。同时，伦理是从奠定作为义务而被接受的规则角度而言，对人类行为的研究和评判。伦理同样是从确定被接受的工作责任和义务规范之规则角度，对人类的研究和评价。

道德：词源为拉丁语 *mores*，意为善良风俗。道德是社会建立并影响个人和集体良知的一整套评判原则、与善恶相关的行为规则、义务、价值观，并在有些情况下被视为教理。这些原则根据文化、信仰、生活状态以及社会需求而异。

义务论：词源为英语 *deontology*，来自希腊语 *deon*，意为应当做的、义务和"逻各斯"、科学、言语、话语。义务论是关乎某一职业的全体从业者或社会上担负某一职责的所有个人之行为的全部规则或义务。无论是否以法律形式订立，它都是职业道德的题中之义。职业道德守则关乎从业，描述了从业者的道德伦理规范以及权利和义务，以及这些职业中从业者与其对象或公众之间的关系，例如医生（希波克拉底誓言）、律师、建筑师、公证员、记者（慕尼黑宪章）的职业道德守则。

腐败：根据联合国教科文组织国际教育规划研究所的定义，腐败指系统性地利用公共职务谋取私利，以致严重影响教育物资和服务的可用性和质量，和教育质量或平等性的可及性。根据世界银行的定义，腐败指利用其在公共服务领域内的职务谋取个人利益。根据欧洲理事会议会的定义，腐败指为私人目的的使用及滥用公共权力。根据欧洲联盟委员会的定义，腐败关系到决策中任何为教唆或实际获取非法利益的滥用权力或不法行为。根据欧洲理事会反腐败跨领域工作小组的定义，腐败是任职于公共或私有部门人士利用其作为国家公职人员，私有部门雇员，独立从业者或同类性质的职责为自己或第三方谋取任何不当利益从而取得非法报偿或其他行为，以致损害其职务所涉义务。

透明性：应当以透明，简洁，可理解的方式作出并实施行政决议，以显示决策者以富于责任感的方式行事。这使公民对公共权力行动享有知情权，保障公众知悉信息，行政决议动机以及可归罪之情况。

责任：责任指无须以征询上级部门为前提而作出决定之能力，得出明确界定的共同结果之责任意味着在上级部门、法庭及公众面前对自身的行为或行动负责之义务，即作出保证。同时，责任是一方对他人授予的责任承担后果的义务，意味着正式联系并要求责任划分清晰，期望结果确定，提供之服务准确描述并监督，除一方对另一方直接授权之事实先前已存在外。责任也意味着损失的归因。

责任化：这一新词始见于 1970 年，源于 responsabiliser（培育责任感），responsable（负责的），后缀表示行动。责任化意味着有义务对自己的行动负责，证明其合理性（作为共同认可的原则和价值）并承担其后果（问责）。

专业性：专业性被认为关乎履行某职责，从事某活动或职业之专业能力和效率，包括行事方式（尽职和专业性），与对象之关系（关切，文明举止，礼貌）以及与上司、同事及合作方之关系（责任和尊重）[①]。

诚信：廉洁、守法、诚实，谨守正义、平等、伦理和道德义务。诚信是善治的基础因素之一，有助于提升领导层决策质量并使领导层获得更强信任感。诚信框架帮助领导层和官员在文化和组织层面上培育公共领域的诚信文化。框架计划包括已采取的措施之各种工具、机制、结构、要素和条件，这些措施存在于组织内部和外部并对其成员的诚信施加影响力。由此可见，上述种种理念倾其所有倡导伦理、诚信、廉洁、诚实和公正。为方便起见，此处论述的伦理为一般意义而言，属于广义（或宏观）范畴并适用于任何文化、社会、情境和时间。

基于以上种种定义，这一层面的考察属于甄别善与恶，良与劣以及就某个社会、某种语境、某个群体或某个人而言的限制性（或微观）意识范畴，同时具有指向阐释善与恶，良与劣的方式之洞察[②]。

无论属于上述二者中的何种情形，"伦理"一词均关乎构成组织

---

① 关于上述不同的概念，参见 Alexandre Piraux 著《行政伦理面对应用挑战》，Pyramides，16/1 ｜ 2008，83-144，Pyramides（在线资源），上传于 2011 年 9 月。URL：http：//pyramides. revues. org/197。

② 另见 Joseph R. A. AYEE 博士：《非洲的公共职能部门：伦理》非洲促进发展行政培训与研究中心（CAFRAD）及联合国/经济和社会事务部：《非洲的公共职能部门：伦理》，摩洛哥拉巴特，1998 年 12 月 13—15 日。

基石和提纲挈领的价值体系，关乎公职人员的行为和公共事务管理，并在本质上关乎作为公职人员或公务员的人类行为和道德，关乎公众对上述种种问题的关注（恶劣行为发生后的持续事后关注），并表现出强烈的冲突领域（现代主义浪潮、习俗与传统、道德行为与职业能力欠缺）。

二、公共服务层面上的伦理挑战

1）全球共同面对的挑战

深陷伦理危机的各国之现状可归结为多种现实原因，包括保护伞、任人唯亲、为扩大影响而拉拢支持者、资金挪用、滥用公共财产、影响严重的受贿行为、利用职务和权力谋取私利（巨额财产来源不明情况之一）、不按才授职、对父母和亲朋好友的偏袒、非法工作、不公正、旷工、迟到、消极怠工、推诿、不可原谅的失误和错误、信息泄露、知情投机、利用行政手段实现个人目的、浪费……①

> **昭示不道德行为的部分做法一览**
>
> 政治腐败（为选举活动和政党献金）；
>
> 政府合同、顾问分包或政府采购（非法回扣、公职人员将一定百分比中饱私囊并转入海外银行账户、过度接待、各种好处、为子女海外求学提供的奖学金、将公职人员作为顾问或通过空壳公司或虚构的合作伙伴为公职人员提供好处……）
>
> 公职人员自行确定津贴，进行无意义的海外旅行，并且这些津贴通常标准过高；
>
> 执法机关以索贿为目的进行讹诈并威胁罚款；
>
> 公职人员要求金钱报酬以加速行政手续办理或作出行政行为（颁发驾驶执照，建设批准书……）
>
> 部长级官员"出卖"自由裁量权；
>
> 文件处理中反复出现错误；
>
> 手续复杂烦琐；
>
> 任何类型的欺诈②。

根据透明国际的说法，一些行政行为堪称腐败的温床，其中包括无效和形式化的等级结构，公共服务的"非正式化"（由志愿者或代理职权者承担），行政手续的缓慢和复杂造成排队等候，歪曲准

---

① 参见 Sadig RASHEED 著《非洲公共服务中的伦理与责任》，Bulletin DPMN，3(1)，1995 年 8 月，12～14 页。

② 透明国际，打击腐败。挑战与视角，见前引书。

则、规定和流程，从人性化的缺失到人为因素的干扰，有罪不罚，非正式的行政私有化，腐败和暴力，国际合作的作用和影响①。

伦理危机涵盖了多个层面，其深层诱因包括政治、经济和文化因素，与民主、权利国家和善治的欠缺有着直接的联系。

这些根源在公共行政一直存在的多重缺陷（国家普遍存在的本质导致的职权过度，公共行政集中化，责任分散，由于赞助关系及政治或社会因素导致脱离组织机构需要而进行招聘，资源分配不当，权力转授体制欠缺，监管机制软弱或缺乏独立性……）同样值得探究。

公共行政中伦理道德的重要性已引起专家、国际组织、政府和资金援助者的重点关注。

这一问题无论对发达国家或是发展中和过渡期国家都至关重要②，同时，政府的声誉和成功以及受到的信任在很大程度上取决于公职人员的行为、伦理体系、伦理、展现出的诚信和廉洁以及（尤为重要的是）公众对官员和领导人的看法，特别是在国际层面上。符合伦理的公共服务是善治的基本要素③。伦理作为现代人力资源管理的组成要素，在现阶段提出了经济和文化领域的挑战。公共领域内遵循和树立伦理已越来越成为国际组织、资金援助者和外国投资者提出的条件。外国直接投资与机构治理的质量（其中包含伦理层面）也存在着因果关系。国家在反腐败领域作出了国际承诺，而与过去相比，伦理问题如今受到更多关注，尤其是来自公民社会和媒体的关注。最后，虽然付诸努力，但腐败仍在世界各地层出不穷，令人警醒，严重威胁世界民主，侵蚀全球经济④。

那么，摩洛哥作出了怎样的尝试以改变现状？将如何实现高效行政并建立一个透明岛？摩洛哥目前正如何建设一个公共服务层面

---

① 原文如此。

② 另见 Joseph R. A. AYEE 博士著《非洲的公共职能部门：伦理》非洲促进发展行政培训与研究中心（CAFRAD）及联合国/经济和社会事务部；《非洲的公共职能部门：伦理》，摩洛哥拉巴特，1998 年 12 月 13—15 日。

③ 经济合作与发展组织官员 Christian VERGEZ，称，"公共治理领域的诚信和防止腐败是社会稳定和经济发展的关键要素"，《撒哈拉与马格勒布晨报》，2010 年 12 月 13 日，第 4 页。

④ 世界银行一位前行长称："腐败伤害穷人，侵蚀治理和道德体系，摧毁信任"；另见《透明国际》，打击腐败。《挑战和视角》，编辑：Khartala，巴黎，2002。

的诚信体系？[1]

2）摩洛哥面临的挑战

就摩洛哥的具体情况而言，关于不道德行为的报告和论述中多处强调不道德行为对国家经济及社会发展的消极影响及其体现出的公共服务负面印象（对行政缺乏信任、能力欠缺、影响引资）。我们看到打击和防止腐败面临的困难：由于腐败行为牵涉各方作为同谋，导致该行为十分隐蔽，因此腐败现象难以发现（腐败行为的多样性和复杂性），也很难影响人们的行为和心态（腐败及义务论的物质和道德层面）。此外，虽然历经多次改革，但公职法本身存在局限性，面对目前摩洛哥行政面临的困难和挑战束手无策。

公共服务中的不道德行为之原因是多角度的，这使不道德现象愈加复杂。同时，对腐败现象的测量和评估也构成问题（识别的指标）。

a）公共服务中不道德行为的历史、社会、文化和经济原因：

某些公务员公民责任感和公民精神较弱，难以抵御轻易得来的非法利益的诱惑；

文盲，以及责任和义务，对工作的价值化及荣誉感等概念在公民教育中的缺失，这一问题贻害甚广；

面向年青一代的教学计划中未包括总体上的伦理原则，特别是公共服务领域的义务论；

大众传媒在反腐败和公共服务道德化领域内，对社会各阶层未能有效起到宣传教育和信息沟通作用；

沉重的税务负担诱使人们在报税时出现违规行为，表现为财务欺诈或偷漏税。

b）公共服务中不道德行为的司法、行政和监管原因：

对腐败这一概念缺乏准确定义，尤其是在刑法典中。就本质而言，腐败指利用公职谋取私利，收取超过官方规定数额的金钱以提供公共服务，以及表现出被社会认定为非法的行为；

由于利益冲突，公职人员收取的"礼物"概念存在司法漏洞；

目前对申报财产的立法不足；

行政失误的确定存在困难，法律条文无法界定新的不当行为；

---

[1] 根据透明国际，打击腐败，挑战和视角，见前引书。

自由裁量权的过度扩大以及行政保密性成为非法行为的温床；

决策集中化，缺乏权力、职权和对外服务所需手段的转授；

涉及公民和投资者与行政机关之间关系的程序、措施和行动过多（此处已避免使用"迷宫"和"丛林"等词语）；

在公共行政中不遵从议事规则和监督机关限制；

监管，审计以及国家机关开展的调查中缺失民意信息，这导致公民产生"这些活动无济于事"的看法；

夸大职业秘密的概念，关于公民和投资者权利和义务的知识不足；

公务员薪资水平低且存在不平等现象，影响其物质生活水平；

纪律体系效率低下，对行政委员会作用有限；

人力资源管理的合理化问题，特别是懈怠和旷工；

体制建设的脆弱性；

摩洛哥行政的变动性①。

三、符合伦理的治理和公共管理之前提条件

为保证整个伦理体系并为有效性、效果和成功创造环境，一些前提条件被证明是必要的②，这涉及采取整体性、全局性、参与性并包括各方的行动并协调反腐败策略③，伦理体系不应当被政治目的所利用，相反，应当建立负责全部行动的唯一中心，自下至上倡导价值观；加强宣传教育以使之适合伦理规范的适用者，在学校扎实推行公民教育和道德教育④以及消除贫困和文盲。

此外，需要建立一种伦理基础架构。事实上，由于任何伦理和诚信体系均可能面临风险（价值观的缺失或倒退，紧张态势的出现，环境或出发点发生变化等），为保证在任何时间和情况下遵循价值观

---

① 根据《透明国际》最近一次报告（2011 年），摩洛哥每年因腐败造成的损失等于 15 亿美元。由于一些反对变化的力量存在。腐败已成为国家的痼疾。

② 参见 Abdellatif NGADI 著《职业伦理，公共服务中的伦理》，摩洛哥总工会/比利时基督教工会（UGTM/CSC）研讨会，拉巴特，2008 年 11 月 15—16 日。

③ 参见对防止腐败中央机构（ICPC）主席 Abdesslam ABOUDRAR 的采访，发表于《撒哈拉与马格勒布晨报》（Le Matin du Sahara et du Maghreb），2010 年 12 月 13 日，第 6 页。

④ "首先，父母有义务教导子女努力学习，取得良好成绩的伦理。然而父母有权利要求国家通过公共教育在教育全过程中扮演合作伙伴的角色"，巴拉克·奥巴马，《希望的勇气：新美国梦》，Cité 出版社，第 200 页。

和规范，经济合作与发展组织建议建立一个基于下表所列基本要素的伦理基础架构：

经济合作与发展组织定义的伦理道德体系之八个基本要素

1) 政治参与：政界人士应重视伦理的重要性，做出表率并以充足的资源支持良好行为；

2) 高效的司法体系：规定并强制遵守行为规范的法律法规；

3) 高效的责任化机制：行政程序，机构绩效评估，咨询、审计和监督机制；

4) 行为规范：陈述一个组织的价值观、角色、其雇员的责任和义务以及对活动的限制；

5) 专业社会化机制（教育和培训）；

6) 公共职能部门中良好的工作条件：公正和平等对待，以及适当的薪资和保障①；

7) 伦理问题的协调机构；

8) 活跃的公民社会（包括活跃的媒体）监督议会活动；

9) 经济合作与发展组织：伦理与公共服务，公共管理委员会，1 号纲要——1997 年 2 月。

四、摩洛哥公共服务和公共治理中的伦理树立战略

每个国家均有其自身的参照系，国情，具体的经济，社会和文化因素，其战略和适合的方式②。对于摩洛哥的具体情况而言，我们注意到该国正坚定而渐进性地建立起真正的全局战略，目的在于在公共部门和公共治理中树立伦理。

1. 加强愿景和战略的强有力参照系

作为阿拉伯穆斯林国家，摩洛哥的伦理首先得到伊斯兰教义和教规的有力支持。Khalid Latif 称："伊斯兰是完整的生活方式，而道德是其基石之一。道德是国力的基本源头之一，正如不道德是国力衰退的重要原因之一。伊斯兰确立了人类一些普适性的基本权利，这些权利在任何情况下都不可侵犯。为捍卫这些权利，伊斯兰不仅提供了法

---

① 事实上，经济合作与发展组织称："公共职能部门的良好工作条件及人力资源管理应当提倡符合伦理的行为。公共服务部门的工作条件，例如职业期望，个人发展，合适的薪资待遇以及人力资源管理政策应当创造一个鼓励符合伦理的行为的环境。作为录用和擢升中应当持续保证的美德，对基本原则的遵守使公共服务得以秉承诚信的原则。"参见经济合作与发展组织《在公共服务中倡导伦理管理的原则》，经济合作与发展组织公共管理委员会建议，4 号分析报告，1998 年 5 月。

② 参见摩洛哥公共部门现代化部（拉巴特）：《公共服务治理与道德化：公共部门现代化战略》，2010 年 2 月。

律保障，也建立了一个行之有效的道德体系。因此，一切为个人和/或社会带来福祉并与伊斯兰教法不构成冲突的行为在道德上称为善，而任何对个人和/或社会构成伤害的行为在道德上称为恶。"①

另外一个基础来自王室方针。国王穆罕默德六世自 1999 年 10 月 12 日开始倡导在行政部门及其服务对象间建立新的联系，这些联系基于权威的新理念、透明和诚信，以权力下放为依据的地区行政发展，权力下放和地区化，公共部门治理的加强和公共政策评估。此外，国王向公共部门与行政改革部于 1999 年 10 月 29 日在拉巴特召开，以"公共服务中的伦理支持"为主题的全国会谈上②，向参会代表发出了重要信号："伦理是立国之根本，是国之兴衰所系。"

2. 反腐败行动计划（2010—2015 年）

2009 年 12 月 7 日，一个负责实施和跟进《防止和打击腐败行动计划》的部际委员会成立，由首相担纲负责推行具体和实际措施以实施明确和可行的短期计划。通过开展参与性行动并与防止腐败中央机构（ICPC）协作，部际委员会起草并批准了 2010—2012 年短期行动计划，内容涵盖了下列要点：

a. 行政机关和行政服务接受者之间关系的透明化；

b. 在公共行政内部强化诚信和成就的价值观；

c. 加强公共行政内部监督；

d. 加强财政管理和政府采购透明度；

e. 推进与防止和打击腐败相关的监管体系改革；

f. 鼓励国内及国际各利益相关方建立伙伴关系并开展合作③。

3. 持续变革中的司法体

自 20 世纪 90 年代末起，旨在推行公共行政道德化及在公共服务领域树立伦理的司法体一直处于不断变革之中，以下仅举数例：

2003 年 12 月 9 日签署《联合国反腐败公约》，2007 年 5 月 9 日该公约得到批准并在官方公报中予以公布④；

2000 年颁布 06—99 号法律（关于价格和竞争自由）；

① 参见 Khalid Latif 著《道德在伊斯兰中的地位及其与敬拜的联系》，伊斯兰教编辑，2012 年 3 月 26 日发行，2012 年 3 月 26 日最近一次更新。
② 参见国王演讲：《摩洛哥的国门》。
③ 详见公共职能与行政现代化部网站上发布的行动计划。
④ 参见 2008 年 1 月 17 日第 5596 号官方公报第 133 页。

2011 年创立 Diwan al Madhalim（即"斡旋者"，Ombudsman），旨在强化捍卫公民利益，保护公民权利的机构能力，同时有助于宣传伦理和公共服务文化[①]；

2002 年 8 月颁布 62—99 号法律（财政辖区法令）；

2002 年 8 月颁布 03—01 号法律（关于公共行政部门、地方辖区和公共机构行政决议动机）；

2002 年建立地方投资中心作为办理该业务的唯一窗口，从而简化投资相关手续并支持创业；

2003 年 12 月颁布 69.00 号法律（关于国家对公有企业实行财务监管）；

2005 年发布地方辖区官方公报；

2006 年 2 月颁布 36.04 号法律（关于政党）；

2006 年 3 月颁布 54.05 号法律（关于公共服务管理）；

2007 年 5 月颁布 43.05 号法律（关于洗钱）；

1998 和 2007 年推行政府采购监管体系改革；

根据《联合国反腐败公约》第 6 条，缔约国有义务建立一个或多个防止腐败的机构，基于 2007 年 3 月 13 日颁布的 2—05—1228 号法令，设立防止腐败中央机构（ICPC）[②]；

根据于 2007 年颁布的 35—06 号法律及其施行法令，在全国推行电子身份证；

根据 2008 年颁布的一系列法律，强制要求申报财产；

2008 年实行国家支出项目监管改革；

根据 2008 年 10 月 23 日颁布的法令，推行生物特征护照；

---

① 需要通过这一机构建立一个有效的公民和行政部门间斡旋机制；一个灵活和简单的和解工具以处理公民的投诉和冤屈，需要通过恢复权利的提案和建议纠正不公平，需要为行政机关优化行政作出贡献，通过观察和建议，以及提出各种有助于简化行政手续和办事条件的可行措施，实施监管和矫正，促进公共部门道德化（推行权利国家的原则），以及最重要的是减轻司法机关处理事务的负荷。

② 防止腐败中央机构（ICPC）的使命是协调、监督和保证防止腐败政策的施行跟进并搜集和传播该领域内的信息，因此肩负着下列任务：向政府建议防止腐败政策总体方向，即公共和私有部门合作反腐，提出民意宣传措施并组织以反腐为目的的宣传活动，与相关行政部门机构合作，共同为国际反腐合作做出贡献，对政府推行反腐政策的措施作出评估，向行政机构、公共部门、企业及所有利益相关方就防止腐败政策建言献策，就防止腐败行为可能采取的措施向行政机关发表意见，搜集关于腐败现象的信息并管理相关数据库，在行使职权时向管辖司法机关通报其知晓的可能构成腐败并受法律制裁的行为。见 ICPC 网站：www.icpc.ma。

2009 年确立新的地方辖区司法框架,旨在保证公共领域的透明度和道德化。

4. 公共服务和伦理处于新的有利环境

阿拉伯—穆斯林世界的种种变革使摩洛哥的处境充满希望,前景光明但需要面对深刻的挑战,这包括了融入全球化/自由化的世界,对外开放,2011 年修订宪法,组织自由和透明的选举以及根据选举结果任命新一届政府。

a) 2011 年 7 月颁布宪法中的主要创新

在民主、权利国家,参与性治理,责任和问责方面已经发生了质的飞跃,同时,这场社会运动融入并联合了包括少数派人士在内的国家活跃力量。基本法律规定了一系列旨在保障权利、自由、善治、人性化和可持续发展以及参与性民主的机构。同时,《宪法总则》中规定"摩洛哥王国坚定不移地追求现代国家机构建设和加强这一进程,以参与、多元和善治原则为基石。国家正在在公民权利和义务的关联框架下建设一个团结社会,使人人享有安全、自由、平等机会,对尊严的尊重和社会正义。"

宪法通过高度地区化这一雄心勃勃的途径为真正的去中心化改革开辟了道路。举例而言,对自由行政和辅从性,以民主为本质,全面发展为目的的地区化,行政辖区能力的拓展和融合,现代化和灵活的国家法规并日益强调法制监管,捍卫普遍利益,对由于去中心化改革,即权力下放而建立的地方行政区①给予指导和支援。

b) 通过善治改良公共服务

摩洛哥宪法涵盖的一些重要创新具有伦理层面的影响,例如在宪法原则中包括了善治原则②。同样,公共服务须遵循宪法规定的民主原则和价值观,其组织基于公民享有平等的可及性,全国领土平等的保障以及服务的连续提供,并须遵循质量、透明性、责任和问责准则。公共服务提供者须秉承守法、中立、透明、廉洁和普遍利益的原则,聆听服务对象的反馈并保证跟进其意见、建议和投诉,依法管理财务

---

① 2011 年宪法第 145 条规定:"在地方行政区内,瓦利(即地区行政首长),省长和地区长官掌握中央权力,以政府的名义负责实施法律,实行政府规定和决议并行使行政监管权。瓦利和省长协助地方行政区长官,尤其是地区议会议长,实施发展计划和项目。在相关部长的领导下协调中央行政权力下放之服务活动的开展,并保证运行顺利。

② 见 2011 年 7 月《宪法》第 12 篇。

并负有接受监管和评估的义务。所有公职人员，无论是由选举或任命而获得职位，均需要申报自己自就职以来所获得的财产①。

上述所有创新，理念及机制在真正意义上的公共服务宪章中不再被排斥，该宪章确定了与公共行政，行政区及公共部门运行相关的全部善治规则。

c) 人权保护和倡导、监督、善治、监管和参与式民主的体制化和宪法化

摩洛哥新宪法设立了一系列负责推行善治的机构并保证上述机构的独立性，这些机构也得到国家机关的支持。在必要情况下可依法设立其他监管和善治机构。旨在实施宪法第 161 至 170 条的所有机构团体须每年至少提交一次活动报告，这些报告将交由议会辩论②。依据宪法创建并由宪法保障的机构包括以下：

国家及地方审计署
经济、社会与环境理事会
国家人权理事会
斡旋者
摩洛哥海外侨民理事会
平等及反对一切形式歧视局
视听传播最高监管机构
竞争理事会
国家廉洁及防止和打击腐败法院
教育、培训及科研高级理事会
家庭和儿童咨询理事会
青年及相关行动理事会③

5. 清晰和不可逆转的新愿景：面向公民服务及新兴经济的现代行政管理

---

① 原文如此。
② 参见 2011 年宪法第 159 及 160 条。
③ 参见 2011 年宪法第 161 至 171 条。

摩洛哥于 2007 年 5 月 9 日批准了《联合国反腐败公约》[①]，为遵行《公约》条款，落实王国最高方针，在 2012 年对议会发表的政府宣言实施框架下，摩洛哥目前已确立一个清晰和不可逆转的愿景，旨在使公共行政和公共服务成为公民和经济发展的高效能战略途径。

2012 年颁布的政府宣言显示公共行政改革通过以下四个轴心在政府议程中占据战略性位置：重建公民和公共服务间的信任，在公共服务中牢固树立善治，公共行政道德化并打击腐败和不道德行为，以及推行司法改革。

重建公民和公共服务间的信任	寻求简化行政手续和获取公共服务的途径 从严处理渎职或职务过失 有效落实行政行为动机相关法律 通过《信息权法》（2011 年宪法，第 27 条） 建立行政管理架构以提高公共服务接待 为公民、企业和组织机构的利益而推行电子化行政
在公共服务中牢固树立善治	制定《公共服务宪章》（2011 年宪法，第 157 条） 行政管理架构的合理化和稳定化 在中央和地区层面实施公共服务相关人力资源改革和现代化（职业和职业经历，职位和能力的预测性管理（荣誉感，创造平等环境，培训、激励、薪金、社会工作等）
公共行政道德化并打击腐败和不道德行为	保护公共财政，打击和禁止巨额财产来源不明 制定《反腐败及反不道德行为国家宪章》 修订财产申报立法 设立防止和打击腐败中央机构 确立公共行政道德化的国家综合战略 鼓励公民及公民社会的投入和参与鼓励合作伙伴关系
推行司法改革	国王穆罕默德六世于 2012 年 5 月建立司法改革最高机构，该机构须依照组织法运行并符合宪法中与司法权力独立相关原则、能力范围及运行机制。根据 2011 年宪法，司法改革须在承认司法自主权之框架内推行。

来源：摩洛哥现政府政策总纲宣言，2012 年 1 月颁布。

---

① 联合国新闻处表示："就《反腐败公约》达成的一致表明了国际社会切实打击腐败的决心。公约提出了有效遏止腐败的途径，是世界向蔓延全球腐败问题发起的有力回击。"总则中指出缔约国"尤为关注腐败的严重性及其对社会稳定和安全的威胁，腐败侵蚀组织及其民主价值观，伦理价值观和正义，损害可持续发展和权利国家"。以上论述精辟地冻结了腐败对社会的危害。

根据以上议程，需要为两个层面的目的推行"新公共行政"①。

一方面，提高公共服务的效率，实效和生产力，这意味着并要求价值观，公共服务的角色和定位，结构，管理体系，政治领导力，人力资源的能力和动机，采用的技术，工作实践和方法，司法条文，标准，程序等的深刻变革。

另一方面，提升向服务对象提供的公共服务质量和可及性，尤其就位置邻近，成本，反应性和适应性而言。

6. 增进合作伙伴关系

在公共行政中倡导伦理并从根本上推行道德化意味着公共行政部门、司法、私有部门、非政府组织和媒体需要共同承担责任，因此需要促进合作伙伴关系及相互交流。以下是一些相关的例子：

国际层面上，摩洛哥积极参与经济合作与发展组织——中东及北非治理行动计划（OCDE-MENA 行动）。该行动始于 2005 年，涵盖了两个方面：其一为治理，其二为投资。经济合作与发展组织开展这场防止腐败，倡导诚信活动的重要组成部分之一是人力资源。②直至现在，这一计划为各利益相关方（公有部门、私有部门、公民社会、资金援助方）间加强对话，开展重要研究以及组织多次游行成为可能。③

国家层面上，防止腐败中央机构对所有相关部门和参与者施加影响，除与公民社会（特别是透明国际和透明摩洛哥）的协调外，委员会最近在 2013 年 1 月通过一项伙伴关系协议的签署与摩洛哥财政监察总署建立联系，协议旨在"使公共生活道德化，提升透明度并按照 2011 年宪法的规定倡导善治"。机构主席称：机构致力于建立"反腐败全国联盟"④。

7. 通过培训、宣传、能力建设和交流对人力资源进行投入

摩洛哥政府战略中另外一个关键要素也强调了上述问题的重要

---

① 参见 Kitsoro Firmin Kinzounza 博士："《非洲，2025 年的新兴大陆？》项目需要怎样的公共行政"，第八届公共服务与国家机关现代化泛非论坛，摩洛哥萨伊迪耶，2012 年 6 月 25—26 日。

② 参见对经济合作与发展组织官员 Christian Vergez 的采访，已引述。

③ 摩洛哥于 2011 年 11 月与联合国开发计划署于 2011 年 10 月 24—28 日在马拉喀什共同召开了中东和北非地区及经济合作与发展组织中欧国家反腐败机构会议暨联合国反腐败公约缔约国第四次会议。关于本次会议，参见公共职能与行政现代化部网站。

④ 参见《经济学人》，2013 年 1 月 16 日，第 14 页。

性。从加强知识、技能、沟通技巧和人际关系等方面进行能力建设。能力建设目的在于"个人、组织、机构和社会通过这一过程获得完成任务，解决问题，确立和达成目标的手段。因此需要从三个彼此依存的角度——个人、机构和社会——看待。"这关系到"一个国家可用的全部人力、科学、技术、行政、机构和财务手段，根本上旨在开发评估和解决关键问题的能力，而这些关键问题在客观认识其环境影响的可能性和限制因素的同事提出了政策和推行不同发展方式的选择，以及一个国家人民视为不可或缺的需求。因此，这显现了世界所有国家都需要建设其国家能力。"[1]

为明确起见，在支援地方行政区（地方民选代表和人力资源）框架下，为在地区层面牢固树立善治，价值观（归属感，人性和管理）和伦理因素是有利于地方辖区的战略计划培训中不可或缺的一部分。[2]

因此可以得出这样的结论，摩洛哥有着强烈的意愿在公共服务中牢固树立伦理，实现道德化，并由于愿景和战略而得以加强。在这方面有许多成功的关键要素可供借鉴（坚定不移地追求更大的民主和自由空间，开展参与性和协同的行动，长期宣传教育，在消除贫困、文盲和排斥方面雄心勃勃的目标，正在进行的深层司法改革，高瞻远瞩的期望——高度地区化……），但"阴影区域"仍然存在，包括公共部门对解决失业问题，尤其是年轻毕业生的失业问题中扮演泛在性的角色，这导致了公共行政实际招聘超过所需，法律的复杂性和有效性面临问题，在国家体系中缺乏现代人力资源管理文化和体系的瓦解，机关缺乏资源，保持不同政策之间的连贯性等等。

经济合作与发展组织专家（Christian Vergez）称："摩洛哥朝正确的方向前进。"[3] 逐步落实（实施）和积累已再次佐证了这些选择。这些选择所要求的前提条件包括数据可靠，所推行的改革以合理的进度被实施并证实，法律框架清晰（例如财产申报应扩大至配偶和

---

① 参见联合国经济与社会事务部公共行政专家委员会第五次会议结果，纽约，2006年3月27—31日，E/C.16/2006/4 号文件第 7 页。
② 参见摩洛哥内政部于 2007 年 7 月 4 日在拉巴特召开的"公共服务中的伦理"会议工作报告；行政及技术官员培训指南；摩洛哥内政部于 2012 年 10 月 1—5 日在盖勒敏召开，面向市镇秘书长的"接待，公众指引及请愿管理研讨会"报告。
③ 见前引书。

成年子女，以及海外财产，需要对利益冲突作出界定①，向公职人员赠送礼物需纳入监管范围，知情权等），机构的角色和权责明确界定，拥有充足的人力资源和预算并保持独立性②。

时间的重要性同样不容忽视，反腐败需要长期的努力，其中包括信息、教育宣传、沟通以及公共部门信任度的提升和公务员的诚信③。

确定的一点是：伦理关乎每个人，即康德理念中的"信念伦理"，"只依据那些你可以同时愿意它成为普遍法则的准则行动"④，其途径可能包括教育，宣传，培训，环境和公民责任感；根据韦伯"责任伦理"的理念，"为达到'善'的目的，我们在大部分情况下不得不依靠不诚实或危险较小的手段，另一方面，不幸后果的可能性或实际发生……我们应当为我们的行动承担起可预见的责任"⑤。这与行政中的现代管理更相契合，并将责任与问责相联系，以及尤尔根·哈贝马斯的"对话伦理"理念，"可以声明（或可以作为）所有相关者参与政治讨论的有效性"⑥，这就是整个民主体系的本质。

---

① 关于利益冲突问题，参见 2007 年毛里塔尼亚过渡政府（正义民主军事委员会）颁布的关于公职人员义务准则之政令。

② 原文如此。

③ "我们的目标不是成为一家借助耸人听闻的事件开办的报纸，也不是搞垮一个体系。然而这并不意味着我们不能在能力范围内以迅速的反应和合理的方式解决事情。我们的首要目标是提升公共部门的信任度和公务员的诚信。为此，我们进行宣传教育并且采取具体行动防止应受谴责的行为发生，同时对应受谴责的严重行为作出迅速，全面和高效的反应。我们也承担共同的责任，在公共部门建立信任"，选自加拿大公共部门诚信专员 Christiane Ouimet 撰文，发表于 The Hill Times，2009 年 10 月 28 日，www.psic-is-pc.gc.ca

④ 康德（1724—1804）：《定言令式》。

⑤ 韦伯：《政治作为一种志业》，1959。

⑥ 尤尔根·哈贝马斯：《道德与传播》，1988。

外包的效率及其在发展中国家的主要决定因素：以捷克与斯洛伐克为例的分析

作者：Juraj Nemec   Beáta MikušováMeri čková
布尔诺马萨生里克大学   马特依大学

引言

把公共服务承包/外包给营利或非营利性质的私人企业是一种最常见的可选服务交付安排形式。有关发达国家状况的一些文章告诉我们，当且只当承包/外包被有效实施的时候，承包/外包才有可能（但并不一定）改善个人选择，提高成本收益，提升交付质量，促进平等，改善开支控制。在那些由社会主义向市场经济过渡的国家里，或者其他的转型国家，情况则复杂得多。这些在本章中将进行证明。

在本章，我们将提供一些有关捷克共和国和斯洛伐克外包结果的相关数据，并且以斯洛伐克为例来分析哪些因素决定了它们的成功。尽管数据在方法上并不完美，但是的确表明，生产的外部化与生产的内部化相比，并不能提高效益改善质量。虽然数据大体上支持我们进行内部化，但它们也揭示了一些有效外包的事例，这也就表明如果外包得以有效实施，承包就有潜在的价值。外包成功的主要决定性因素将会在本篇论文中进行讨论。

我们的研究是根据合同 No. P403/12/0366 由捷克科学基金会提供支持。该合同名为"影响新公共管理改革结果的区域特殊决定性因素的鉴定与评估——以中东欧为例的分析"。

理论背景

承包与外包来源于"生产或购买一种商品或服务的组织决定"，（Prager，1994，第176页）现代公共机构需要决定是在内部生产商品以及服务，还是把它们承包出去。做选择的指导性原则是要能保持或者改善一种公共服务的交付质量，与此同时增加效益。（Engelbeck，2004；Epstein，1984）

虽然潜在收益主要与改善效益提高质量有关，但同时承包也能够改善个人选择与平等性（Bailey，1999；Ovretveit，1995；Lane，2000）。然而，并没有切实的数据充分证明这些潜在的收益，并且许多实证研究（例如，Bel 和 Costas，2006）甚至不能证实生产模式对于成本的影响，这也一直是造成承包的主要理由。不仅如此，一些作者强调有效承包/外包所面临的障碍，同时也强调使用竞争与承包能带来的不利影响（Bailey，1999；Pollit 和 Bouckaert，2000；Lane 2000）。比如，Lowery（1998）讨论了三种准市场失败，其中两种（市场信息失灵以及优先权错误）与外部化密切相关。市场信息失灵由缺乏竞争导致，这种竞争的缺乏经常是由公共服务的潜在提供者数量很少导致的。如果私有化仅仅以私人垄断代替共有垄断，那么首次合同之后费用的节省就会不复存在。优先权错误与信息受限有关，这种维度上的失败（委托代理理论）将在下面进行讨论。

根据 Prager 的理论，公共机构的大体规则就是"将运营进行内部化，直到进一步扩张的成本被认为高于从市场上采购零部件或者服务的成本"（Prager，1994）。此外，当有必要密切控制生产过程时，也应该将生产内部化。

评估发达国家承包/外包的潜力的理论基础来源于管理学以及新制度经济学（Gruening，2001）。后者把政府决策者当作寻求自身利益的个人，在他们工作的环境中，信息不对称、有限理性以及机会主义导致了交易成本以及代理成本的问题。两个对于评估承包/外包潜力十分重要的核心理论概念包括：委托代理理论（Arrow 1985；Cooper，2003；Kettl，1993；More 1984；Pratt 和 Zeckhauser，1986）和交易成本理论（Ferris 和 Graddy，1996；Prager，1994；Hirsch 1991）。

在委托人和代理人之间建立和保持一种法律合同关系会带来许多难题以及风险。根据 Shetterly（1998，第 23 页）的理论，这一过程包括三个阶段：事先征求意见、承包者选择以及合同管理。所有这些阶段都有可能出现一种典型的"委托代理"难题，那就是，委托人不能直接观察到代理人的相关性格以及活动。Arrow（1985）提到了委托代理难题的两种难题：道德风险（或者叫隐蔽行为难题）以及逆向选择（或者叫隐蔽信息难题）（第37页）。道德风险可能在承包过程中发生，因为私人参与者的行为得不到合理的控制。而当行为得不到合理控制的时候，私人参与者对责任的躲避及其不当的行为就会对公共参与者的目标产生不利影响。

在逆向选择的难题上，有一些信息私人公司不与公共机构分享，并且公司会利用这些信息来做出一些影响这些公共机构的决定。然而，公共机构不能检查这些信息来确定其是否对公共利益有利。例如，当一家公共机构想要雇用一个最佳私人合作伙伴时，情况便是如此。无论在任何时候，私企对其自身资质的了解都要比公共机构充分，并且这样的信息不对称导致事前几乎不可能对这些公司的报价进行充分评估。Bailey（1999，第290—292页）研究了此类公共服务承包难题的影响。

根据More的理论，"委托人必须将这些相互关联的成分编织成一个合同框架，在改善信息不对称以及结构化回报的情况下，这一框架使代理人在任何可能发生的情况下像委托人自己一样行事"。（More，1984）

与承包/外包联系在一起的交易成本以及这些成本与外部交付带来的收益之间的关系是承包关系的关键因素。当政府把这些服务承包出去的时候，他们就会承担一些承包成本，这些成本就是做出自己制造还是购买的决定的一部分。交易成本分两种类型："与合同制定阶段相关的成本以及与合同执行阶段相关的成本。"（Hirsch，1991）

改善服务交付就意味着要对生产以及管理系统做出一些改变，这些都会产生交易成本。这些改变需要建立起一些新的执行标准，构建监视机制，改变工作责任，减少公职人员的数量。还有一些活动，诸如起草需求方案说明书，建立对提议进行审查的体系以及协议、选择供货商、起草合同，与供货商谈判，建立合同监督体系。这些活动都必须在内部交付体系被取代之前进行。这些交易成本至关重要，决定了是自己做还是承包出去。不同服务有着不同层次的成本因素，这些因素一部分是由资产专用性，以及上述交易成本理论所阐述的衡量简易程度所决定。

承包与外包—它们能否有助于缓解
公共部门的财政困难？

在一段相对较长的经济增长时期之后，金融危机开始于美国并且很快殃及了世界上几乎所有国家。世界经济，尤其是发达的经济体，在 2008 年增长速度大幅下降，并且在 2009 年陷入深度衰退。一些重返正增长的迹象出现于 2010 年初，但是最近许多国家的财政困难表明"问题可能仍然存在"。

Rosengard（2004）将由公共财政的金融危机引起的成本变化称为金融危机的财政化。这一过程时间较长但并不是特别明显，并且能够通过公共赤字及债务的积累导致进一步的财政失衡。Hoggart，Reis 和 Saporta（2001）估计，与金融危机相关的财政成本（主要是系统性成本）在发展中国家占 GDP 的 12.1％，在转型国家与发展中国家则占 GDP 的 17.6％。在亚洲金融危机中，他们估计这些成本在印度尼西亚以及印度占 GDP 逾 40％。然而，这是过去的情况，此次金融危机大体上仅仅发生在亚洲的新兴经济体以及南美。与当前的危机有所不同，其不同在于其影响以及规模。

赤字开支与量化宽松进程不能无限期进行下去。这样做需要付出代价，这也就意味着在未来的几年中需要缩减开支以及增加税赋，并且这会对所有国家各个领域的政府开支产生巨大影响。这一问题没有被大多数人看到，这是因为重点一直被放在避免经济危机的持续之上，但是许多作者（Dvorak，2008 和 2010）警告说它将会产生毁灭性的效果，而这一效果我们仅仅刚开始看到。

危机及其后果使我们迫切地需要重振公共财政。有两种假设中的标准措施（以及它们之间的组合）适用于所有政府：

- 增加税赋
- 减少开支

两者几乎都有政府使用过或者正在使用。但是，以标准经济理论的观点来看，在经济衰退或经济恢复早期增加税赋并不明智。不仅如此，增税可能比经过深入探讨而实施的开支削减更为不受欢迎。

因此，我们的观点是，重点应当放在开支上，而根据标准经济理论，其中存在着两种选择：

- 一次性（全局性）开支削减
- 效率提升

两种选择假设中的取舍十分简单，重点应当放在效率之上，因为全局性削减的影响波及面太广（它会限制消费，服务供给的规模等）。以这个观点看来，恰当的承包/外包决定所带来的效率增长在所有地方对公共部门的改革来说都是一个重要的部分。

斯洛伐克以及捷克共和国的外包及其效率

我们关于捷克共和国以及斯洛伐克外包过程的数据表明，公共机构中内部服务的外部生产并不罕见，相反，这是一个十分常见的解决方案。（见表1—表3）我们研究中所筛选的抽样数据。

表1　公共管理机构中内部服务的外包频率——捷克共和国，2009年样本

服务	回应数量	外包服务所占比例
保洁	158	6.96%
餐饮	25	31.20%
维护	132	11.36%
信息技术	125	38.40%
交通	111	18.02%
安保	92	26.09%

注：研究由我们自己进行。

表2　内部服务的外包频率——捷克共和国，42家机构的样本数据，2011

公共部门分支	内部服务						非加权平均值
	保洁	餐饮	维护	信息技术	交通	安保	
文化	57.14	72.72	0.00	83.33	40.00	87.50	56.78
社会服务	50.00	16.60	0.00	75.00	0.00	50.00	31.93
教育	5.00	35.29	26.66	30.00	20.00	66.66	30.60
非加权平均值	37.38	41.54	8.89	62.78	20.00	68.05	37.38

注：研究由我们自己进行。

表3　内部服务的外包频率——斯洛伐克，127 家机构的样本数据，2009

公共部门分支	内部服务					非加权平均值
	餐饮	维护	信息技术	交通	安保	
文化	62.50%	25.00%	37.50%	0.00%	42.86%	
社会服务	20.00%	42.86%	25.00%	0.00%	0.00%	
教育	17.74%	14.52%	27.59%	15.15%	42.50%	
管理	90.00%	27.59%	25.00%	3.70%	64.00%	
医疗	21.43%	35.71%	42.86%	7.14%	45.45%	
非加权平均值						

注：研究由我们自己进行。

斯洛伐克与捷克共和国的外包效率

在本部分，笔者将利用我们研究中所收集的数据对两国外包的效率做出估计。

方法论基础：服务交付安排方式的技术效率可以用参数以及非参数评估方法进行衡量，这两种方法使我们能够同时对劳务生产的投入与产出进行比对，并且可以得出效率的准确指数。两种方法都考虑到了不同决策单元（DMU）的产出的同质性特征，并且尤其适合用开发出各种指数，从而对不同服务交付方式效率的比对。（Fia-la，Jablonsky，Maňas，1994；Lysá，2002）

由于每一种方法都基于不同的假设，而每种假设中政策松紧不一，因此这些方法得到的结果中，我们所讨论的服务交付安排方式的效率水平也不尽相同（有时相互矛盾）。各种参数分析需要我们提前对各个服务的某种生产功能做出界定，而非参数分析则决定相似服务交付安排方式的相对效率分数，方法是采用线性规划技术，而不对它们的生产过程作详细的描述。（Murtag，Heck，1987；Vlček，2004）

考虑到本次分析中涉及的公共机构具有多重产出的特点，我们将会只讨论一种典型的非参数方法，也就是最优参数值法（MBVI），越来越多的人认为它是一种强有力的工具，能够衡量公共机构的生

产效率，因为它使已交付的产出所具有的异质性能够被考虑在内
（Hinloopen，Nijkamp，Rietveld，1982；Ochrana，Nekola，2009）。
最优参数值法是一种非参数的多维方法，能够对决策单元（DMU）
的效率做出评估，这种方法基于一种加权和算法。（Charnes，Cooper，Rhodes，1978）。这里我们设服务交付方式为一个决策单元
（DMU）。

由于最优参数值法用到了一种典型的线性规划，它使我们能够
在不必对生产过程进行详细描述的情况下确定服务交付安排方式
（DMU）的效率分数。它还考虑到了被评估的决策单元（DMU）的
效率的表达方式，兼顾了不同单元中被测量的多种参数。（Murtag，
Heck，1987；Vlček，2004）。

在投入总成本数据缺失时，最优参数值法尤其有用，因为此时，
我们无法对一种服务成本的作用进行估计。这种情况适用于大多数
捷克共和国的组织，这些组织并不使用权责发生制会计做法。（Meri
č ková，Nemec，Ochrana，2008；Nemec，Ochrana，Šumpíková，
2008）。

最优参数值法是一种非参数性多维方法，它能对决策单元
（DMU）的效率进行评估，这种方法基于一种加权和算法，能用来
对内部服务交付方式（外包或者内部生产）的效率进行评估。

像 Žižka（1988，146—147 页）一样，我们把 m 作为服务交付的
安排方式的种类 Ai（$i=1 \cdots m$），把 n 作为评估参数的个数 Kj（$j=1 \cdots n$）。当我们给各种交付方式以及评估参数赋予经验数值时，我
们就会得到评估矩阵 X。由于各种参数使用不同衡量单位，我们按
照如下方式对它们的值 x_{ij} 标准化：

如果参数的最优值即其最大值，我们通过如下方式标准化：

$$a_{ij} = \frac{x_{ij}}{x_{\max}} \qquad (1)$$

如果参数的最优值即其最小值，我们通过如下方式标准化：

$$a_{ij} = \frac{x_{\min}}{x_{ij}} \qquad (2)$$

因此我们得出了一个由标准化参数值组成的矩阵（A），它落
在区间（0，1）内。然后，我们用 vj 对这些参数进行加权，由此
得出：

$$\sum_{j=1}^{n} vj = 100 \tag{3}$$

将矩阵 A 与加权过的列向量 vj 相乘可以得到每种方式效率的最终值。

| 不同方式 | | | 参数 | | 最终值 | | 权 of indicator |

$$K_1 \quad K_2 \quad K_3 \quad K_4 \quad \cdots \cdots \quad K_n$$

$$\begin{bmatrix} a_{11} & a_{12} & a_{13} & a_{14} & \cdot & a_{1n} \\ a_{21} & a_{22} & a_{23} & \cdot & \cdot & a_{2n} \\ a_{31} & a_{32} & \cdot & \cdot & \cdot & a_{3n} \\ \cdot & \cdot & \cdot & \cdot & \cdot & \cdot \\ \cdot & \cdot & \cdot & \cdot & \cdot & \cdot \\ a_{m1} & a_{m2} & \cdot & \cdot & \cdot & a_{mn} \end{bmatrix} \cdot \begin{pmatrix} v_1 \\ v_2 \\ v_3 \\ \cdot \\ \cdot \\ vn \end{pmatrix} = \begin{pmatrix} h_1 \\ h_2 \\ h_3 \\ \cdot \\ \cdot \\ hm \end{pmatrix}$$

最有效的服务交付方式的总分最高，以 E 表示。其他方式的复合效率则参照方式 E_{max} 按比例赋值。

出于研究目的我们选取了以下参数：

● 每个员工的服务交付成本
● 服务交付的单位成本（表 4）
● 服务质量

表 4　为所评估服务所选的计算单位

服务	计算单位
保洁	m^2
餐饮	使用者人数
维护	行动次数
信息技术	行动次数
交通	年均公里数
安保	所保护面积（m^2）

注：研究由我们自己进行。

对于公共机构的内部服务来说，我们必须承认衡量一种服务的质量总体上要比衡量一种商品的质量困难得多。服务质量能通过表现如何来确定，但是这样的评估就需要做出主观判断。服务质量可以通过使用者满意程度来进行衡量，但是这也是主观的，因为对于什么是高质量的服务，每个个体的观点不一而同。为了尽可能成功地应对这一难题，我们会在公共部门服务质量的评估中采取一些当前研究所采取的方法。（Löffler 2001；Wisniewski 2001；Potuček 2005）。有关服务质量的数据由使用者提供，他们是不同公共机构的雇员，提供方式是填写调查问卷。这些样本不具代表性（受访者有 420 人）；因此我们认为，我们的摘要数据一定程度上是初步数据。

出于我们的研究目的，雇员用以下几个等级对服务质量进行评估

完全满意	100 %	
满意	80 %	
满意多于不满意	60 %	满意度
不满意多于满意	40 %	
不满意	20 %	
完全不满意	0 %	

为了计算参数最优值，我们将（vj）加权于各种参数（见表 5）。为了设定各种权，我们使用了萨蒂的方法（Saaty et al.，1983），同时得到了一组外包专家所提供的数据。

表 5　给所选参数加的权（vj）

参数	vj %
每个雇员服务交付的单位成本	30
每个服务成果服务交付的单位成本	30
服务质量	40
Σ	100

注：研究由我们自己进行。

斯洛伐克研究成果

计划中的样本包括 300 家公共机构，它们分别来自主要的部门:教育、医疗、社会保障/服务，文体和综合管理。不足之处是，只有 127 家组织进行了回应（见表 3 所列内容）。计算结果见表 6。

表6 内部服务效率与外包服务效率的比对

		管理	教育	医疗	社会	文化
保洁	内部	94，88	82，48	100，00	—	100，00
	外包	100，00	100，00	70，33	—	94，85
餐饮	内部	90，09	70，91	100，00	56，50	78，60
	外包	100，00	100，00	87，03	100，00	100，00
维护	内部	53，06	100，00	100，00	91，01	100，00
	外包	100，00	90，52	70，01	100，00	85，61
信息技术	内部	75，16	69，76	100，00	63，20	62，35
	外包	100，00	100，00	76，27	100，00	100，00
交通	内部	98，38	51，06	100，00	—	—
	外包	100，00	100，00	93，00		
安保	内部	84，94	67，84	100，00	—	51，60
	外包	100，00	100，00	85，16	—	100，00

注：研究由我们自己进行。

捷克共和国研究结果

在该研究中，用同样的方法研究一个由42家捷克公共机构组成的小样本（不具代表性，如表2），这些组织分别提供不同的公共服务。研究结果见表7。

表7 内部服务的效率与外包服务的效率的比对

		教育	社会	文化
保洁	内部	94，20	84，50	98，42
	外包	100，00	100，00	100，00
餐饮	内部	100，00	100，00	90，04
	外包	80，20	52，40	100，00
维护	内部	100，00	x	x
	外包	96，96	x	x
信息技术	内部	73，10	84，05	91，49
	外包	100，00	100，00	100，00
交通	内部	74，70	x	70，00
	外包	100，00	x	100，00
安保	内部	59，44	79，91	100，00
	外包	100，00	100，00	56，30

注：研究由我们自己进行。

用我们的方法对数据进行的计算表明，在大多数情况下，外部服务交付，即外包在两国都是一种更为有效的解决方案。是否真的如此？抑或，我们的结果由于方法上存在问题与局限而受到影响呢？

我们研究中存在的主要问题是，数据由调查问卷所提供。这样收集的数据并非完全可靠。在两国，成本监控并不复杂。它们不使用权责发生制会计，因此它们无法知道服务交付的真实成本。由于有内部服务交付的存在，报告上来的服务成本仅仅包括直接成本，因此可能过低。事实上，并不存在进一步低估内部服务交付成本数据的全成本会计。

方法是否可靠的问题在于结果可能对假设中的权值具有一定敏感度。尽管我们没有进行一次完整的敏感度分析，但是我们对于参与萨蒂法的专家组所具有的经验抱有信心。

如果我们对上述极限进行概括，那么我们所收集的数据似乎表明，内部服务的外包比内部生产效率更高。结果可能是，外包对于这些服务来讲，是一种初级的交付手段。正如表 1～表 3 中所显示的，事实不尽相同。

如果曾经有人对服务交付方式进行过事前效率评估，他们会发现外包应当优于内部生产。然而，内部服务的主要交付方式是内部生产。这一事实表明，公共资源开支存在着效率不足的问题。这就表明了公共部门在管理服务交付方式，也就是做出"制造还是购买"的决定方面存在着问题。

对外包的合同管理质量做出的评估：
以斯洛伐克为例进行的研究

和"事前分析"（见上文）的低质量一样，没有系统性合同管理是承包失败的关键因素之一。（Hodge，2000；Sclar，2000；Brudney，et al. 2005；Kamerman 和 Kahn 1989；Stejskal，Charbusky，2004）一些文章表明，以下因素决定了从合同管理质量来看，哪些承包算作成功：合同竞标的竞争激烈程度（Savas，1987；Kettl，1993；Greene，2002；Hodge，2000；Pavel 和 Beblavá，2008）；对承包人/代理人事前评估的质量（Rehfuss，1989；Marlin，1984；Romzek 和 Johnston，2002）；对承包/外包服务的明确定义——合同说明书

（Rehfuss，1989，Marlin 1984）；合同监视的质量（Rehfuss，1989；Marlin 1984；Prager，1994；Seidenstat，1999；Brown 和 Potoski，2003；Hefetz 和 Warner，2004）；合同制裁（DeHoog，1990；Macneil，1978）；对承包/外包的合同管理负有责任的公共机构/政府/委托人所具有的经验（DeHoog，1990；Rehfuss，1989；Romzek 和 Johnston，2002）；以及承包出去的服务所要求的技术知识（Kettl，1993）。最近许多承包的方法中都强调关系型合约，认为它在管理契约关系方面是一种更具灵活性以及合作性的方法，它使这一关系建立在相互信任、共同的准则、价值观以及共同的行为标准之上。这样的方法也能解决沟通问题，并且能同时解决合同履行中委托人与代理人各自作为决定因素所引发的问题。

斯洛伐克研究结果

出于本次分析的目的，我们运用了一个由斯洛伐克自治市所组成的特别样本。见表8。

表8　调查样本

自治市规模	总计	样本		占总数百分比	
		2009	2010	2009	2010
999 以下	1 926	49	34	2，54	1，70
1 000—4 999	833	56	58	6，72	7，00
5 000—9 999	60	9	17	15，00	28，33
10 000—19 999	32	8	12	25，00	37，50
20 000—49 999	29	9	14	22，50	48，28
50 000 以上	11		6		54，55
总计	2 891	131	141	4，53	4，88

数据来源：斯洛伐克统计署

出于本次外包合同管理质量具体研究的目的，我们决定利用以下一系列因素（用德尔菲法从一系列更多的可能因素中筛选而出）：

A：采购过程：

x_1——回报所具有的竞争力水平

表 9　定性因子与定量数据之间的转化

因素 描述	x₁-回报所具有的竞争力水平	x₂-合同中服务是否被恰当界定	x₄-事前评估,承包者是否对潜在提供者的财务状况进行了评估	x₅-事前评估:承包者是否对潜在提供者的技术能力进行了评估	x₆-事前评估:承包者是否对潜在提供者的人力资源进行了评估	x₇-事前评估:承包者是否对潜在提供者在公共部门进行了评估	x₈-相关承包者的雇员是否具备足够专业知识	x₁₃-提供者与承包者之间的合同的合作具有高质量	x₁₄-提供者与承包者之间的合同任水平高
公开招标	100								
邀请招标	70								
竞标	50								
报价	30								
直接回报	0								
完全同意		100	100	100	100	100	100	100	100
同意		50	50	50	50	50	50	50	50
不同意		0	0	0	0	0	0	0	0
完全不同意		0	0	0	0	0	0	0	0

x₃-筛选标准		x₉-监视频率	
最高出价	100	经常	100
最低价格	50	不经常	50
		无监视	0

x₁₀-合同制裁　x₁₁-给提供者的付款方式　x₁₂-与提供者之间的沟通

续表

合同取消	100			
金融制裁	70			
要求改善的权利	30			
其它	0			
绩效工资		100		
绩效工资与总付工资皆有		50		
总付工资		0		
频繁				100
经常				70
不经常				30
有限或者完全没有				0

注：研究是由我们自己进行。

x_2——购得服务的界定

B：筛选过程：

x_3——筛选标准

x_4——事前评估：提供方的财务状况

x_5——事前评估：提供方的技术能力

x_6——事前评估：人力资源提供者

x_7——事前评估：经验提供者

x_8——承包者的经验

C：合同条件：

x_9——监视频率

x_{10}——制裁

D：提供者与承包者关系

x_{11}——给提供者付款的方式

x_{12}—— 与提供者之间的沟通

x_{13}——提供者与承包者之间的合作质量

x_{14}——提供者与承包者之间的信任水平

所有以上提及的因素都具有量化特征，因此我们把它们转化为量化数据，如表 9 所示：

对各种因素的计算在表 10 到表 13 中列出。平均质量大概在 60%，这一数据对现实的反映并不十分可靠。

表 10　内部服务外包的合同管理质量：采购过程

	竞争力	对服务的界定
保洁	45，28	57，50
餐饮	32，91	65，22
维护	52，11	69，86
信息技术管理	38，52	61，28
交通	28，81	69，14
安保	37，14	60，94
平均	39，13	63，99

注：研究是由我们自己进行。

表 11　内部服务外包的合同管理质量：选择标准

	筛选标准	财务能力：提供者	技术能力 提供者	人力能力 提供者	提供者的 经验	承包者 能力
保洁	58，34	33，34	51，95	54，17	45，28	48，06
餐饮	73，90	61，69	67，28	63，08	62，79	69，69
维护	73，83	67，98	77，86	71，60	67，12	74，16
信息技术管理	71，39	59，26	73，81	69，49	67，38	64，53
交通	69，58	63，56	69，63	62，78	48，58	58，97
安保	57，25	51，10	63，81	56，71	55，84	66，50
平均	67，38	56，15	67，39	62，97	57，83	63，65

注：研究是由我们自己进行。

表 12　内部服务外包的合同管理质量：合同条件

	监视	制裁
保洁	56，95	57，22
餐饮	55，25	67，46
维护	63，43	50，32
信息技术管理	58，97	51，39
交通	71，25	48，25
安保	59，52	45，76
平均	60，9	53，4

注：研究由我们自己进行。

表 13　内部服务外包合同管理的质量：提供者与承包者之间的关系

	报酬	沟通	合作	信任
保洁	31，39	60，84	59，17	46，39
餐饮	56，32	60，68	78，42	73，71
维护	74，81	59，76	83，65	75，54
信息技术管理	58，02	62，25	76，33	70，61
交通	75，00	49，22	74，61	64，81
安保	47，05	48，99	72，15	72，23
平均	57，1	56，95	74，05	67，22

注：研究由我们自己进行。

我们通过直接研究得到的数据表明，合同管理的质量有限。"软"参数的结果通常较好，这些参数的评估基于相关员工的主观观点/反应。主要的"硬"参数会达到临界水平，尤其是在竞争力水平方面。

考查承包/外包的因素与结果之间的关系

在这一部分中，我们将通过计算斯皮尔曼相关系数来考查因变量（承包/外包的效率——本文中不涉及数据）与自变量（合同管理因素各自的质量）之间的关系。当 $\alpha = 0.1$ 时，我们通过以下方式考察了统计系 R 和 IMB。

H_0：$\rho_s = 0$（无显著性相关关系）

H_1：$\rho_s \neq 0$（存在显著性相关关系）

结果见表 14。

表 14　外包内部服务的相关关系

服务	因素	p - 值	斯皮尔曼系数	相关关系
保洁	x_3	0.062	-0.579	负相关
	x_{14}	0.027	0.659	正相关
餐饮	x_1	0.003	0.329	正相关
	x_4	0.034	0.242	正相关
	x_5	0.061	0.215	正相关
	x_6	0.008	0.301	正相关
维护	x_1	0.004	0.444	正相关
信息技术	x_2	0.053	-0.221	负相关
交通	x_1	0.064	0.384	正相关
	x_{13}	0.018	0.478	正相关
安保	x_1	0.002	0.481	正相关
	x_2	0.071	0.288	正相关
	x_3	0.005	-0.431	负相关
	x_4	0.013	0.391	正相关
	x_8	0.028	0.347	正相关
	x_{13}	0.035	0.334	正相关

注：研究是由我们自己进行。

我们研究中所计算的数据表明，除了竞争力水平之外，诸如筛选标准，事前评估质量，合作以及经验等因素也起着重要的作用。

在我们的结果中可以看到，核心问题在于，尽管竞争对于外部化的成功来说最为重要（正如所有作者所述），但这种合同管理因素得到的分数最低。尽管按照公共采购立法来说，它们有义务采用竞争承包，但是捷克和斯洛伐克诸自治州都避免采用这种方式。这样一种情况可能是所有发展中国家的典型问题；它使转型国家中承包与外包取得积极成果的可能性大大降低。

总结

本文提供了有关外包及其结果的数据。不仅如此，还通过来自捷克共和国与斯洛伐克的具体数据考察了外部化合同管理的质量。数据表明，有一些重要的因素在某些国家的环境中制约着外包的成功。最重要的一个很可能是合同的竞争程度。在捷克与斯洛伐克的条件之下，在可能的提供者之间通过竞争性竞标签订的合同太少。我们全部的数据时间跨度逾十年，并且显而易见的是情况没有发生好转。这可能是所有转型国家的共同问题。为了改变这一情况，应当在我们的公共管理体系中赋予问责制以实际的价值，干预手段也应不仅仅关注于过程，也要关注于结果。

开放政府和创新：加强公民知情权，促进公民发展

作者：Rolet Loretan
国际行政科学学会

引言

开放和透明是良好治理的关键要素，是 21 世纪构建民主的基本模块，其中，创新被视为知识经济中促进变革的推动力量。然而，不同国家对于开放和创新有着不同的观念和解读。为了衡量开放与创新，已经提出了许多报告、研究和指标。国际行政科学学会（IIAS）以及其他主要的国际机构正在全球范围内通过各种各样的项目和倡议，不断推广开放和创新的观念。本文旨在强调去年在这一领域中国际行政科学学会和联合国以及其他合作伙伴（即联合国治理项目办公室、联合国公共行政网和经合组织）发起的一些倡议。

开放政府和公民参与

开放和政府是不经常一起出现的两个词。一般情况下，我们都认为政府不是开放的。公职人员会因为保守或"不对外公开"而受到褒奖。然而，新技术的迅速发展已经极大地增加了政府面临的复杂性，政府要应用更加包容的方法，共同创造并且共同交付新服务。所有这些都意味着政府官员、私营领域以及公民都必须要扮演新的角色。

所以问题是，政府如何受益于公民参与？如何能让技术强化这些过程？而同时公民又如何利用这一机会更多地参与治理过程。

公民的期望已经发生了极大变化，他们现在想要参与到决策过

程。公民参与往往被视为促进问责制的一个机制，并且最终会改善政策和公共服务的质量。然而，当说到公民参与时，倾听公民的心声只是这一过程的一部分。态度积极、目的明确的公民希望并且能够利用政府的数据，这样就可以促进政府提高自身的开放程度。所以，需求会创造并且激励供需平衡中的供应方。

平衡的双方都面临许多未解难题：我们将如何促进态度转变并且克服技术恐惧，从而进一步实现开放型政府和公民参与，使我们超越实体基础设施的局限？我们如何确保不同的人口阶层之间的包容性和社会公平？如何尽可能减少数字鸿沟造成的影响？

为了回答这些问题乃至其他问题，国际行政科学学会在联合国公共行政网能力建设论坛，即"开放政府数据的下一阶段"期间于2012年10月在南非开普敦召开了一次研讨会：利用数据促进透明、问责和合作。会议的另外一个组织方是南部非洲发展共同体（SADC）、联合国经济和社会事务部（UNDESA）以及南非公共管理部公共服务创新中心（CPSI）。国际行政科学学会举行的关于开放政府促进公民参与的座谈会得到了许多重要学者和从业人员的参与，他们来此分享自己使公民参与促进开放政府方面的知识和经验。座谈会中一些非常重要讨论领域将在下文涉及。

信息获取

世界上大多数国家已经引入了一些类型的法律行动，促进公民获取信息。例如，欧盟批准了一部"服务指令"（2009）。该指令规定了跨境服务提供，加强统一市场服务受众的权利，并且帮助建立新的公司等等。

在许多研究中，管辖信息获取的法律被用作衡量开放政府有效性的指标。在实践中，衡量、执行、使用和执法工作受到阻碍，因为在每个体系中存在着一些需要注意的事项。特别是在法律执行后（甚至是法律执行后），政府依然拒绝向公民和其他民间社会成员公开信息。执法机制，例如冗长、烦烦的上诉流程并不能很好地促进信息获取。有助于这些机制充分发挥作用的公民参与的机制以及胜任的员工，以及将公民反馈融入政策制定过程中的体制在许多国家仍然处于发展阶段（OECD，2012）。

社交网络（例如脸谱网、推特网）和智能手机使公民可以获得更多信息，并且因此他们团结起来可以更加响亮地表达自己的声音。发达国家的经验再一次证明了，因特网和移动技术对于群众教育发挥着重大影响。如何继续利用社交媒体提供的机会仍需开展更多研究。

公民参与赋予公民影响变革的权利可以对他们在社会中的作用产生极大影响。

信息安全和开放政府

目前，获得信息是每个公民的权利，也是民主治理的前提。然而，我们如何一方面确保国家主权和国家数据安全，另外一方面又能向公众开放信息呢？技术发展使得大量数据可以几秒钟之内进行跨境和跨大陆传输。

和信息安全有关的开放政府倡议具有许多复杂的问题。公民有权获得政府发布的开放、透明的数据。然而，这里有两个重要的因素：隐私和安全。公民同样需要受到保护，以免个人隐私受到侵犯，防止违反保密规定，防止其他迫切的利益和权利遭到损害。开放数据使公民能够对政府问责，因此可以打击欺诈和腐败。然而，这同样也可能会威胁到国家安全。

无法获得政府数据会造成不信任问题。根据信任度晴雨表（Trust Barometer）的数据，超过半数的世界公民对政府持不信任态度。民主是公民和政府之间的一种关系，并且在任何关系中，无法获得信息都会造成双方的不信任。关系的质量取决于其中各方的信任程度。根据 Bekkers 的观点（2011），如果参与各方担心他们所提供了知识和信息被他人用来对自己不利，那么观点、知识和经验的自由流通就不会出现。信任可以促进创新，因为关于它减少了关于投机行为的不确定性，并且会加强参与者认为他人也会运用自己的善意寻求创新解决方案的这种感觉（Zand，1972，转引自 Bekkers，2011）。

创新和价值合作

信息和通信技术（ICT）以及创新正在促进公民和政府之间的合作，并且使全世界趋向于得到共同价值和针对棘手问题的解决方案。利用和完善开放政府数据会赋予公民权利；信息共享会提高公共服务的效率。这是公民和政府之间一种清晰的合作。

为了在全世界以及国际行政科学学会会员中进一步推广开放政府的创新和创新做法的概念，最近该学会和经合组织一起创立了一个新的合作型倡议，共同收集、存储、分析并且和成员国共享良好做法。共同目标是通过建立一种正式的互动平台，实现一种共赢的局面，促进信息共享、传播、扩散以及创新做法的采纳。这一活动平台使有关各方，包括学术界人士、国际组织以及政府的代表可以讨论和交流关于识别创新做法以及按照新颖性、目的、重点、影响以及执行情况对这些做法进行分类方面的观点。这一倡议将与公共领域环境下学习创新（LIPSE）项目合作完成，该项目将由欧盟出资，并且由荷兰鹿特丹港市伊拉斯姆斯大学领导。该项目的重点是"公共领域的社会创新"。

经合组织国家公共领域创新项目的"观象台"于 2011 年建立，其宗旨是建立一个创新做法数据库，这些数据通过在线互动平台来获取。该项目是在我们的网络中促进这一重要话题讨论的起点。利用技术为提供服务找到创新性解决方案可以在政府面临开发和提供更多更好的公共服务的挑战，但财政吃紧的情况下，为政府找到出路。

电子政务促进开放政府和创新

开放政府发展的另外一个纬度非常依赖于技术方面。以创新的方式提供服务和开放政府数据与技术观念有着很强的相关性，尽管这并不是唯一的关系。虽然存在一些并不依赖技术创新型做法，但是总体上创新和开放政府与信息通信技术紧密相关。

　　不幸的是，虚拟世界造成了新的不平等现象。一般而言，和发展中国家以及转型国家相比，富裕国家的公民可以更好地利用信息通信技术。然而，这种差距并不一定始终存在。全世界的政府，包括发展中国家和发达国家政府都越来越多地使用信息通信技术改善自身的服务，并且使服务获取更加便捷。

　　电子政务的日程会和开放政府以及创新的日程相互重叠。电子政务旨在提高向公民、公司以及雇员交付服务的质量；使公民通过互动参与治理过程；通过获取知识和信息赋予公民权利；并且提高政府工作的效率和有效性（Bhatnagar，2004），以此促进透明、以公民为本和民主治理。

　　在澳大利亚、加拿大和英国的政策文件中，他们把信息通信技术作为减少政府的碎片化、提高政府响应速度、加强政府一致性的重要因素。在荷兰国家的电子政务政策文件中，他们重点强调了各种目标，包括自由获取信息、公民享有施加影响的个人自由，以及公共领域开放性和服务交付合理化等等。（Homburg，2008）

　　国际行政科学学会在全世界开展了各种活动，加强对电子政务的理解和认识。2012年12月，联合国治理项目与哈萨克斯坦政府以及阿富汗政府合作，举行了一次能力开发研讨会：利用现代电子/移动技术和现有最佳做法促进公共管理。参加此次研讨会的有阿富汗电子政务领域的首席信息官（CIO）和高级官员。国际行政科学学会代表还在此次研讨会上举行了一次关于电子商务中新问题的培训课程。这一活动得到了媒体的广泛报道，并且促进了阿富汗公务员的能力建设。

　　这次研讨会同样也为国际专家和国内从业人员提供了加强能力建设平台，并且给出了各级政府（包括地方、地区和国家一级）发展从业人员和政府政策从业人员在电子/移动政务领域所需的基本核心能力和实用技能。这次研讨会得到了国际社会的极大支持，从而帮助阿富汗度过这一艰难的过渡期。

知识经济和创新

　　欧洲目前选择构建更加具有创新性、知识驱动的社会，因为创新有助于减少地区不平等问题。国际行政科学学会在这方面计划采纳超越欧洲边界范围的创新观点，将这些观点扩展到全世界成员国组成的网络中，借此将创新思维更加迅速地向这些国家推广。

国际行政科学学会在这方面的一个举措是发展了民间社会和政府之间的创新互动。国际行政科学学会预计将在 2013 年 10 月组织一次辩论会，在这次会议上，民间社会、学术界以及不同国家政府的代表会需要分享他们的观点，谈谈如何开发政府和私营领域之间创新性互动和沟通方法。

结论

全世界政府目前正在努力利用越来越少的资源交付更多、更好的服务。公民作为政府服务的消费者目前越来越不能容忍为糟糕的服务支付税收。不断持续的财政吃紧和预算赤字提高了服务的个性化，并且促进了电子服务交付。

要想实现与公民参与有关的好处（例如改善公共服务的交付和促进公共服务创新），就必须要求利益攸关方能够并且愿意应对参与式创新。执行成功的、开放的政府倡议会涉及到许多往往被忽略的过程，例如创立制度框架，并且发起适当的参与式设计。除此之外，在这一过程中，信息和通信技术作为促进透明和包容性参与的工具，可能发挥至关重要的作用。

同从西方国家引进的倡议相比，本土发展起来的开放政府倡议更有可能兴旺发达。

参考文献

Bhatnagar, S. 2004. *E-government: From vision to implementation: A practical guide with case studies* Sage publications.

Bekkers, V., J. Edelbos and B. Steijn. 2011. *Innovation in the Public Sector: Linking Capacity and Leadership* London, Palgrave Macmillan.

EU. 2006. Directive 2006/123/EC of 12 December 2006 on Services in the Internal Market.

Gavelin, K. S. Burall and R. Wilson. 2009. *Open Government: Beyond*

Static Measures OECD publishing.

Homburg, V. 2008. " Understanding E-Government: Information Systems. " in *Public Administration* NY: Routledge.

OECD. 2011. "Together for Better Public Services: Partnering with Citizens and Civil Society. " in *OECD Public Governance Reviews* OECD publishing.

White House. 2010. Memorandum for the Heads of Executive Departments and Agencies, Washington.

第四部分　关键改革三：提高政府绩效

公共领域的绩效管理和绩效评估

作者：Pan Suk Kim

韩国延世大学

引言

　　本文的目的是从总体上回顾和讨论公共绩效管理和绩效评估，其中特别关注绩效工资。绩效是目前非常时髦的一个话题，绩效管理也成了一种新的组织意识。

　　在全球经济危机的背景下，几乎所有公共组织和私营组织无论如何都要面临着绩效挑战。文献中已经对绩效管理的各个方面进行了广泛的讨论。许多研究人员和专家认为设计绩效管理体系的一系列指导方针将有助于提高绩效（Kaplan 和 Norton，1996，2006）。很久以前，传统的绩效管理是由成本核算与管理会计发展而来的，并且从纯粹的财政角度来看待绩效措施似乎不太合适。于是，20 世纪 70 年代，多维绩效管理发展起来了（Radnor 和 McGuire，2004）。

　　实际上，"绩效管理"一词直到 20 世纪 70 年代才投入使用（Armstrong 和 Baron，2005）。从那时以来，绩效的语言就成为许多公共领域组织工作的日常特征。它常常涉及制定希望实现的标准或指标，以及组织系统的审计，以确保一致性（Boland 和 Fowler，2000）。总体而言，绩效管理包括一系列活动，从而确保始终以有效、高效的方式实现组织目标，并且，因此，其中涉及共同愿景、管理方式、雇员参与、激励和奖励、能力框架、团结合作、教育和培训、态度以及对话。

　　Brown（2005）表示，引入绩效管理有不同的原因：（1）提供关于组织有效性和/或雇员有效性的信息；（2）改进组织和/或雇员的有效性；（3）提供组织和/或雇员效率的信息；（4）提高组织和/或雇员的效率；（5）提高雇员的积极性；（6）使雇员工资和绩效认识联系在一起；（7）加强对雇员的问责；（8）使雇员的目标和组织目标结合在一起。根据美国政府跨部门工作组的叙述，Halachmi (2011) 也给出了"为什么要衡量绩效"这一问题的许多答案，旨在：(1) 展示方案活动的结果；(2) 说明这些结果如何支持方案或组织内部目标；(3) 确定有效和无效措施；(4) 促进问责制并且为资源分配确定理由；(5) 加强管理人员和利益攸关方沟通的能力；(6) 开发并加强具有类似宗旨和目标的项目和组织之间合作伙伴关系；(7) 动员并且向雇员提供切实的反馈；(8) 满足相关法律的要求，例如《政府绩效与结果法案》。

文献中指出了成功绩效管理体系的关键特征：(1) 绩效管理体系和组织现有的体系以及战略相一致；(2) 领导层决心；(3) 存在一种文化，其中绩效管理被视为提高和发现良好绩效的一种方法，而不是成为惩罚表现不佳者的负担。 (4) 利益攸关方的参与；(5) 连续监督、反馈、传播信息并且从结果中吸取经验教训（Wang 和 Berman，2001；De Waal，2003；Franco 和 Bourne，2003；Fryer et al.，2009）。

绩效管理体系中一个关键要素是绩效衡量，即说明需要作出哪些改变，反过来这些改变会带来哪些提高绩效的预期行为的一种监督（Lemieux-Charles et al.，2003；Fryer et al.，2009）。专家经常使用绩效管理和绩效衡量这样的词语，两者可以交换使用，但是在一定程度上存在差异。绩效管理是一种行动，其基础是绩效衡量和绩效报告，结果是不断改进行为、动机和过程并且促进创新，而绩效衡量是定量或定性地表述某一事件或过程的投入、产出和活动水平（Radnor 和 Barnes，2007；Fryer et al.，2009）。绩效衡量的主要功能是指出完成评价所需要的广义、抽象的目标和使命。绩效衡量的主要方面包括：(1) 确定衡量的对象；(2) 衡量的方法；(3) 数据的解读；(4) 结果的传达（Wang 和 Berman，2001；Fryer et al.，2009）。

一般而言，绩效管理共分为四步：(1) 绩效规划（确定绩效目标、确认绩效责任、设定绩效指标或签订绩效协议）；(2) 绩效执行（执行绩效目标的、绩效的年中检查和定期备案、绩效目标的实现情况）；(3) 绩效评估（绩效评价、将绩效结果通知相应雇员）；(4) 绩效审查和反馈。本章重点关注绩效评估，涉及政府雇员的考绩问题。

将考绩作为一种绩效评估方式

绩效管理是不间断的过程，其中管理人员和雇员需要：（1）指出组织的战略远景、目标和宗旨；（2）指出并且描述基本的工作职能，并且将这些职能和组织的使命和目标联系在一起；（3）制定现实、适当的绩效目标标准；（4）采用各种方式衡量实际的绩效，并且和目标绩效进行比较；（5）传达具有建设性的绩效评价；（5）对保持、提高或建设雇员的工作绩效的发展机会进行安排（Neely et al.，1996）。绩效管理过程给雇员和绩效经理提供了讨论发展目标并且共同制定相应计划的机会。发展方案应当有助于组织的目标，以及雇员的专业化发展（Carney，1999）。

然而，在本章中将绩效管理体系中的所有这些步骤一一进行描述不太现实。本节重点关注总体的绩效管理当中的绩效评估（绩效考核或绩效评价）。通常情况下，公共领域中的绩效管理体系分为两个层次：组织一级的绩效管理和个人一级。对于组织一级来说，每个机构的总体绩效可以按照主要的政策执行情况、财务业绩以及其它关键领域（其中包括人事、组织、电子政务和公共服务质量等等）进行评价，可以采用各种指标，例如投入、过程、产出以及结果指标（Kuhlmann，2010）。为了估计组织一级的绩效，政府中往往使用平衡计分卡（BSC）方法（Kaplan 和 Norton，1996，2006）。组织一级的绩效考核可以由总理办公室或中央/联邦政府中相应机构来完成或由领导机构与财政、人事、组织、审计、电子政务、公共服务质量等领域中几个机构合作完成。然而，关于组织一级绩效考核的讨论超出了本章范围。

对于个人一级来说，许多国家可能已经建立了一些类型的绩效考核（或绩效评价体系），可能以绩效协议、典型特征评核法和/或360度反馈作为补充评价等方式出现。个人一级的绩效考核可以由各机构的人事部门来完成，政府雇员的绩效可以定期进行评价。根据绩效评估的结果，可以向政府雇员提供激励措施。总体而言，激励体系的基础是动机理论，这一理论的特征是采用多样性的模式和理论框架。动机理论有许多，但其中两个主要的理论是动机的内容理论和认识过程理论。动机内容模型重点指出个人需要的真实本质，而认知过程理论要解释如何激励人以及人为什么受到激励（Gortner，Mahler 和 Nicholson，1997）。

全世界各地许多机构将评估结果作为升职和/或绩效工资的基本数据。下文对三种经常采用的方法进行了描述。首先，绩效协议（可能针对高层官员）已经成为新管理体系中一个常见的要素，作为一种适用于政府高层的绩效管理机制和促进主要公共政策执行的一种方法。个人评估体系是指内阁部长和管理人员之间签订协议，其中包括基于该机构的战略文件的绩效目标和措施。在绩效协议中，重要要素可以包括基于该机构总体战略目标的个人绩效目标、绩效指标、衡量方法、绩效对象以及实现计划。通过明确我们从事的工作和我们要实现的目标之间存在哪些差异，促进新管理原则。同样通过必要的过程（年中审查和监督、绩效记录保存和采访以及最终审查），加强绩效评估的客观性和公平性。然而，其有效性取决于高层官员是否愿以确保绩效指标可以具体地详细说明，并且能够按照绩效指标公平地评价雇员的成绩。

第二，典型的绩效评估是公共和私营领域中一种常见的雇员绩效评价机制。这种方法可以划分为以特征、行为、结果为基础的体系。绩效评估的主要目标是衡量每名雇员一年的表现，并且向雇员作出反馈，从而使他们改进今后的表现。绩效评估是整个绩效管理体系的核心。以清单或等计量表方式出现的典型绩效评估体系主要涉及两个方面：（1）工作绩效，涉及及时性、完整性、工作难度等等；（2）履职能力或特点（核心竞争力），涉及规划、沟通、合作、创新、以客户为导向。绩效评估应当作为升职过程中最为重要的部分，从而反映出雇员在政府中绩效的重要意义。这种评估使每个内部能通过考虑具体的细节，确定自己的要素和分值。

第三，360 度反馈（多层次评价）支持将多个评价指标作为为了发展和评估目的进行考核绩效的有效方法。新 360 度反馈不仅用于升职，而且还有助于确定工资级别上涨、绩效工资、培训、岗位任命以及其他人事工作实践。360 度反馈方案要求管理人员、下属和同行参与到评价其他人的过程中，涉及与工作相关的条目，包括成绩、态度和领导力（Kim，2003）。

然而，在设计绩效评估体系过程中，必须要注意到许多方面，这些会影响到该体系能否有效衡量某一工作环境下雇员的贡献（Buford 和 Lindner，2002），其中包括信度和效度、需要衡量的内容（标准）、评估信息来源、评估的时间安排、以及评价者误差的控制（第一印象、光环、集中趋势、评价者模型、似我效应、对比效应、成见等等）。因此，设计评估体系不仅要制定政策和流程，而且还要获得整个劳动力队伍及其工会的支持。高层官员必须公开承诺支持这一方案，并且分配足够的资源，为适当的行为建立模型，而且管理人员需要相信这一体系非常有效并且可以操作（Berman et al.，2006）。

能力框架

一个绩效管理体系的宗旨是提高所有个人的绩效，从而改善所有人和整个组织的绩效。虽然评价的方式可能不同，但是绩效管理体系有一些共同的特征。通常情况下，一个组织的目标和个人工作之间有着明确的联系；并且和年初或一年中决定的工作计划或目标加之截止日期之间有着明确的联系，这些和组织的需要直接相关。这包括个人要明确地认识到他们所要实现的目标以及这些目标的衡量方法，明确了解对于履行职责过程中雇员必须采取的各种行为有明确的方向，而且这些行为能够让组织接受，并且可以衡量。这些往往是在能力框架下进行描述：（1）所有人都能够理解的透明的衡量体系，最终分数由领导人决定——有时得到领导人和/或管理人员的批准；（2）发展需要和成绩的确定和记录过程；（3）指出并且处理表现不佳者的过程；（4）针对表现好的雇员的一些形式的动机和认可。许多评价体系通常情况下分为以下几个部分：（1）目标或工作计划——留下空间填写考核结果和打分；（2）其中一些还会概述岗位的主要职责——重要的是没有岗位表述的情况；（3）能力框架或其他记录和标记行为和技能的方式；（4）还有一个部分确定并且记录发展需要；（5）对于绩效的书面评论以及标记框。

现在，在全世界各地，胜任力框架往往被用于公共和私营领域。介绍胜任力框架的文章有许多，非常重要的是，在任何设计开始时，就要明确该框架涉及的内容。胜任力框架通常包括一个人在组织中完成自己的需要展示的工作知识、技能和性格，哪些会受到肯定，哪些是组织无法接受的。这些是任何工作都需要的行为要素。一切工作涉及这些要素。为了更好地履行职责，所有组织都对这些要素提出了要求，从而成功完成任务。职业能力可以用来"提升目标"。

任何组织的成功都和工作人员的绩效有着直接联系，这不仅要求他们有良好的职业技能，而且还要求为成功创造环境的行为技能，这些更加难以确定和衡量。胜任力框架指出了一个组织所需要的这些行为技能，并且给出了一种向工作人员明确传达以及衡量这些行为技能的方法。其中一个例子是团队合作技能。我们并不是说要对这些技能、态度和要求的行为从总体上进行模糊说明，而是要通过设计胜任力框架的过程，让一个组织确定对它真正重要的因素，并且将其写入文件中，该文件包括期望领导人和雇员完成的目标的一些细节例子，并且公平、简单地将这些目标传达给工作人员，然后加以衡量。因为这些技能和态度从根本上讲属于行为，所以可以改变和不断提高，并且这样做有益于组织。

然而，在所有这些工作之前，必须要明确这些技能和行为，而且这也是一个胜任力框架中最大的优点。这赋予了组织一些工具，能够确定重要的要素，促进要素有的标准化，并且确定一些方法衡量工作人员是否满足了这些标准。这有助于准确地指出工作人员为达到框架提出的标准需要有哪些进步，并且指出那些不愿意或不能够满足目标的工作人员。通过指出工作人员和领导人接受和执行变革的情况，胜任力框架有助于组织促进文化转型。例如，期望雇员更加关注客户的一个组织可以将这一点纳入到胜任力框架，并且提出所需标准。然后所有的雇员都知道这一点非常重要，并且知道自己需要完成哪些工作，以及自己的绩效如何衡量。

这种能力框架中最为重要的优点是可以：（1）促进更加公平的聘用、升职和评估体系，因此促进这些体系把绩效作为基础；（2）使组织目标和个人目标之间建立明确的联系；（3）建立一个岗位描述体系；（4）催生可以衡量，因而更加准确的评价工具；（5）在大型组织中对评价进行标准化；（6）领导人和雇员明确地认识到他人对自己的期望，从而更好地实现这些期望；（7）准确地指出培训需求；（8）准确地指出表现不佳的雇员；（9）执行改革和改进日程。

胜任力框架通常情况下不包括工作可能需要的职业或专业技能，

例如会计学。通常情况下，这些技能是岗位描述过程的一部分。胜任力框架总体的特征和内容包括涉及不同行为的标题。这些标题会说明人们每一类行为的期望。

　　胜任力框架不需要太过复杂，但是其中存在大家都认可的许多挑战，这些挑战在设计和执行过程中必须要予以考虑。这些要和组织密切相关（所以现成的一些已有的东西并不总是最好的），并且语言和措词应当符合组织的文化。在采用这个框架之前，还要和雇员之间有着良好的沟通，并且要设置监督体系，以跟踪不同组织的分数，然后每年对关于组织绩效的这些结果进行比较。非常重要的是，个人工作要符合组织的需要。韩国政府要求的核心竞争力包括：战略思维、问题理解和解决、以绩效为导向、变革管理、客户满意度以及协调和一体化。

表一　英国和美国高级政府官员核心竞争力的例子

美国（高级行政职位） 核心资格	英国（高级公务员） 核心资格
领导变革（创造力和创新、外部意识、灵活性、恢复力、战略思维、愿景）	战略思维
领导人民（冲突管理、利用多样性、发展其他人、建立团队）	人员管理
结果驱动（问责制、客户服务、果断、企业家精神、问题解决、技术可靠性）	项目和方案管理
商业头脑（财务管理、人力资本管理、技术管理）	财务管理
建立同盟（建立合作伙伴关系、政治理解力、影响/谈判）	沟通和营销

　　例如，在美国，高级公务员核心资格（ECQ）确定了建设联邦企业文化所需的个人能力，这种文化以结果驱动、服务客户，并且在组织内部和外部建立成功的团队和同盟。高级公务员核心资格是进入高级行政职位（SES）所必需的，并且许多部门和机构在管理层行政职位选拔、绩效管理和领导力开发过程中也使用这种方法。高级公务员核心资格包括领导变革、领导人民、结果驱动、商业头脑、以及建立同盟。在英国，政府专业技能（PSG）胜任力框架用

于行政部门中的工作和职业。其中列出了行政部门工作人员更好地履行职责所需要的技能，而不管他们在哪里工作，处在什么级别上。政府专业技能列出了通用的技能要求，包括领导力、核心技能和专业技能（根据个人的职业和角色各有差异）。六个核心技能包括人力管理、财务管理、分析和使用证据、方案和项目管理、沟通和营销以及战略思维。

评价和胜任力框架是许多人力资源过程主要的组成模块之一。胜任力框架可以用来帮助确定测试和挑选机制的过程和内容。例如，如果团队合作非常重要，那么挑选者可以寻找开展合作和支持同事的追踪纪录。对实现目标、展示胜任力以及开展开发活动的可靠工作记录进行评价的结果可以让挑选者看到过程，并且有助于发现最佳人选。推荐的评价体系中至少包括主要职责的描述，随着这一体系的展开，应当更容易识别发展需求。这些需求可能比事先确定的需求更加多样（需要更多的"软"技能和管理技能），所以培训和开发功能对于满足这种需求是必要的。

绩效的激励机制

激励机制是促成或激励具体行动过程的任何因素（财政和非财政因素），是一种鼓励人们以某种方式从事工作的预期。它可以分为各种类别，比如物质奖励、道德激励（例如做正确的事情）、非货币激励机制（例如社会认可和奖励）等等。但是对于政府雇员最常用是以"绩效工资"（PRP）或与绩效有关的工资形式出现的财务奖励。

19世纪末以来，利用绩效工资提高生产力已经成为了美国管理思维的一个基本要素，并且，最初的科学管理人员最著名的是他们努力使工人的工资制度合理化，即采用了所谓的"计件"工资。他们的目标是提高蓝领工人的生产效率。目前，政府对于绩效工资的重视正是在这样一种财政紧张的背景下出现的，并且这种制度主要关注于激励和提高白领工人的生产力（Nigro 和 Nigro，2000；Kim，2003）。行政部门引入绩效工资的尝试出现在20世纪80年代和90年代的一些经合组织国家。在许多情况下，这是始于20世纪70年代中期的经济危机造成的结果之一。这使许多人在公共管理业务中倡导类似企业的高效方法。工作过程需要接受审查，并且要提高效率，而且政府雇员需要创造更好的结果。20 世纪 80 年代前，经合组织行政部门的大多数公务员的工资体系是根据工作岗位给予报酬，而不管岗位上工作人员的绩效如何，这一体系的基础是岗位描述以及得分有关的工作评价。评价采用了不同的技巧，例如分析性和非分析性方法，或两者结合。除了这一体系，他们还强调资历和服务年限，将其作为职业晋升的基础。20 世纪 80 年代末和 90 年代初，许多国家努力减少服务年限在工作评价中的比重，通过引入或增加工资在个人或组织绩效中的重要性。然后，20 世纪 90 年代，一些经合组织国家工资体系出现了一种变化趋势，尝试采用绩效工资（Cardona，2007）。绩效工资计划采用了不同的方式，包括采用一次性奖金或可变薪酬、永久性增加基本工资、基于小组的奖金或利润分享。绩效工资是一种通用术语，适用于一系列货币激励方案（Nigro 和 Nigro，2000；Kim，2003）。

绩效工资之所以受欢迎是因为在很大程度上基于一个假设，即它会通过对绩效的关注，弥补传统薪酬系统中一个根本性缺陷，相比之下，以前则是根据岗位级别和雇员资历发放薪酬。从逻辑上讲，它接受了期望理论中所说的动机认知模型。期望理论认为，应当把工资看成一种管理工具，因为工资非常强大，有助于控制雇员的日常行为。往往通过奖金和绩效工资来鼓励绩效，绩效工资在一定程度上是一种激励，它和雇员对于自我认可和成就的需求要得到满足有关。所以工资水平很重要，并且要满足最基本的要求，才能使绩效工资成为一种激励因素（Milkovich 和 Newman，1999：276）。期望理论认为，人们都有期望得到满足的需要，并且他们会理性地计算期望和手段，会相应地改变自己的行为。人们会选择带来最大回报的行为，并且雇员能力的考核十分重要。因此，绩效工资可以用于激励雇员的业绩（Kim，2003）。

据说，传统的工资管理体系（基于成员资格诱因），并不能让主管获得把工资作为一种有效激励手段的自由裁量权和灵活性（Gabris 和 Mitchell，1985；Nigro 和 Nigro，2000；Kim，2003）。作为一种合理的方式。绩效工资听起来非常吸引人，可以促进政府雇员的绩效改善。它是政治家和公众发出的信号，即被管理者处于控制中，而且现在工作正在朝着他们预期的方向发展。与此同时，管理人员还可以借此表示自己要对重要的外部客户负责，并且他们认识到了绩效落后并且会采取相应措施（Perry，1991）。绩效工资可以在管理人员和政治家手中成为强有力的工具，从而在推动改革或实现自身政策目标过程中施加影响。绩效工资的优点通常得到强调，包括：（1）增加对于非常符合条件和具有才干的专业人员的吸引力；（2）增加一种可能性，即工作表现较好的雇员会感到自己被肯定并且自己的努力会公平地换来收入；（3）使管理层重视利用可以衡量的标准和目标进行准确的绩效评估；（4）为主管们提供一种有效的方式，从而迫使表现不佳的雇员改善绩效或辞职；（5）鼓励主管和下属对目标和期望进行明确的交流；（6）加强组织以有效的方式分配有限财政资源的总体能力（Nigro 和 Nigro，2000；Kim，2003）。

然而，尽管面临这些期望，但是公共领域对于绩效工资方案的运用也差强人意。在公共服务中，与绩效工资体系有关的一个主要问题是它们往往会造成绩效评级的虚高和工资上涨，进而增加人力成本，即便是在已经设定正式工资上限的情况下。当面临要保留雇员的压力时或在人员超编以需要克服内部瓶颈时，管理人员往往不分青红皂白会对较高的评级给予表扬和奖励。这使得雇员和工会将绩效工资看成是工资中可以通过谈判协商解决的部分，除非得到绩效工资，否则就消极怠工（Kim，2003；Cardona，2007）。世界银行（2003）关于影响公共管理部门改善绩效的因素进行研究的文件中得出的结论是：（1）建立精英公务员队伍对于绩效来说始终具有重要意义；（2）完善的行政流程体系为精英管理奠定基础；（3）绩效管理体系的影响力明显不足，在一些情况下，甚至会带来负面效应。世界银行得出的结论是，在采取广泛措施建立绩效管理体系之前，应当加强精英公务员队伍管理体系和行政体系（行政流程）。经合组织（2005）的一份研究表明，绩效工资对于提高政府雇员动机的影响力不大。

在很多国家，绩效工资成了具有争议的话题，并且是一种天真的方法，即执行绩效工资可能不会带来成功。然而，在适当的环境下，绩效工资可以成为一种实质性、强大的激励因素。这些环境包括建立一个可以衡量并且公平的体系。如果在没有建立这样系统的情况下盲目引入绩效工资，那么它会产生副作用。一旦引入这样的系统，我们建议，应当为表现最好的雇员工资预备一部分资金。

通过教育和培训加强能力建设

当前公共事务的本质变得越来越复杂、越来越多样、越来越碎片化、更加相互依赖、更加消耗时间、更加透明、更加模糊、更加分散，并且参与利益攸关方更多，这造成了更多的冲突和窘境。对于发展中国家来说，能力赤字已经成为一个特别严重的问题，因为他们的能力有限，然而挑战却非常艰巨。近些年来，由于国家的作用开始缩小，在经济危机中资源缺乏，治理成本不断增加，问题变得越来越复杂，所以公共领域的能力不断下滑。与此同时，持批评态度的公民的人数不断增加，也出现了越来越多的抵制文化，声音日益高涨（Norris，1999）。此外，我们还需要再接再厉，尽量利用较少的资源获得较大的成功。我们需要减少新需求和现有能力之间的能力赤字（巨大的差距），包括制度差距和人力不足。目前，公共领域的能力赤字亟须加强。因此，在全世界的公共领域中，能力建设的需求已经得到了广泛共识。

按照这种思想，联合国教育、科学和文化组织（UNESCO）多年来开展了能力建设。能力建设的主要领域包括：政策制定和执行、制度建立、规划和管理、课程开发和教材设计、教学战略以及方法、培训师和宣传员的培训、发展知识结构和机制以及学员成绩考核。与此相类似，在公共管理中，同样需要新的倡议，从而使工作人员加深理解、提升技能，并且获得信息。

2008 年，联合国经济和社会事务部（UNDESA）、国际行政学院联合会（IASIA）工作队强调了以下能力的重要性，特别包括：（1）愿景式领导和战略思维；（2）政策协调（设计适当的信息和知识管理体系）；（3）绩效管理（设计和落实服务交付体系，从而加强思维、健康、卫生、教育、根除贫困以及其他服务的提供，并且采用适当的监督和评价机制）；（4）管理改革（强调冲突和多样性管理、调和悖论和歧义、建立团队以及协商）；（5）抑制重大流行病并且监督和评价干预措施的影响；（6）领导能力传承规划（培养下一代的领导人，以及向下属放权）。因此，行政管理学院和培训学院应当为未来的学者和/或学员提供有效的教育和培训，从而培养他们的能力和胜任力。然而，一些学校和学院可能无法满足这些新要求。因此，应当制定并且推广采用教育和培训方案的标准。换句话说，我们需要通过适当的审查或资格鉴定为教育和培训方案制定适当的标准，从而提高公共领域绩效。许多学校和培训学院为未来的学员和公共领域雇员提供了各种各样的方案，但是这些方案的质量有时存在问题。在这方面，在开发教育和培训方案过程中，应当建立并且利用专业的审查或资格认证体系。

在美国，国家公共事务与管理学院协会（NASPAA）为公共管理教育方案提供了非常有益的标准。国家公共事务与管理学院协会的宗旨是确保公共服务教育和培训的优秀成绩，并且宣传公共服务的理念，该协会提供七类标准：（1）从战略角度管理培训和教育方案（使命宣言、绩效期望、项目评价）；（2）使治理和使命（行政能力、教师管理）相匹配；（3）使日常业务和使命相匹配：教师业绩（教师业绩、教师多样性、研究、奖学金以及服务）；（4）使业务和使命相匹配：服务学员（学员招募、学员入学、学员支持、学员多样性）；（5）使业务和使命相匹配：学员学习（普遍要求的能力、某一任务具体要求的能力、针对某一任务的选修能力、职业能力）；（6）使资源和使命相匹配（资源依赖）；（7）使沟通和使命相匹配。此外，欧洲公共管理资格认证协会（EAPAA）也制定了类似的资格认证标准。此外，许多国家已经在不同领域建立了自己的资格认证体系。

未来希望进入公务员的学员以及现任政府雇员需要适当水平、高品质的公共管理教育和培训。此外，公共管理教育和培训机构应当具有相应的能力和活力，从而实现开发政府和公共服务所需关键能力的具体目标，从而预期并且响应复杂的挑战。在这方面，教育和培训方案应当受到专业性、经常性的技术审查，涉及以下方面：使命和总体政策、课程设置、教师质量和业绩、学员成绩和服务以及质量评估系统。特别是，课程设置应当体现出将公共管理作为跨学科的方案的总体思维，旨在培养学员，使他们在未来的公共领域中具有专业的学术水平。所有的课程设置都应当有充分的理由，包括要符合方案的宗旨，并且保持高质量。核心课程在本科生或研究生阶段应当全面地教授公共管理方面的基本概念、理论、方法和经典著作以及当代学说；这些方案在培训方案中应当教授公共管理的实际应用。

结论

在竞争日趋激烈的当今世界，改善绩效是必然的，重要的是要加强政府的效率和竞争力。在全球化时代，经济无疆界而言，政府雇员的胜任力和绩效需要大幅提升。在这方面，建立起绩效管理和绩效评估，包括绩效工资方案似乎是不错的选择。然而，这一广泛谈论的系统设计的基础是对于复杂的人类本性的深入了解，并且这一方案的有效管理，该设计是成功的关键。仅仅有好想法是不够的。好想法需要通过系统改善和良好做法来付诸实践。如果绩效管理仅仅被视为数据收集和报告工作，那么对于政策制定者来说就没有什么意义而言（Hernandez，2002）。因此，必须改善或调整绩效评价和绩效衡量，从而符合组织和社会的总体环境。我们需要理解战略、人员、组织设计和绩效体系之间的关系，从而在公共领域中实现绩效管理（Radnor 和 McGuire，2004）。

尽管在各国有着各种不同的方式，但是可以说，绩效评价体系已经广泛引进，并且 20 世纪 80 年代以来，政府雇员对于绩效的认识已经逐渐提高。然而，仍然存在许多明显的制约因素。最近，绩效评估和绩效衡量遭到政府雇员的批评是有诸多原因的。第一，人们不习惯评价他人或被他人评价。第二，在许多组织中可能仍然存在基于资历的体系，因此很难在短期之内改变观念和行为。第三，很难开发绩效目标和可以衡量的绩效指标，因为公共事务的本质往往非常难于量化。第四，这些系统似乎要求更多的文字工作，并且它们会增加绩效压力和紧张程度。第五，许多官员对于这些体系的本质缺乏深入了解，对于设定年度绩效目标的难度缺乏了解。

尽管对于绩效管理和绩效评估存在着诸多争议，但是它们的使用的不断增加，并且以不同的形式和不同的程度在不同国家在不同工作中得到应用（Pollitt，2005）。因此，应当妥善设计绩效评估机制，并且在执行过程中要使它的合法性毋庸置疑。这有很多含义。很明显这表明，绩效评估机制意味着在组织中建立公平、均衡的个人能力分配体系；建立设定组织目标的透明机制，并且让在任者知道这些目标；在法律文书或在清晰的内部指南中预先建立个人评价流程；可以对评估流程和结果进行内部和外部审查和监督；最后，需要向雇员个人保证，他们的评估结果会得到正确使用。

不管怎样，不应过高估计绩效工资的影响（OECD，2005）。Perry和同伴（2009）警告，绩效工资往往无法按预期改变雇员的认识，而认识改变对动机改变来说是必要的。因此，必须改善绩效评估和绩效工资措施，从而减少对绩效工资和绩效措施的抱怨和不满。我们还需要很长时间才能成功建立起这样的新体系，所以有必要在国内和国际的合作伙伴关系基础上不断地进行改进。从身份文化到绩效文化的转变（利用新的工作方法和衡量工具）对政府雇员来说是一种特别重大思维转变或文化革命，将促进绩效文化发展（Schay，1997：270）。这种文化的变迁需要很多年时间，才能让改革决心克服没有理想的现成条件等障碍。如果高层管理人员坚定、一贯地承诺促进成功的变革，可以克服对于变革的抵制。政治家和立法机构中高层管理人员的支持以及高级公务员的支持有助于强化变革的需求和推动改革，尽管非常难以获得立法机构中政治家的支持，因为除非是发生了灾难、丑闻或是出现了故障，否则对于这种改革，政治家并不太感兴趣，公民也不太感兴趣（OECD，2005：78；Pollitt，2005：41）。因此，政府领导人对于促进绩效文化坚定的承诺对政府的成功来说至关重要。

最后，政府必须对人力资本进行投资，提供更多机会促进人力资源的发展。积极的人员是在新时代希望发挥职能的任何机构日常运行的关键。10年的机构重组、重塑以及重建工程已经使雇员感到付出比获得的权利更多，使他们更加愤世嫉俗，而不是自立自强。许多机构的管理人员很少把注意力放在雇员的能力和动机方面。在理论和实践两者之间，宝贵的人力资本正受到滥用、浪费和损失（Barlett和Ghoshal，2002：34）。因此管理层需要发展参与和动机文化，因为这些是在政府中吸引、刺激和保留表现卓越雇员的必要因素。

参考文献

Adams，J. Stacy. 1963. "Toward an Understanding of Inequity." in *Journal of Abnormal and Social Psychology* 67：422—436.

Adams，J. Stacy. 1975. "Inequity in Social Exchange." in *Motivation and*

Work Behavior, eds.

Richard M. Steers and Lyman W. Porter, New York: McGraw-Hill, 138—154.

Barlett, Christopher A. and Ghoshal, Sumantra. 2002. "Building Competitive Advantage Through People." in *MIT Sloan Management Review* 43 (2): 34—41.

Bearly, William L and Jones, John E. 1996. 360 Degree Feedback: Strategies, Tactics, and Techniques for Developing Leaders. Amherst, MA: HRD Press.

Berman, E., Bowman, J., West, J., and Van Wart, M. 2006. *Human Resource Management in Public Service*. Thousand Oaks, CA: Sage.

Bevan, G. and Hood, C. 2006. "What's Measured is What Matters: Targets and Gaming in the English Public Health Care System." in *Public Administration* 84 (3): 517—538.

Bloom, Matthew C. and Milkovich, George T. 2002. "The Relationship between Risk, Incentive Pay, and Organizational Performance." in *Academy of Management Journal* 45 (2): 22—35.

Boland, T. and Fowler, A. 2000. "A Systems Perspective of Performance Management in Public Sector Organizations." in *International Journal of Public Sector Management* 13 (5): 417—446.

Bregn, Kirsten. 2008. "Management of the New Pay Systems in the Public Sector: some implications of insights gained from experiments." in *International Review of Administrative Sciences* 74 (1): 79—93.

Brown, A. 2005. "Implementing Performance Management in England's Primary Schools."

in *International Journal of Productivity and Performance Management* 54 (5/6): 468—481.

Buford, James A. and Lindner, James R. 2002. *Human Resource Management in Local Government*, Cincinnati, OH: South-Western.

Burgess, Simon and Ratto, Marisa. 2003. "The Role of Incentives in the Public Sector: Issues and Evidence." in *Oxford Review of Economic Policy* 19 (2): 285—300.

Cardona, Francisco. 2007. "Performance Related Pay in the Public Service in OECD and EU Member States." Paper distributed by the SIGMA, OECD.

Carney, K. 1999. "Successful Performance Measurement: a Checklist." in *Harvard Management Update*. (November, 1999).

Choi, D. 2007. "The Development of a Diagnosis Model for Pay-for-Performance in the Public Sector and Its Application. " in *International Review of Public Administration* 11 (2): 29—41.

Edwards, Mark R. and Ewen, Ann J. 1996. 360 Degree Feedback: The Powerful New Model for Employee Assessment and Performance Improvement. Toronto: American Management Association.

Fryer, K. , Antony, J. , and Ogden, S. 2009. "Performance Management in the Public Sector. "

in *International Journal of Public Sector Management* 22 (6): 478—498.

Gortner, Harold F. , Mahler, Julianne, and Nicholson, Jeanne B. *Organizational Theory: A Public Perspective.* 2ⁿᵈ ed. New York: Harcourt Brace.

Halachmi, Arie. 2011. "Imagined Promises versus Real Challenges to Public Performance Management. " in *International Journal of Productivity and Performance Management* 60 (1): 24—40.

Hernandez, D. 2002. "Local Government Performance Management," *Public Management* 84: 10—11.

Herzberg, F. , 1966. *Work and the Nature of Man.* New York: New American Library.

Hodgson, J. S. 1973. "Management by Objectives: the Experience of a Federal Government Department," *Canadian Public Administration* 16 (4): 422—431.

Kaplan, R and Norton, D. 1996. *The Balanced Scorecard: Translating Strategy into Action.*

Boston, MA: Harvard Business School Press.

Kaplan, R and Norton, D. 2006. *Alignment: Using the Balanced Scorecard to Create Corporate Synergies.* Boston, MA: Harvard Business School Press.

Kellough, J. Edward and Selden, Sally C. 1997. "Pay for Performance Systems in State Governments," *Review of Public Personnel Administration* 17 (1): 5—21.

Kim, Pan Suk. and Ofori-Dankwa, J. 1995. "Utilizing Cultural Theory as a Basis for Cross-Cultural Training: An Alternative Approach," *Public Administration Quarterly* 18 (4): 478—500.

Kim, Pan Suk. 2003. "Strengthening the Pay-Performance Link in Government: A Case Study of Korea," *Public Personnel Management* 31 (4): 447—463.

Kuhlmann, Sabine. 2010. "Performance Measurement in European Local Governments: a comparative analysis of reform experiences in Great Britain, France, Sweden and Germany," *International Review of Administrative Sciences* 76 (2): 331—345.

Martocchio, Joseph J. 2001. *Strategic Compensation: A Human Resource Management Approach*. Upper Saddle River, NJ: Prentice Hall.

Maslow, Abraham. 1954. *Motivation and Personality*. New York: Harper & Row.

McCloy, Rodney A. , Campbell, John B. , and Cuedeck, Robert. 1994. "A Confirmatory Test of a Model of Performance Determinants," *Journal of Applied Psychology* 79 (4): 493—505.

McConkie, Mark L. 1979. "A Clarification of the Goal Setting and Appraisal Processes in MBO," *Academy of Management Review* 4 (1): 29—40.

Milkovich, George T. and Newman, Jerry M. 1999. *Compensation*, 6th ed. Boston, MA: McGraw-Hill.

Neely, A. , Mills J. , Gregory M. , Richard H. , Platts K. , Bourne M. 1996. *Getting the Measure of Your Business*, Horton Kirby, UK: Findlay Publications.

Nigro, Felix A. and Nigro, Lloyd G. 2000. *New Public Personnel Administration*. 5th ed.

Itasca, IL: F. E. Peacock.

OECD. 1994. *Trends in Public Sector Pay: A Study of Nine OECD Countries*, 1985-1990.

Paris: OECD.

OECD. 1997. Performance *Pay Schemes for Public Sector Managers: An Evaluation of the Impacts* (PUMA Occasional Papers No. 15) . Paris: OECD.

OECD. 2005. *Modernising Government: The Way Forward*. Paris: OPECD.

OECD. 2005. *Performance-related Pay Policies for Government Employees*. Paris: OECD.

Perry, James L. 1991. "Linking Pay to Performance: The Controversy Continues," in Carolyn Ban and Norma Riccucci (eds.) . *Public Personnel Management*, pp. 73—86.

Perry, James L. , Trent A. Engbers, and So Yun Jun. 2009. "Back to the Future? Performance-Related Pay, Empirical Research, and the Perils of Persistence," *Public Administration Review* 69 (1): 39—51.

Pidd, M. 2005. "Perversity in Public Service Performance Measurement," *International Journal of Productivity and Performance Management* 54 (5/6): 482—293.

Pollitt, Christopher. 2005. "Performance Management in Practice: A Comparative Study of Executive Agencies," *Journal of Public Administration Research and Theory* 16: 25—44.

Porter, Lyman W. and Lawler, Edward E. 1968. *Managerial Attitudes and Performance*.

Homewood, IL: Richard D. Irwin.

Radnor, Zoe and McGuire, Mary. 2004. "Performance Management in the Public Sector: Fact or Fiction?" *International Journal of Productivity and Performance Management* 53 (3): 245—260.

Risher, Howard and Fay, Charles H. 1997. *New Strategies for Public Pay*. San Francisco: Jossey-Bass.

Risher, Howard. 2004. *Pay for Performance: A Guide for Federal Managers*. Washington, DC: IBM Center for the Business of Government.

Schay, Brigitte W. 1997. "Pay for Performance: Lessons Learned in 15 Years of Federal Demonstration Projects," in Howard Risher and Charles Fay, *New Strategies for Public Pay*, San Francisco: Jossey-Bass, 253—271.

Smith, P. 1995. "On the Unintended Consequences of Publishing Performance Data in the Public Sector," International Journal of Public Administration 18 (2/3): 277—310.

Swiss, James E. 2005. "A Framework for Assessing Incentives in Result-based management," *Public Administration Review* 65 (5): 592—602.

Talbot, Colin. 2008. "Performance Regimes: the Institutional Context of Performance Policies," *International Journal of Public Administration* 31: 1569—1591.

Tsui, Anne, Pearce, Jone L. , Porter, Lyman W. , and Tripoli, Angela M. 1997. "Alternative Approaches to the Employee-Organization Relationship: Does Investment in Employees Pay Off?" *Academy of Management Journal* 40 (5): 1089—1121.

UNDESA/IASIA Task Force. 2008. *Final Report on the Standards of Excellence for Public Administration and Training*. New York: UNDESA. Available from the UNPAN: http://www.unpan.org/DPADM/StandardsCodes/StandardsofExcellenceforPAEducationTraining/English/tabid/1319/language/en-US/Default.aspx.

Van de Walle，Steven and Bouckaert，Geert. 2007. "Perceptions of Produc-
tivity and Performance in Europe and the United States," *International Journal
of Public Administration* 30：1123—1140.

World Bank. 2003. *Understanding Public Sector Performance in Transition
Countries：an Empirical Contribution*. Washington，DC：World Bank.

通过参与式工具衡量欧洲公共领域的绩效：通用评估框架

作者：Marius Constantin Profiroiu　　　　Calin Emilian Hintea
布加勒斯特经济研究大学　　　　　　　巴比波里亚大学

引言

在世界不断变化、全球化和技术革命扮演着非常重要的角色的大背景下，应当重新设计和修改行政的概念，以适应新的现实。为了成功地执行公共政策，政府应当把新技术和新管理工具作为行政管理的基础。此外，应当注意，许多非常重要的决定超越国家政府的范围。

因此，应当注意到，行政管理面临不断地变化且日益多样化的新挑战和新需要。首先，对于国与国之间的对话和经验的交流需求越来越大。全球化过程正使文化价值观在不断融合，因此，应当就尊重每个国家的价值观方面达成共识。另一个挑战是概念和官僚机构的作用发生变化。

新自由主义学说在全球已经极大地影响了官僚政治，这种学说认为在组织和设计上需要进行大幅改动。然而，这些说法未能得到变革和现代化方法和技巧的充分支持。例如，在一些国家，我们亲眼目睹了思维方式的转变，从基于控制和命令的思维方式变为新的概念，例如全面质量管理、基于绩效的评估、参与式评估以及通用评估框架（CAF）。通用评估框架是 2000 年由欧洲公共管理网络建立起来，它是一个支持变革管理、绩效监督和绩效分析的重要工具。

1. 治理和绩效

公共领域必须响应不断变化的社会带来的最新需要，因此在服务交付方面正面临着挑战。过去 20 年间，已经出现了很多公共管理方面的改革。虽然在 1980 年之前就已经出现了改革，但是这一系统的改革目前具有一个明显的特征，即关注国际社会（Politt 和 Bouckaert，2000）。

治理质量不高和政治机构绩效不佳只是全世界各地人们都必须面对的现实的一部分。对于许多公民来说，民主化不仅是普遍的政治和公民权利，而且还是建立有效政治体制的新希望，从而根除腐败并且消除不良治理的一些方面。

对民主政治制度及其服务缺乏信任和存在不满意会造成对民主体制的合法性产生质疑。加强民主合法性的基础是民主巩固过程中不可或缺的一部分。公民对于治理质量和机构质量的认识对于管理人员和研究人员具有重要意义。

对于政府服务交付质量进行研究的不同方法正影响着民主的质量。Rothstein 和 Teorell（2008）认为公平是民主治理的主要特征之一。因此，他们把治理的质量与行使公共权力过程中的公正联系在了一起，从而塑造政治体制和执行政策。这要求公平享有政治权利和普选权。为了让政治制度不偏不倚，这些制度必须要按照普遍原则加以巩固。按照这种原则，公共廉政指的是公平地对待公民，而不管他们属于哪个群体。

民主和公平在概念层面上是相互重叠的。民主合法性要求通过公平适用于主体的法律框架，来保证政治权利和公民权利。因此，民主权利应当是具有普遍性。此外，行政部门应当公平、胜任。

从概念上讲，管理被定义为通过一系列法律对社会进行治理的一种工具，也是对这些法律进行应用和修改的过程。其中包括设定国家在经济、文化、社会政策方面遵循的主要方向（Profiroiu，2005）。因此，对于管理的理解要求和其他人以及和整个社会一起确定政府领导人和规则，以及挑选、定义和执行的各种流程。

良好治理合乎民意，并且对任何组织有效和高效地发挥职能至关重要，而且也是利益攸关方在和这些组织的关系中必须要考虑的关键要素。同样，一个组织的质量管理也是非常重要的特征，外部机构利用这些特征对该组织的绩效进行评价。社会各个领域的情况都是如此：这适用于公共实体和市场的工具、公司以及公民社会组织的工具（Polanyi，1957；Boulding，1970）。

治理的概念广义上可以理解为驱动或行使职权的行为（Kaufmann，2004）更多地被赋予了道德价值（符合它与伦理、公平竞争以及责任之间的联系）。对于在整个社会中讨论和分析治理的概念来说，这一事实的重要性越来越凸显出来。此外，全球化趋势的扩大以及确保可持续环境的迫切任务使我们越来越需要关注全球治理（或政府以及国际社会）。

不管在政府的哪一层（从地方政府到全球一级）进行分析，每个实体（被视为是分析的一个单位）的质量管理都非常重要，因为实体管理会产生外部效应，并且对绩效造成影响（其中，根据该实体自身的利益对绩效进行评估）。

这说明进一步努力考察整个社区领导力的性质和结构，并且在政府部门以外，考察市场和民间社会是必要的。所以，分析中应当考虑到各部门间关系的协同效应，并且认识到，一个组织的治理质量不只是每个领域指标的简单相加。

2. 欧盟一级的绩效分析

"欧洲化"是欧盟制度和政策影响成员国国家制度和政策的一个过程（Wallace，1996）。该领域研究是由 Wallace、Bulmer 和 Patterson 在 20 世纪 70 年代率先发起的。该研究在 20 世纪 90 年代进一步升级，当时，开始分析不同成员国和不同政策领域得出的流程和政策结果。Cowles、Caporaso 和 Risse（2000）认为，欧洲化的程度主要取决于适应性压力，根据成员国的制度设定和政策与欧盟存在的不同，这种压力的强烈程度是不同的。同时还有一些内部变量，包括机构间限制、组织文化以及国家机构的政策。

欧洲的行政管理原则为成员国的行政部门设定的标准，并且激励公务员的行为。在大多数国家，这通常体现在现行立法的各个部分，在议会的不同方案中，以及在必须要处理涉及公共管理纠纷的具体法案章节或法庭判决中。比利时、法国、希腊、爱尔兰以及英国属于这种情况。在其他国家，存在行政管理流程方面的总规则，从而实现这些原则的系统化。奥地利、丹麦、德国、匈牙利、荷兰、波兰、葡萄牙以及西班牙就属于这一类。这些原则包含在各级行政管理流程中。公务员依法必须遵守这些法律原则。

公共管理和行政部门的原则有时非常难以定义。它们看上去往往相互矛盾。效率似乎和正当程序相互矛盾，对政府的忠诚似乎与职业廉政以及政治中立互不相容。决策有时似乎超越法律之外。

一般而言，政府政策应当透明和公开。只有特殊情况才作为秘密或者机密，例如涉及国家安全或其它类似问题时。问责制的具体维度和公共管理效率以及有效性有关，和衡量公共领域绩效的指标有关。然而，确定公共组织的绩效并不容易。在原则上，确定公共领域的绩效非常困难。一个难题是如何定义效率这个概念本身；第二个涉及被分析组织的期望绩效；另一个难题是如何衡量绩效；最后一个难题是绩效标准和评价指标。

从词源的角度来说，绩效概念会引出行动会议的想法。意思是，首先，这要求采取行动并且完成行动，而不需事先解释性质和结果。因此，按照现在的语言来解释，绩效指的是好结果。然而，一个问题自然出现：对于一个公共组织来说，什么样的结果才是好结果？

对于一个组织的绩效分析涉及在结果、手段和目标以及途径之间建立起关系，这种途径是提高效率、有效性以及预算编制所必需的。通过分析绩效的这三个方面，我们发现，第一个方面是功效，即获得的结果与将实现的目标之间的比例，功效显示出，公共管理的绩效是按照现行立法实现具体公共问题的目标和解决这些问题。第二个方面，绩效包括分析和评价公共政策，并且确保这些政策能够由公共管理部门和公务员正确地执行。

不幸的是，各国对这些工具的采用情况并不一致。因此，我们面临着官僚政治概念和行政效率之间的矛盾。此外，组织文化和创造力属于公共领域采纳的新概念。

3. 通用评估框架

在欧盟内部，越来越需要提供一种正式、统一的响应措施，应对政府服务的现代化工作。因此，20 世纪 90 年代末，通用评估框架（CAF）从全面质量管理模型和技巧发展而来［特别是从欧洲质量管理基金会（EFQM）和国际标准化组织（ISO）发展而来］。1997年，欧盟创新性公共服务小组成立；1998 年，欧盟颁布了关于改善向公民提供服务质量的宣言。在此宣言之后，2000 年，公共管理框架开始实施，这是一个以全面质量管理原则为基础的自我评价工具。通用评估框架具有四个宗旨：（1）反映公共组织独有的特征；（2）是公共管理的一个工具，目的是改善所在组织的绩效；（3）是质量管理中使用的不同模式和工具之间的一个联系纽带；（4）促进公共领域不同组织之间的标杆分析。

通用评估框架开发和使用的发展可以分成几个阶段（Staes 和 Nick，2010）。第一个阶段，从 2000 至 2006 年，其特征是将全面质量管理原则和价值观引入私营领域，并且开发和使用了通用评估框架，以此作为一种自我评估工具。因为公共领域组织并不熟悉如何使用自我评估的工具，所以在这方面进行了大量的努力。第二个阶段始于 2006 年，开始执行应用通用评估框架后的改进工作。在这一阶段，通用评估框架的成功体现在公共领域的管理实践有所改善上，这种改善是通过应用框架，从而得出评估和建议的基础之上完成的。2010 年，第三阶段开始，当时引入了针对外部反馈的新流程。这一方法通过同行审查做法促进了标杆学习。因此，在通用评估框架内提供的外部反馈正支持着执行过程的改善以及这一工具对组织造成的影响。

通用评估框架的结构包括 9 个标准和 28 个次级标准，详见图 1：

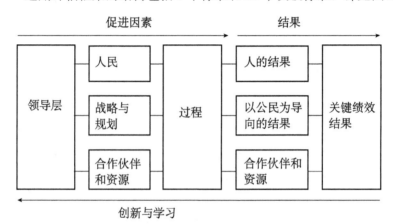

图 1 通用评估框架模型

前五个标准中的第一个针对的是关键特征，决定了组织完成工作和实现预期目标所需要的方法。后面四个标准针对的是在公民/客户、人民、社会方面实现的结果和关键绩效，通过认知衡量进行评价。这九个标准中的任何一个都可以进一步细分为 28 个次级标准，指出在对组织进行评估过程中应当考虑的一些主要问题。

在通用评估框架执行过程中，一个重要方面是人员的参与。因此，这一框架体现了管理层和工作人员之间的共同努力。通常情况下，通用评估框架使管理层及其工作人员首次会面，从而讨论组织的事务办理状态，并且确定未来的发展选择，从而改善效率和有效性。

通用评估框架的应用过程涉及十步，可以分成三个阶段：（1）

开始和启动评估；（2）自我评估过程；（3）利用自我评估结果，制定行动方案和改善组织绩效所需的行动。

通用评估框架资源中心在位于荷兰马斯特里赫特的欧洲行政学院成立。该资源中心通过支持一系列倡议，支持成员国执行外部反馈流程：通过引入国家通用评估网络（CAN）联络员，通过提供通用培训机制，以及通过协调不具备国家协调员的成员国所提供的支持，促进通用评估框架在欧盟一级的外部反馈。

目前，通用评估框架得到了 39 个国家 2 100 多个组织的应用，并且已经翻译成 20 种语言。通用评估框架可以用于公共领域的各个层面：地方一级、地区一级和国家一级。此外，这一工具可以拓展到其他领域，特别是教育和研究。

欧洲行政学院欧盟通用评估框架资源中心在 2011 年 3 月至 4 月之间开展了一份研究，该研究表明通用评估框架用户的满意度较高。研究指出，86％的用户希望未来继续应用这种工具。可持续性、透明度和伦理以及合作伙伴关系、创新和创造力是卓越的原则。然而，实现全面质量管理文化的推动力量在公共领域中仍然有限。

4. 通用评估框架应用过程中汲取的经验

欧洲行政学院欧洲通用评估框架资源中心在其网站上开辟了一个栏目，专门用于介绍良好做法[①]。这使通用评估框架用户可以和所有对标杆学习感兴趣的用户分享一系列良好的做法，并且学习其他人经验。这些经验是从由 11 个欧盟成员国（奥地利、比利时、捷克共和国、丹麦、爱沙尼亚、芬兰、法国、德国、意大利、波兰和葡萄牙）的 17 家公共管理机构在 2006 到 2009 年期间编制的通用评估框架报告中提取出来的。下文将介绍从通用评估框架分析中汲取的主要经验：

● 尽管更难和大型的评价小组达成一致，但是这保证了得到更加客观的结果，并且能够得到更多雇员的对改革的支持。

● 通用评估框架有助于机构工作的系统性。

● 根本不存在负面结果。看上去负面的结果仍然是一个好结果，因为这会显示出需要改进的空间。

● 这种方法回顾和分析了具体活动是否能够成为实现给定目标

① 欧洲行政学院，http：//www.eipa.eu

的最佳办法。

● 会计和外部会计方法：管理控制、客户满意度以及人民满意度调查都用来组织数据。利用通用评估框架标准的这些方法和数据解读具有创新意义。

● 采用简单的衡量方法；每隔一年使用一次通用评估框架就够了。

● 参与 ISO 9001 质量认证过程的出版物"通用评估框架工作"的读者应当知道，通用评估框架是发现潜在改进空间的有效工具，没有这种工具，这些改进空间不会这么快出现。这是对标准化质量过程的一个必要补充。

● 系统的执行并不具备可比的基础。可以和通用评估框架其他用户交流经验有助于避免障碍。此外，需要就标准达成一致以及有机会解释怀疑的必要性也变得非常明显。

● 可以将通用评估框架只应用到组织的一个部分，从而鼓励良好做法。

● 通用评估框架支持竞争理念，从而刺激进一步的发展。一个先决条件是组织要乐于把自己同其他组织进行比较。

● 在自我评估的过程中一个突出特征是单个行政过程的完备程度不同。这导致了每个指标的评估结果不同，并且难以在描述结果过程中将次级标准用于相应过程。在进行自我评估之前对通用评估框架模型进行修改，以适应 DLR 的具体条件，这使得该框架的使用更加便捷。

● 涉及参与的时候，从欧洲质量管理基金会（EFQM）向通用评估框架转变是值得的。

● 透明度和沟通非常重要。通过内部网络、通过新闻通信、通过工作人员以及服务会议、通过培训和面对面地会议进行交流可以保证提高参与的程度和受众的接受程度。通过公开讨论并且强调变革的意义所在，透明和沟通可以克服对于变革的抵制。

● 回顾过去，和工作队的 10 个成员一起开展自我评估是正确的。自我评估（包括所有雇员）本来应当是件非常艰难的工作，因为要处理答案并且对关键领域排出优先顺序。

● 有必要加强组织流程的形式化，以确定和表达目标，并且使系统能够执行这些目标。

● 在通用评估框架执行过程的开始，普通雇员缺乏对这一框架的认识。同时有些人担心变革：把"新事物"放入人的脑海并不是什么难题，难的是把"旧事物"从他们脑海中抹掉！

● 对于通用评估框架执行过程的"反对声音"开始减少，因为管理人员和雇员看到了带来了好处。

● 为了促进这一过程，公开和广泛的交流是必要的（例如在因特网上，在内部时事通讯上、在培训课程和座谈会中）。

● 为了表明行政机构更加开放，我们建议使各个阶层的代表参与通用评估框架过程。执行层和管理层之间的密切联系能确保对这一过程进行连续的评价，从而保证对过程进行持续的引导。

● 在公共行政部门开展质量管理（特别是通用评估框架）要求具有长期规划，并且这一工作不能在短期内实现。

结论

欧盟的公共管理部门需要继续努力实现现代管理，特别是考虑当前的经济危机，更应如此。因此，需要指出展示并且分享好的做法和价值观，从而加强绩效文化和质量管理。这将支持决策过程，并且将激励公务员更好地履行职责。

通过关注效率和有效性，通用评估框架在欧盟的应用正在支持公共领域的改革，其中特别重视透明度和问责制，重视对公共服务交付的意识。

通用评估框架基于一个前提，即组织绩效方面取得好结果可以通过领导层、驱动战略、规划，以及通过合作伙伴关系、吸取经验教训以及透明度来实现。因此，这一工具支持公共组织从不同的角度开展自我分析的工作，即利用全面方法分析组织的绩效。

质量管理和自我评估要求建立致力于责任、问责和透明的现代组织文化。通用评估工具应当最终用作一种指标，用来评估公共管理部门现代化工作是否有效开展。

参考文献

Boulding，K. 1970. *Economics as a Science*，McGraw-Hill.

Cowles，M.，Caporaso J.，and Risse T. 2000. Transforming Europe. Europeanization and DomesticChange，Ithaca，NY，Cornell University Press.

Kaufmann，D.，A. Kraay，and M. Mastruzzi，M. 2006. *Governance matters*，World Bank Institute.

Mungiu-Pippidi，A. 2006. "Corruption：Diagnosis and Treatment." in *Journal of Democracy* No. 17. 3，pp. 86—99.

Polanyi，K. 1957. *The Economy as Instituted Process*，The Sociology of Economic Life.

Politt，C.，and G. Bouckaert. 2000. Public Management Reform，London，Oxford University Press.

Profiroiu M. and A. Profiroiu A. 2005. *Public Administration and European Integration*，UniversityPrinting House.

Rothstein，B. and I. Teorell. 2008. "What Is Quality of Government? A Theory of Impartial Government Institutions." in *Governance* 21，no. 2，pp. 165—190.

Staes，P.，& T. Nick. 2010. *Growing Towards Excellence in the European Public Sector. A decade of European collaboration with CAF* European CAF Resource Centre at EIPA.

Wallace，H. 1996. "Politics and policy in the EU：The challenge ofgovernance." in H. Wallace andW. Wallace，（eds.）. *Policy-making in European Union* Oxford University Press.

政府绩效管理：印度的案例

作者：Ram Kumar Mishra　　　　　Sridhar Raj

国有企业研究所，主任　　　　　国有企业研究所，副教授

J. Kiranmai

国有企业研究所，副教授

引言

全球化和信息技术的到来带来了许多变化，不仅改变了政府的运行，而且还改变了政府职能本身，从而需要全新的过程和全新的结果。全球化不仅让人们走到一起，而且还让政府走到一起，这样，和全世界各地其他政府所做的工作所做的比较越来越容易理解，而这种理解有助于采纳最佳做法。对于最佳做法的这种采纳让我们能在有限时间内带来更好的量化结果。信息技术已经进一步简化了政府机构的程序和做法，公民轻轻点击鼠标就可以获得政府的信息和服务。

因此，全球化和信息技术通过改进流程和做法，已经使政府的产出趋向于企业化。政府不仅希望提供更好的定性服务，而且还希望确保随时提供这些服务，这是源于一种思维的转变，即政府的绩效管理摆上了核心日程。企业型政府的精神已经促成了履职型政府，经常通过对流程和做法的微调，很明确地强调改进绩效。

鉴于这些变化，印度政府已经重点关注负责政策制定和实施的各部的绩效。各部在一名部长的领导下，负责政策制定和实施的行政管理实体。在规模较大的部中，还有其他部长负责协助工作。每个部根据工作量不同可以分为多个司局，印度政府倾向于将绩效指标放在这一层，并且要求明确、有时间限制的结果。

绩效管理的必要性

行政管理中的新公共管理方法已经改变了政府活动的面貌，一方面特别关注输出，而不是输入；另一方面希望争取花小钱办大事。关注重点更多地放在了在某一时间框架内可以实现的叙述清晰、量化的可交付成果，重点是以最为客观的方式对这些可交付成果进行评估。按照新公共管理方法，印度政府已经启动了自己的绩效管理，主要针对行政部门的各个部，尽管时间有一点晚，这一绩效管理体系称为结果框架文件（RFD）。

印度政府通过各个部投入大量资金开展监管、便利化以及福利项目，并且在基层一级的执行过程中得到了各州政府的支持。然而，各部在本质上主要是起支持作用，它们的职能非常难于以绝对方式进行量化。例如，农业和合作部在增加粮食产量方面的作用就很难衡量和量化。同样，环境和林业部在保护森林方面的工作也难以量化。

尽管存在这些困难，但是印度政府已经在内阁秘书处中建立了绩效管理处，并且有着重要的目标，即"在政府中设计一种新颖的绩效管理体制"。虽然各部有着不同的实践做法，它们给出了不同类型的绩效参数，都难以量化。这同样也催生了对懈怠行为的问责制。新绩效管理系统，即结果框架文件旨在促进各部绩效的标准化和量化工作，从而可以在预设的标准和目标基础上对这些绩效进行评价。

在政府各部中需要绩效管理的另外一个因素是政府事务越来越

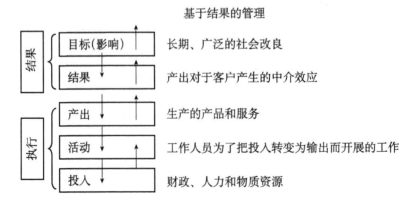

基于结果的管理

结果	目标（影响）	长期、广泛的社会改良
	结果	产出对于客户产生的中介效应
执行	产出	生产的产品和服务
	活动	工作人员为了把投入转变为输出而开展的工作
	投入	财政、人力和物质资源

趋向于企业化，明显关注以需要完成的宗旨和目标形式对活动进行量化。这背后的假设是，一旦需要对活动进行量化，那么成绩、评价和问责就变得简单易行。印度政府的情况并不是如此，印度和一些国家不同，例如经合组织国家，这些国家已经建立了此类绩效框架，并且取得了良好效果。

全球促进绩效管理的努力

经合组织国家针对政府内部的各个机构已经采取了不同的方法，并且这些国家都分别开发并且调整了这些方法，重点关注所在国家的特殊需要。通过 1988 年通过的《国营部门法案》，新西兰政府针对商业和非商业活动提出了一种新的绩效框架。这一法案促进了部长和行政长官之间签订年度绩效协议，其中明确指出可交付的成果。加拿大政府已经提出了管理问责框架（MAF），每年对政府组织的绩效进行一次评估。在英国，我们发现已经建立了框架文件，其中明确规定了政府机构的任务并且确定了部长和行政长官的目标，这些都要接受评价，并且要提交议会审议。

美国绩效管理的重点是一方面加强雇员绩效，另一方面提供以绩效为基础的激励措施。最初的工作是明确目标，其中对某个部门提出了具体结果。一旦这些目标确定下来，重点就是实现这一目标，每个季度进行一次审查，并且在每次审查中都会确定下一个季度明确的可交付成果和期限。整个绩效改善项目委托给绩效改善委员会，该委员会负责加快联邦政府各部门绩效的提高。

印度结果框架文件提出的背景

印度结果框架文件是印度可持续经济改革的成果，这一改革催生了以经济增长和国家发展为目标的自由政策框架。过时的政策成了一种障碍，所以这些政策已经修改或被取消，从而适应全世界各地流行的更加自由的经济环境。随着不时进行的经济改革，印度的经济体系逐渐开始融入全球经济。印度是世界贸易组织（WTO）成员之一，并且印度经济和贸易政策的目标是实现印度经济体系和全世界经济体系更高水平的融合。零售业、航空业、养老金、保险等领域的外国直接投资（FDI）是朝着这一目标前进过程中采取的最新措施。

然而，其中一个制约因素是治理制度，这些制度不仅过时，而且还伴有各种各样的繁文缛节。各部的工作不仅因为缺乏明确目标而受到阻碍，而且它们的绩效评价也未能跟上时代变化的步伐。各部具有政策制定的职能，并且要为这些政策的执行负责。然而，印度现有的绩效管理体系是针对个人的，其中，年底对单个雇员的绩效进行评估。这种方法并没有考虑到各部的宗旨和目标总体的实现情况。

表 1　绩效评价方法

目标	权重	行动	标准/成功指标	单位	权重	目标/标准值					成绩	初步评分	权重初步评分
						优秀 100%—91%	非常好 90%—81%	好 80%—71%	一般 70%—61%	不好 60%—50%			
农村医疗改善	30%	改善初级卫生保健服务的获取	1	%初级卫生保健中心数量增加	%	.50	30	25	20	10	5	15	75%	37.5%
			2	%在住所20公里范围以内有初级卫生保健中心的人口数量增加	%	.30	20	18	16	14	12	18	90%	27%

续表

目标	权重	行动	标准/成功指标	单位	权重	目标/标准值					成绩	初步评分	权重初步评分
						优秀	非常好	好	一般	不好			
						100%—91%	90%—81%	80%—71%	70%—61%	60%—50%			
农村医疗改善	30%	改善初级卫生保健服务的获取	截至2009年12月31日获得ISO9000认证的医院数量	%.20		500	450	400	300	250	600	100%	20%
综合得分＝													84.5%

任何政府组织和机构工作的有效性都取决于实现其使命和愿景声明过程中的实效。然而，大多数部门自身的使命和愿景文件并不清晰，或者无法推动自身实现这些目标，因为缺乏战略计划、活动量化、时间框架、基于结果的活动等等。结果框架文件中给出了解决方案。

结果框架文件（RFD）

印度政府已经提出了绩效管理方法，名为"结果框架文件"，通过确定明确、客观的目标评价各部的绩效，这些目标可以转化为可行的、可实现的任务。结果框架文件是一项倡议，符合政府努力改善行政部门绩效的大方向。结构框架文件是内阁秘书处的一个组成部分，由秘书领导，负责把所有部门召集在一起，使他们遵守印度政府的绩效倡议。内阁秘书处时常为结果框架文件制定一个宽泛的框架，并且充当节点机构。

结果框架文件是一个框架，为各部在财年中应当开展的活动提供细节。这一框架基本上有两个目标，即关注结果和为评价提供客观公平的基础。结果框架文件基本上是各位内阁部长与国务部长之间为下一个财年中开展商定的目标和项目达成的协议。下文的表 2 讨论了结果框架文件系统有效发挥功能的情况。

表 2　结果框架文件系统的功能发挥

行动	成功指标	单位	权重	目标 /标准值				
				优秀	非常好	好	一般	不好
				100%	90%	80%	70%	60%
及时提交草案供批准	及时提交	天	2%	2009 年 11 月 29 日	2009 年 11 月 30 日	2009 年 11 月 31 日	2009 年 12 月 1 日	2009 年 12 月 2 日
及时提交结果	及时提交	天	1%	2010 年 4 月 30 日	2010 年 5 月 1 日	2010 年 5 月 3 日	2010 年 5 月 4 日	2010 年 5 月 5 日
确定战略计划	确定战略计划，从而制订下一个五年的战略计划	天	2%	2010 年 2 月 12 日	2010 年 2 月 15 日	2010 年 2 月 18 日	2010 年 2 月 21 日	2010 年 2 月 24 日

作为结果框架文件的一部分，各部要制定各自的结果框架文件，其中要列出日程，并且负责该部的部长将根据政府的工作重点批准这一文件。关键绩效领域（KPA）或者关键绩效指标（KPI）由各部列出。一旦经过批准，绩效结果文件将提交内阁秘书处审议，后者将定期对各部进行评价和评估。2012 至 2013 年结果框架文件的时间表请见表 3。

表3 2012—2013 年结果框架文件时间表

2012	3 月 5 日	向内阁秘书处绩效管理处提交结果框架文件终稿
	3 月 15 至 4 月 4 日	和专门工作队召开关于结果框架文件的审查会议
	4 月 12 日	在纳入高级别委员会（HP）的建议之后，确定结果框架文件定稿
	4 月 15 日	将结果框架文件上传到部门网站
2013	5 月 1 日	提交年末关于一年进展的评价报告
	5 月 10 日至 18 日	和专门工作队（ATF）就年底评价结果召开审查会议
	5 月 28 日	在纳入高级别委员会（HPC）建议之后确定年终评价结果
	6 月 1 日	将评价结果提交内阁
	6 月 1 日	将评价结果上传各部门网站上

来源：印度政府内阁秘书处。

煤炭领域的结果框架文件

印度政府煤炭部负责制定与印度煤炭勘探和开发相关的政策和战略。煤炭部的活动通过下属国有企业开展，其中包括印度煤炭有限公司、Neyveli 褐煤有限公司以及 Singareni 煤炭有限公司。煤炭部遭到批评，因为向某些机构分配煤柱过程中太主观。这一事态出现的原因可以归结为煤柱申请者需求在不断增加，因为煤炭是印度许多火力发电厂的主要能源。根据煤炭部《2011～2012 年度报告》，截至 2011 年 1 月 4 日，印度最深 1 200 米深的煤炭储量据印度地理调查局估计达到 2 858.6 亿吨。印度煤炭生产目标是 2011 至 2012 年生产 5.54 亿吨，然而，截至 2011 年 12 月的实际产量为 3.637 9 亿吨，这显示出目标只实现了大约 65.66%。

2012 至 2013 年煤炭需求预计达到 7.72 亿吨，然而，市场的供应量仅为 5.83 亿吨，预计缺口为 1.92 亿吨。这一缺口预计将通过进口来满足。表 4 概述了煤炭部给出的一年期间煤炭产量的情况。

表4 2007 至 2008 年以及 2012 至 2013 年煤炭产量（百万吨）

2007—2008	2008—2009	2009—2010	2010—2011	2011—2012 (估)	2012—2013 (估)
457.00	492.76	533.00	533.06	554.00	575.00

来源：2011～2012 年度报告，印度政府煤炭部。

表 3 给出了 5 年期间印度煤炭产量的概况。1973 年《煤矿（国有化法案）》明确规定，煤藏的利用要符合国家日益增长的需求，并且服务于国家公共利益。然而，煤炭产量的总体增加似乎并无法让人相信，因为印度经济发展迅猛。

随着能源需求的不断增加，我们发现，印度煤炭部下属的国有企业无法满足各个领域的需求。国内煤炭生产最初目标是在第十一个计划期间达到 6.8 亿吨。这个规模随后在中期评估过程中被下调到 6.3 亿吨，并且现在预计只能达到 5.54 亿吨。

第十二个五年计划的文件表明，印度的能源需求预计会不断增加，并且为满足对石油和煤炭的需求，对进口的依赖也会预计不断增加。《方法文件》明确提及，对于煤炭来说，2010—2011 年需求量将增加 19.8%，在 2016—2017 年间将 22.1%。即使尽最大努力增加国内产量，也无法满足国内生产对于煤炭日益增长的需求。

煤炭进口预计将从目前大约 9 000 万吨增加到 2016—2017 年超过 2 亿吨。即使火力发电厂和其他企业希望依靠进口煤炭，但是问题仍然无法解决，因为国际市场的价格不低，发电厂可能不希望承担较高的成本，并且导致电价上涨，这是政府不愿意看到的。

煤炭部已经陷入了一场丑闻，对于煤柱的分配不够客观，不够透明。一些分配已经取消，因为议会的批评声音不断高涨，这损坏了印度煤炭部的形象。除此之外，印度 2011—2012 年煤炭领域的结果框架文件提及的一些观点对煤炭部当前的形势感到非常不乐观。

● 煤炭价格：随着国际市场上煤炭价格上涨以及煤炭需求的不断增加，发电领域预计将面临非常大的压力。问题会进一步恶化，因为印度的发电厂不能消耗超过 10%～15% 的煤炭进口。结果框架文件建议建立一种机制，从而将国内煤炭和进口煤炭放在一起，并且满足电力系统的技术需求。

● 能源供应协议：2011—2012 年结果框架文件还发现，印度煤炭公司并未和火电厂签订能源供应协议，这严重地破坏了后者的发电能力。此外，他们已无法获得资金供给，因为煤炭供应存在不确定性。

● 环境制约因素：2011—2012 年结果框架文件还发现，印度林业和环境部采取了非常严格的措施，使煤炭行业的运营面临一种危险的境地。严格的"禁止"令使煤柱的开采存在不确定性。除此之外，还需要关注重新安置和恢复活动，以便被搬迁人口的需求能够得到妥善满足，防止对采煤活动造成影响。

● 洗煤厂：2011—2012 年结果框架文件还发现洗煤厂的能力并没有大幅增加，这也会对简易煤的需求造成影响。

● 基础设施：随着对煤炭需求的不断增加，2011—2012 年结果框架文件还发现，关注重点应当放到加强基础设施方面，例如港口、公路铁路等等。除非这些设施能够不断增强，否则煤炭部很难满足各领域的需求，因为煤柱主要分布在印度不同地区。

除此之外，煤炭部下属的国有企业无法满足印度不断增长的需求，共有几个原因。它们的绩效未跟上印度的经济发展速度。印度煤炭公司对煤炭的发掘速度不够快，在过去两年间产量并没有提高。这一问题越来越复杂，因为出现了活跃的工会组织，这些工会在煤炭领域中势力强大，并且许多煤柱地区恰巧位于毛主义地区。印度煤炭公司已经成为一只巨兽，并且发现难以迅速行动满足印度的需求，特别是火力发电厂的需求。表 5 给出了印度煤炭公司最近几年煤炭产量增长停滞的情况。

表 5 2009—2012 财年印度煤炭有限公司煤炭产量（百万吨）

2009	2010	2011	2012	2013 (First Qtr.)
403.73	431.26	431.32	435.84	102.45

来源：印度煤炭有限公司

表 3 明确说明，在过去两年间，印度煤炭有限公司煤炭产量几乎停滞不变，并且如果看一看 2013 财年一季度的产量，我们会发现这一产量只有 1 024 5 亿吨，这再次表明产量和去年大致相同。印度煤炭有限公司产量的停滞已经让人们开始怀疑它能否有效地帮助煤炭部在下半年中实现结果框架文件中的目标。

结论

鉴于煤炭部遇到的一些制约条件，一个必然的问题是煤炭总体上如何能够满足具体领域和其他领域中火电厂日益增长的煤炭需求。煤炭部能否释放出国有企业印度煤炭有限公司以及 Neyveli 褐煤有限公司的潜力呢？既然煤炭部已经陷入煤炭丑闻，导致无法向一些机构提供煤柱，所以提出的问题是煤炭部能否根据结果框架文件的目标提高其绩效。不管煤炭部结果框架文件的结果如何，努力实现煤炭部下属国有企业目标的量化正不断地融入到煤炭部的战略计划中，这是一个可喜的进步。

参考文献

①印度政府煤炭部 2011—2012 年度报告。
②印度政府内阁秘书处，结果框架文件。
③印度政府计划委员会《第十二个五年计划》的方法文件。
④印度政府 1973 年《煤矿（国有化）法案》。
⑤未来前景不妙，经济学人，2012 年 1 月 21 日。

联邦雇员绩效衡量：历史条件下的一个长期问题

作者：James Nordin

SBC Global

引言

美国联邦政府历史相对较短——截至本文撰稿不到 230 年时间。此外，在美国历史上的大部分时间，联邦政府规模一般不大。在很长一段历史时期内，联邦政府的雇员数量都少于目前。100 多年以来，联邦雇员包括部长、办事员和办事员主管。其中不包括工程师、物理学家、政策分析师，规划师、预算分析师、医生以及目前联邦系统中五花八门的各种职称。

然而，这并不是说雇员绩效不重要。在联邦政府中，雇员绩效一直非常重要。重要的方面以及预期的绩效类型随着时间推移发生了变化，在一些情况下变化非常明显，但是雇员绩效始终是一个重要的话题。

绩效衡量的各个阶段

联邦政府的雇员绩效管理历史可以分成四个阶段。这些阶段反映出四种可以预期的绩效类型。

从 1789 到 1883 年，所有联邦政府雇员均由政治任命。从财政部的办事员到为战争部长送信的快递员，每名雇员都由政治任命。这被称为是"政党分肥制"（Spoils system）。最终，这一"政党分肥制"不得人心，在很多方面不切实际，因为雇员留任是基于政治忠诚，而不是因为工作绩效。

改革派呼吁变革，并且在 1883 年，通过了《彭德尔顿法案》，确立了联邦雇员任命的"实绩原则"。在这一系统中，绩效衡量利用个人"特点"作为度量绩效的指标。这种情况一直持续到 1978 年。

1978 年，《公务员改革法案》成为法律。《彭德尔顿法案》的绩效制度是回应政党分肥制应运而生的。公务员改革是对改革派和政治家所谓的反应迟钝、备受保护的联邦劳动力队伍的回应。通过公务员改革，绩效衡量从基于个人特点改为基于通过"要素"和"标准"衡量的实际工作绩效。关注重点从个人特点和防止个人受到政治压力的不当影响转到（如果确有其事）雇员对于分配给自己的任务完成的情况如何。这一新方法有一个非常明确的目的，即要能够解雇那些无法胜任的雇员。

1995 年，《政府绩效和结果法案》通过。这一法案的重点是政府的总体绩效，而不是专门关注于雇员绩效，但是也对雇员绩效管理系统作出了一些调整。主要的调整重点是通过"要素"和"标准"衡量的个人绩效如何对机构或部门的绩效作出贡献，并且因此对整个政府的绩效作出贡献。这一系统在目前仍然在用（2012）。

一、政党分肥制度：1789—1883 年

在美国最初对于自治的尝试中，雇员都是由总统任命或总统"授权"下属自行决定。相对而言，联邦一级的雇员数量很少，但是所有雇员都是由政治任命。这一制度属于"政党分肥制"。这一名字源于"战利品归胜利者所有"的军事传统。在政治竞争中，选举获胜者会得到所有战利品——在这种情况下，能够为联邦政府任命雇员。这似乎有点具有讽刺意味。最初美国的领导人（特别是华盛顿和亚当斯）在他们进入政府过程中并不具有特别浓重的"政治色彩"，尽管赞成强化中央政府的一派同赞成削弱中央政府并加强州政府一派之间展开了激烈的辩论。但是华盛顿和亚当斯将履行担任总统职责视为公众的信任和一种神圣的使命。他们任命雇员的重点是找到最佳、最优秀的人才，回应对联邦服务的使命召唤。他们并不是单纯地试图回报支持者。

当华盛顿最初被拥护为总统时，并没有什么党派而言。1796 年，约翰·亚当斯代表联邦党和代表反联邦党的托马斯·杰弗逊展开竞争。然而，当时的选举基本上是根据两个人的个性进行选择，而不是两个政党。1800 年，约翰·亚当斯时任总统，赞成建立强大的中

央政府（联邦党）。托马斯·杰弗逊时任副总统，并且赞成建立削弱中央政府，建立加强州政府（反联邦党）。这一竞选运动不仅使两党之间具有浓厚的政治色彩，同时这也导致亚当斯和杰克逊个人之间言辞尖刻、针锋相对。1800 年的选举是美国历史上第一次真正的政治选举。这是第一次以政党为特点的选举（McCullough，2002）。

当杰克逊获胜时，他需要回报所在政党的支持者，并且需要任命那些和他一样希望削弱中央政府的人。所以政党分肥制的传统（回报政党支持者的制度）在美国形成。除了回报支持者以外，还通过大规模更换联邦雇员来改变政府施政。

这并不是说，任命的所有雇员都缺乏才干。总统希望任命最优秀的人才。毕竟，政府的名声取决于他们的雇员表现如何，所以他们有着任命最优秀人才的强烈动机。然而，很明显，"现有的最优秀"人才库仅限于那些支持总统及其所在政党的人选。更加糟糕的是，一旦被任命在联邦政府中就职，他们就期望雇员（甚至要求雇员）将多达 10% 的工资"交给"任命他们的政党。这些承诺是为政党参加选举主要的资金来源（Theriault，2003）。真可谓是用选票换工作。

在这种情况下，任何任命过程中无法保证人选是否具有胜任的能力。任命的首要标准是对于当选总统及其所在政党忠心耿耿。这一情况越来越明显。安德鲁·杰克逊非常有名的是邀请他的"流氓"支持者进入白宫，庆祝自己的胜利，并且其中许多人在他执政的 8 年里在联邦政府任职。

执政党利用这一制度的同时，在野党也利用同一制度吸引党员和选民。他们承诺如果最终赢得总统大选，他们会把工作提供给那些支持者。

对任命官员及其政党忠诚的标准造成的一个结果是，对于美国作为一个制度存在并没有发自内心的忠诚。雇员的个人忠诚是对他们的总统和政党的忠诚，而不是对在联邦政府就职制度的忠诚。

这一忠诚标准造成的第二个结果是，一个总统和另一个总统之间毫无连续性而言，特别是当选总统和前任总统属于不同政党时更是如此。尽管民主共和党（从联邦党改组而来）从 1800 年到 1820年大选间执政，但是每名总统都在选举后任命了自己的雇员。从 1836 年到 1856 年的选举之间，获胜候选人所在的政党每四年改变一次。在这些年间，联邦政府的雇员队伍一直处于不断变化当中。亚伯拉罕·林肯作为共和党代表于 1860 年当选，这是共和党第一次以政党形式出现在国家大选投票中。共和党一直执政到 1880 年大选。（美利坚合众国总统，2012 年）。虽然还是同一个政党，但是随着总统变化，雇员也在调整，从而使这些总统能够回报自己的支持者。执政党会继续集中这些雇员所作出的"捐款"。而且政党执政时间越长，他们在行使这一权利时就越厚颜无耻（Theriault，2003）。

这种忠诚标准的另一个结果是，总统将大量时间用于对忠诚的支持者或政治任命官员推荐的求职者进行面试。在南北战争期间，林肯有时每天花上四到六个小时接待热情的求职者（Goodwin，2005）。与此同时，联邦政府雇员规模也发生了大爆炸。从南北战争到《彭德尔顿法案》通过，联邦政府雇员数量几乎翻了一番（Theriault，2003）。

这种忠诚标准的最后一个结果是，出现了很多腐败的情况。对于总统忠诚，并不意味着对政府忠诚。因为雇员知道，他们很可能在下届总统选举之后失业，所以他们必须趁机会还在，好好利用这个机会。所以，不仅腐败的机会很多，而且的确出现了严重的腐败现象。

1881 年，詹姆斯·加菲尔德总统被一名失望的求职者枪杀，这种情况达到巅峰（或最低点）。他的死为鼓励以考绩制取代政党分肥制的改革派开启了临门的最后一脚。加菲尔德是共和党人，1880 年当选。在他被枪杀后，民主党采纳了一种改革平台，并在 1882 年的选举中控制了众议院和参议院。然而，在民主党执政之前的"跛脚鸭"（任期将满而无实权的议员）会议上，共和党人通过了《彭德尔顿法案》，有些人说这是防止民主党安排民主党雇员上任（Theriault，2003）。

二、个人特点：1883—1978 年

1883 年，美国通过《彭德尔顿法案》（Theriault，2003）。该法案建立了美国第一个考绩制度。该法案最初的主要目的防止联邦雇员受到由于选举造成的政治变化的影响，并且消除对于某一个人或政党的忠诚，取而代之的是对政府制度的忠诚。这种方法确保了功绩是每个申请人的试金石。正如美国历史上经常出现的情况一样，

这种制度也是一些州在尝试消除员工雇用过程中政治影响所进行的"实验"的基础上出现的。（有趣的是，目前，有几个州还在考虑恢复原来的改进型政党分肥制）[Condrey，2007 67（3）]。

《彭德尔顿法案》创立了美国公务员委员会。委员会的一个使命是，使联邦雇员不会因为政治影响而失业。这一法案呼吁建立分类职位——具有具体职责和技能的职位，由那些能够履行这些职责的候选人担任，因为他们具有相应的知识和技能。只有最佳的候选人才能成为政府雇员。确定"最佳"雇员要经过客观测试。需要对雇员进行培训，并且首次对雇员绩效进行考核。这些考核是军队中使用的"效率评级"的一种拓展。

《彭德尔顿法案》通过时只覆盖到联邦雇员的10％。然而，20％的岗位允许由统任命任期内绩效好的雇员担任，因此确保了他们始终能保证对忠诚支持者的工作。1901年前，碰巧总统每四年更换一次，所以到1904年该法案几乎覆盖到几乎每个联邦政府职位。

根据《彭德尔顿法案》采纳的评价系统以个人特点为基础。联邦政府的工作岗位仍然主要是办事员或办事员主管，所以个人特点比具体的工作技能更加重要。

在雇员绩效衡量中最经常使用的特点包括：诚实、创造力、守时、可靠性、生产力、热情、合作、主动性、毅力以及工作质量。截至20世纪60年代末和70年代初，还增加了其他的特点，例如：技术技能、沟通技能、工作关系、学习新技能的能力、建立合作环境以及客户导向。之所以增加这些"特点"是因为联邦雇员的工作范畴发生了极大变化，所以对工作人员的要求也发生了改变。

尽管《彭德尔顿法案》明确实现了规定目标，使联邦雇员不受政治变革异常行为的影响，并且引入了一种考绩聘任制，但是雇员考绩衡量系统本身也产生了一些问题。诚实等个人特点可能会减少腐败，但是不能够保证他们能否完成一项具体工作。

随着联邦政府工作越来越专业化，越来越复杂，完成工作的能力越来越重要。联邦政府雇员队伍规模仍然相对较小，直到大萧条和罗斯福新政实施之前。在经济停滞期间，为了降低居高不下的失业率，联邦政府建立了美国民间资源保护队、公共事业兴建署以及其他新的联邦机构提供就业岗位。随着经济恢复，许多这样的工作岗位慢慢地淡出，特别是在第二次世界大战期间和战后。然而，大多数已经增加的联邦职位并未就此消失。预算局仍然存在，审计总署仍然存在。劳工部仍然负责监督经济和劳动力队伍。

20 世纪 50 年代，庞大的联邦支出被源源不断地用于在美国建设州际公路系统。虽然联邦雇员并不从事那些真正的建设工作，但是新的官僚机构随之建立起来，以监督这一庞大工程。

在历史上，联邦政府雇员队伍最大规模膨胀可能是在 20 世纪 60 年代初。"大社会"项目催生了许多新的官僚机构，以及上百个新的拨款项目，每个项目都要求管理人员具有特殊技能。因此，办事员和办事员主管的好日子结束了。由于联邦政府就业岗位的类型和数量不断增加，简单衡量个人特点已明显不足。

此外，人们越来越多地意识到，对于个人特点的所有衡量本质上都是主观的。例如，守时的含义究竟是什么？守时是指从来不迟到，还是指 80％的时间都准时？守时对于每份工作或每一个主管来说都是一样重要吗？对于两个雇员来说，有可能他们的行为几乎完全相同，但是两个不同的主管对他们的打分可能完全不同。这种情况不仅是可能的，而且还经常出现。

此外，批评人士指出，这种排名甚至无法趋向正态分布。如果雇员的打分被排在 1 至 5 级，而 1 代表最低分，5 代表最高分，那么平均等级就是 4.2。排名会极大地偏向于较高的排名，而不是集中在中间分。

除此之外，批评家还表示，不合格的雇员数量不多。这一制度在让雇员不受不当政治影响的同时，已经使他们即使在表现不佳的情况下也不会受到批评。这种不可能免职的官僚形象成为了改革海报上的典型人物。

最后，批评家还发现，基于个人特点的绩效衡量制度自然会导致收入和绩效之间的联系不紧密。因此，绩效标准并不一定能说明手头的工作是否完成，并且随着平均评级趋于偏高，收入会随之上涨，但是生产力并不一定会赶上上涨步伐。

三、个人要素和标准：1978—1995 年

吉米·卡特可能是反对联邦官僚体制的第一位总统候选人。他的总统竞选活动包括零基预算法以及他作为"外人"的身份，并且他的竞选活动的一个亮点是美国需要公务员改革。根据卡特（和其

他批评家）的说法，现在无所事事的官僚太多，却无法将他们解雇。这些保护让联邦雇员的数量远远超出了必要的范围，并且联邦管理者的双手往往受到各种繁文缛节的束缚，让他们在履行使命的过程中步伐缓慢或无法完成使命。

1978 年，按照卡特的承诺，《公务员改革法案》通过。该法案废除了公务员委员会，并且建立了一个人事管理局，负责帮助联邦管理人员聘用、测试、挑选、培训和考核联邦雇员。依此建立起来了实绩制度保护委员会，负责提供以前由公务员委员会提供的保护，但是主要是通过上诉的方式。该法案建立了联邦劳动关系委员会，该委员会设定了和联邦雇员工会进行谈判的标准，并且听取不正当劳动行为的投诉。该法案包括了其他条款，例如建立高级行政人员制度。这些条款以及上述个别条款不在本文的讨论范围内。

该法案要求每个机构建立一个绩效工资数据库，根据雇员不同的评级给予不同的薪酬。尽管要求建立绩效工资数据库，但是除了在机构正常的人事资金以外，这些数据库并没有任何的资金来源。不同机构采用不同方法为这些数据库提供资金，造成有时候不同机构对于同一等级提供的薪酬大不相同。一个机构中"杰出"等级的公务员得到的绩效工资可能少于另一个机构中"优秀"等级的公务员，这不足为奇。

对于绩效衡量来说最为重要的是，该法案废除了以个人特点为基础的评级，并且相反要求为每个公务员制订"绩效计划"（尽管一类公务员的计划可能相同）。绩效计划的细节非常明确。此处只对这些细节进行概述。

每个计划必须包括要素和标准。要素是简短地介绍重要职能和/或对于某一岗位期待得到的结果。所有的要素都必须和岗位的任务相关。要素包括关键要素，或非关键要素，但是每个计划必须至少有一个关键要素。关键要素是一种职能或结果，如果雇员未能实现这一要素，那么机构的任务就无法完成。非关键要素也属于重要职能，但是如果不能完成非关键要素并不会造成机构的瘫痪。绩效计划并不一定都包含非关键要素。绩效计划并不一定要覆盖所有的工作，但是必须要覆盖工作的大部分。计划中应当包含多少个要素并没有上限要求，但是一般情况下，管理人员会尽量使计划的主要条目保持在四到五个。作者尚未见过包括超过八个要素的计划。

每个要素必须配有相应标准。标准应当说明质量、数量和工作成果的时限，或其他与要素相关的重要因素，例如团队合作或执行方式。每个标准建立起数值衡量方法（在可能情况下），将绩效细分为至少三个层次：部分成功、完全成功、超出预期（第一个层次可能采用不同的名字。例如，最低限度的成功、不够完全成功、边际绩效）。绩效共有五个层次：三个带有标准的水平，加上"不合格"和"非常突出"，这两个水平分别低于"部分成功"，高于"超出预期"。一名雇员可能在数量方面会达到"优秀"标准，但是在质量上只达到了"部分成功"，在时限达到"完全成功"，这些都是针对同一个要素的组成部分。

这种绩效衡量系统的一个亮点是重点关注工作岗位的重要职能，并且重视这些职能的重要方面，突出强调的是任务的完成，而不是个人特点。雇员是否诚实或守时在这里并不是非常重要（尽管在绩效期间没有这些素质会出现问题）。相反，重要的是，雇员是否按照标准完成工作。许多管理人员在执行后期引入了执行方式，以此抵消此前过分强调工作取向而忽视人际交往行为造成的负面影响；人际交往行为在关注工作完成过程中未纳入考虑范围。

不同机构在确定一个要素等级时使用的算法不同。在上个例子中，我们假设，雇员的等级是"完全成功"，因为数量、质量和时限标准"平均"后得出"完全成功"。在另一种算法中，雇员的等级可能只是"部分成功"，因为工作质量占最主要地位。在许多金融业务中，时限和质量（准确性）受到同样重视。

所有这些细节中一个重要的特点是，雇员必须在绩效期开始前了解这些细节。如果雇员接受这些细节，而不是仅仅了解则更好。理想状态是，雇员帮助管理人员确定这些细节，并且以这种方式，充分理解对自己的预期。

绩效衡量系统有两个方面不接受解释或辩论。第一，雇员必须执行批准的绩效计划至少 120 天，方能被评级。第二，如果雇员未完成关键要素，那么在这个绩效期内不合格。因此，如果雇员有一个关键要素和五个非关键要素，并且在所有五个非关键要素中都表现"突出"，但是在关键要素上表现"不合格"，那么在这一绩效期内的总评级仍为"不合格"。此外，确定总评级也有不同的算法，假设所有关键要素都已实现。例如，如果雇员只在关键要素上"完全成功"，而在大多数的非关键要素上全都"不合格"，那么总编辑也可能是"不合格"。

确定总评级的方法存在这么多不同造成了和雇员之间产生了激烈的讨论，即在绩效计划中应当包含多少个关键要素，总要素数量应当为多少，以及"最重要的是"每要素的标准是什么。

这些绩效计划会导致几种行为。第一，雇员（至少在最初）非常明确地了解对自己的期望，以及如何衡量自身的绩效。在许多情况下，雇员似乎实际上在算计根据质量、及时性以及执行方式在最终评级中的权重，如何在这些方面进行权衡。特殊项目往往不受欢迎，因为没有人想冒险放下现成的要素，而去追寻朦胧的"金星"，即合作或承担额外任务。大多数计划并不包含额外任务。

第二，雇员对于最低标准（雇员感到他们可以达到的标准）、"完全成功"的"现实"标准以及"超出预期"的"延伸"标准之间的差异存在越来越多的争议。雇员开始对评级系统十分抵触，并且想法设法操纵系统，从而降低标准。

第三，管理人员越来越热衷于评级系统，热衷于对要素中的措辞和标准进行似乎无穷无尽的讨论和协商。许多管理人员只是诉诸于绩效计划的撰写，很少得到雇员的投入，随后就把绩效计划交给雇员签字。这种情况下不要求雇员同意计划，他们只是对计划看看而已。

最后（为了本文的目的），工作分派、新倡议以及新工作过程中的灵活性受到了极大的限制。如果一项新任务出现，就必须撰写新的计划，并且按照要求雇员必须执行该计划至少 120 天，方能参与评级。绩效衡量系统这种僵化的程序有时并不能跟上工作中迅速出现的变化。

好消息是在上述艰难努力后，一个可行的系统诞生了。雇员看到，管理人员不再利用绩效系统解雇他们，或对他们降职——他们利用这样的系统完成所在机构的重要工作。雇员同样也知道，自己的管理人员也处于同一系统中，和高层管理人员一样面临同样的问题。在稳定的组织中，工作模式相对不变，工作计划可能很多年保持不变，所以讨论和协商基本上减少了，并且雇员也认识到，还是有一些灵活性空间，并且有一些特殊项目不会对雇员的评级造成负面影响。总而言之，雇员和管理人员接受了这一体系。

在接受的基础上，联邦雇员绩效衡量系统遭到了批评。根据这些批评，考核不合格的雇员数量太少，仍然很难解雇能力不足的雇员。然而，工作绩效不佳往往并不是因为技能问题。相反恰恰是态度和兴趣问题。在雇员面临被解雇的威胁和压力时，他们就有了这种完成工作的技能，但是雇员也可能继续不改变态度，而且依然缺乏兴趣。在这种情况下，上级可能无法为解雇这些雇员提供充分的绩效基础，因为雇员做的还不错。同时，管理人员用来确保雇员完成工作刚刚好的时间过多。这种情况使得工作岗位的适合度不够。目前尚未出现任何绩效衡量系统来解决这一问题。在一些方面，由于非常强调任务绩效，雇员对于工作的适合程度如何，或雇员对于组织的适合程度如何往往被忽视。

虽然该系统中的平均评级要低于以个人特点为基础的评级系统，但是每个雇员仍然可能得到"完全成功"或是更高的评级。评级仍然未能实现"正态分布"。

特别是从雇员的角度看来，绩效工资实际上是一种倒退。例如，在一个组织中，不考虑雇员的工资范围，"优秀"评级每年的工资是350美元，而"杰出"评级每年是700美元（按照2 000年美元价值计算）。如果雇员工资为一年70 000美元，那么这只占到其工资的0.5%到1%。所以并不是有力的激励因子。雇员发现，高级行政职位的官员在绩效评级为"杰出"的情况下会收到10%的奖金，这着实让人感到愤怒。该系统中的学者和其他观察员同样也注意到了这一缺点，但是雇员和不在高级行政官员序列以外的管理人员得出的结论是，绩效工资的初衷已经被人们忘却了。

四、《政府绩效和结果法案》

1995年，《政府绩效和结果法案》通过。《政府绩效和结果法案》（GPRA）和联邦雇员绩效衡量系统并没有直接关系。这个法案关注的是提高政府机构的总体绩效。在此提到该法案，只是因为该法案中包含了一个理念，即雇员的个人绩效累积起来作为组织绩效。这一法案同样对雇员绩效衡量具有一些影响，因为该法案努力将绩效衡量的重点从活动和产出转到成绩和结果上去。

该法案带来的结果是，许多绩效计划得到修改，更加符合机构的任务说明和目标，并且出现了一些衡量雇员绩效结果的尝试。

然而，这一法案对评级的分布并没有什么影响。评级仍然不是正态分布。在这一法案下，考核不合格的雇员人数并没有增加。"绩效工资"的理念仍未得到足够资金的支持。并且，最值得一提的是，虽然雇员往往可以得到"完全成功"或更高的评级，但是按照该法案的算法，所在机构仍然可能得到"不合格"的评级。

绩效衡量是个长期问题

联邦雇员绩效衡量系统一直存在一个问题，即评级分布并不趋向于正态曲线；不合格的雇员数量不多（在现实中，这是分布问题的一个子问题）；绩效工资并未提高绩效。

绩效评级分布更偏向于造成评级过高是否是我们应当担心的问题。在进行反复研究和试验之后（Moore，2008），并且在中国广州的受众中进行的公认的非严格实验的情况下，结果都是一致的。当要求雇员对自己的朋友或同事通常可以客观衡量的个人因素（例如身高、体重、头发长度）进行评级时，参与者的评级非常接近客观测量的结果。但是，当参与者对朋友或同事身上不太容易客观测量的个人因素（例如智力或工作能力）进行评级时，参与者的评级往往过高。参与者往往产生一种沃比冈湖效应（Lake Wobegon effect）。美国国内公用无线电台（NPR）节目"草原一家亲"（Prairie Home Companion）据说是在明尼苏达州沃比冈湖录制的，"这里所有的妇女都非常强壮，所有的男性都非常美貌，所有的儿童身高都在平均线以上"。处于不同原因，我们中的每个人都认为，身边的同事和朋友在大多数个人特征方面高于平均水平。我们认为，他们在诚实、慷慨、同情这些方面高于平均，并且我们也认为在智利和工作能力方面高于平均。并且我们理所当然地会认为自己在这些方面也会达到平均水平以上（Hoorens，1995）。从心理学角度看来，这是一种"虚幻的优越感"（Moore，2008）。因为始终存在这种不易改变的反应，为什么我们一直期望绩效评级趋向于正态分布呢？过分慷慨或担心评级不够成功的并不是上级主管或管理人员。上级主管和管理人员也是人，并且是人就会相信他们以及他们的同伴都在平均水平以上。

研究生院给出了另一个例子。一般情况下，如果一个学生在研究生院的评级为 C，那么他/她就很可能面临退学的诫勉谈话。在博士层次上，得到等级 B 可能会带来同样的结果。那么，研究生是不是比本科生更聪明，或者研究生院的标准比本科生更高？如果只是对评级本身进行考量，那么并没有正态分布而言。

这和调查中反复问到的两个相关问题得到的回答非常相似。第一个问题是："您认为政府雇员通常非常懒惰、非常无礼吗？"或者诸如此类。第二个问题是："回忆一下您和政府公务员之间的接触，他们是否懒惰或非常无力？"对于第一个问题的答案往往倾向于"yes"的肯定回答。对第二问题的答案往往是倾向于"no"的否定回答。一个人如何能判断一组雇员行为懒惰或非常无礼，而他的个人经历却截然相反呢？这同样是"他们"和"我们"的现象。

但是根据另外一个更加理性的基础，有充分理由证明，绩效评级会偏高。在我们的人力资源体系中，我们对工作进行分类，从低级水平技能和能力到最高水平的技能和能力。对于每份工作，我们都制定了申请人必须满足的最低任职资格。业务部门会尽力保证将这些最低任职资格设置得尽可能高一些，因为他们只想录用最佳候选人。然后，我们的人力资源体系会为这一工作岗位聘用新人。他们对申请人进行测试和挑选，确保只有满足或超过最低任职资格的候选人入围。然后，对申请人进行评级和打分，从而得到一个分层列表，并且把最符合标准的候选人送往业务部门，接受进一步的审查。业务部门会对申请人进行面试，并且从入围候选人中挑选最佳人选，有时，业务部门一个都不要，因为任何人都不能满足他们的要求，尽管他们能满足人力资源部门的要求。最后，聘用申请人并且为他制定一份绩效计划。绩效计划必须以工作岗位的要求，即在聘用过程中所使用的同样的分类、技能以及能力为基础。令人惊讶的是，非常合格的候选人，经过了层层的筛选，得到的绩效会不会"完全成功"呢？如果这些人无法完成工作，会更让人感到惊讶。在很多情况下，我们应当为雇员得到了较高的评级感到庆幸。这证明了，我们挑选了最为合适的人选。

上述情况和研究生院的成绩非常类似。要接受衡量并不是随便一组人的成绩。而是按照具体标准，衡量选择性很强的一组人选的成绩。

第二个长期存在的问题是绩效工资。始终要注意到，在联邦雇员绩效衡量系统中，绩效工资一直未能获得充分的资金供给（除了高级管理人员以外）。问题是，这是不是一个需要担心的问题呢？每年，人事管理局都会就大量的问题对数千名联邦雇员进行调查。通常情况下，其中一个问题是您最大的动机是什么？雇员选择有许多，通常情况下，也可以自己添加补充的选项。薪酬往往是排在前 10 位的激励因素，通常情况下，排前五位。但从来不是最重要的动机，排名从未达到前三或前四名。排在第一位的动机是同行和上级的认可。有时，排在第一位的动机是良好的工作环境。有时，从事一份为公众服务的工作的机会排在第一位。

这就产生了一种共赢的局面。我们并没有资金支付绩效工资，而且工资也不是排在第一位的动机。我们的确有绩效衡量系统来认可员工。这可以给雇员创造一种有利的工作环境。联邦政府的工作岗位往往会提供一些机会，让他们做一些服务公众的有益工作。

当雇员对自己的绩效评价不够满意时，他/她有权提出申诉。当雇员由于绩效不佳被解雇或面临解雇的威胁时，他/她也有权对已实施解雇行为和提出的解雇行为提起上诉。在那种情况下，作者已经看到、参与或听到，申诉中的关键问题并不是雇员的绩效。关键问题是绩效计划中的内容。标准够细致了吗？语言表达够清晰吗？这和合同法非常类似，如果中间出现了任何的歧义，那么就是作者的错吗？因为绩效计划非常复杂并且涉及细节，总会存在一些歧义。

联邦雇员的绩效衡量已经从基于政治忠诚转为个人特点再到任务绩效。所有这些系统都不会让人完全满意。所有这些系统都不能调和绩效评级的合理布局（正态分布）与人类固有的"我们—他们"思维方式造成的虚幻优越感之间的矛盾。

也许我们应当考虑打破绩效评级和工资之间的联系。也许我们应当考虑打破绩效评级与因判定雇员绩效"不合格"而解雇雇员之间的联系。

参考文献

Condrey, S. E. and R. P. Battaglio. 2007. "A Return to Spoils? Revisiting Radical Civil Service Reform in the United States." in Public Administration Review (67 (3), 425—436.

Goodwin, D. K. 2005. Team of Rivals: The Political Genius of Abraham

Lincoln. New York, NY: Simon and Schuster, Inc.

Hoorens, V. 1995. "Self-favoring Biases, Self Preservation, and Self-Other Asymmetry in Social Comparison." in Journal of Personality (63) 4 , 793—817.

McCullough, D. 2002. John Adams. New York, NY: Simon and Schuster, Inc.

Moore, D. &. D. Small. 2008. "When it is Rational for the Majority to Believe that they are Better than Average." in J. I. Kruger (Ed.), Rationality and Social Responsibility: Essays in Honor of Robyn Mason Dawes (pp. 141—174) . New York, NY: Psychology Press.

The Presidents of the United States of America. Retrieved November 16, 2012, from Enchanted Learning: http: //www. enchantedlearning. com/history/ us/pres/list. shtml.

Theriault, S. M. 2003. "Patronage, The Pendleton Act, and the Power of the People. " in *Journal of Politics* 65 (1), 50—68.

编委会